公司治理原理与案例

PRINCIPLES
AND
CASES
OF
CORPORATE
GOVERNANCE

主编 唐 静 许陈生 李晓莉

广东高等教育出版社
Guangdong Higher Education Press
·广州·

图书在版编目（CIP）数据

公司治理原理与案例／唐静，许陈生，李晓莉主编. —广州：广东高等教育出版社，2020. 2

ISBN 978 - 7 - 5361 - 6718 - 6

Ⅰ. ①公…　Ⅱ. ①唐…　②许…　③李…　Ⅲ. ①公司 – 企业管理 – 研究　Ⅳ. ①F276. 6

中国版本图书馆 CIP 数据核字（2020）第 024980 号

公司治理原理与案例

GONGSI ZHILI YUANLI YU ANLI

出版发行	广东高等教育出版社
	地址：广州市天河区林和西横路
	邮政编码：510500　电话：（020）87553335
	http://www.gdgjs.com.cn
印　　刷	佛山市浩文彩色印刷有限公司
开　　本	787 毫米 ×1 092 毫米　1/16
印　　张	12. 75
字　　数	313 千
版　　次	2020 年 2 月第 1 版　2020 年 2 月第 1 次印刷
定　　价	45. 00 元

前 言 <

　　公司是现代经济体系最重要的微观主体，但公司制度是不完美的。公司治理的本质是一套制度系统，其目的是弥合公司制度的不完美之处，构建良好的公司治理体系成为公司实现可持续发展进而推动社会福利改善的根本保障和重要任务，每一位新时代经管专业的学生都有掌握公司治理相关知识的必要。

　　本教材强调理论联系实际，介绍了公司治理的基本理论与前沿发展，整理了大量国内外公司治理实践案例，通过剖析案例来理解理论机制，运用理论逻辑来解剖案例，试图将理论发展与案例实践相融合，并力求简明扼要和通俗易懂。本教材每章后面均配有本章小结、本章思考题和案例讨论题，非常适于启发学生思维和组织学生展开讨论。

　　本教材适合经管类及其他专业本科生，MBA、EMBA 等学生使用，也可作为关心我国公司治理实践和发展的社会各界人士的辅助读物。本教材在编写过程中，参考了大量媒体报道和书籍文献等资料，虽然作者试图列出对完成本书有贡献的全部案例素材提供者，但难免有遗漏之处，在此一并表示真诚的谢意！限于知识和能力不足，本教材一定还存在不少错误和瑕疵，欢迎读者批评指正，使之再版时能更加完善。

编　者

2020 年 1 月

目 录 ‹

第一章 ＜公司治理概述

第一节　公司治理的产生

　　现代企业制度是不完善的，每个企业都存在着制度设计的盲点。每个企业都需要根据自己的企业特性，设计一种监督与制衡机制去填补制度设计的盲点，以促进企业持续稳定发展；每个国家都需要根据社会经济的发展特性，设计一套制度或机制来协调企业与所有利益相关者（股东、债权人、供应者、雇员、政府、社区）之间的利益关系，以促进社会经济的可持续发展。这一系列制度的构建和运行活动，就是公司治理。公司治理的产生根源和治理目标随着企业制度的发展而不断演变，公司治理也随着企业制度的差异、社会经济特性的差异，在不同的国家（或地区）采取不同的模式。从以下资料中北京师范大学中国企业家犯罪预防研究中心发布的《2015中国企业家犯罪报告》，可看出现代企业制度的不完善。

资　料　《2015中国企业家犯罪报告》摘录

　　从2014年12月1日至2015年11月30日，共搜集企业家犯罪案件793例。其中，国有企业家犯罪案件143例，占案件总数的18.03%；民营企业家犯罪案件650例，占案件总数的81.97%。在793例企业家犯罪案件中，共涉及犯罪企业家921人。

　　在921名犯罪企业家中，企业内部职务明确的有898人。其中，企业主要负责人（法定代表人、董事长、经理、厂长、矿长等正职和副职）共641人，占71.38%；实际控制人、股东共87人，占9.69%；党群负责人共8人，占0.89%；监事共6人，占0.67%；财务负责人共29人，占3.23%；技术负责人共9人，占1.00%；销售（采购）负责人共76人，占8.46%；其他核心部门负责人共42人，占4.68%。

　　在793例企业家犯罪案件中，有787例案件的案发环节明确。其分布情况为：日常经营管理环节共发生360例，占比45.74%；财务管理环节共发生140例，占比17.79%；产品生产环节共发生19例，占比2.41%；贸易环节共发生50例，占比6.35%；融资环节共发生98例，占比12.46%；薪资管理环节共发生24例，占比3.05%；工程承揽环节共发生69例，占比8.77%；物资采购环节共发生14例，占比1.78%；公司设立变更环节共发生11例，占比 1.39%；人事变动环节共发生 2 例，占比 0.25%。

921 名犯罪企业家共涉及 59 个具体罪名，触犯的频数共计 999 次。触犯频率最高的十个罪名依次为：非法吸收公众存款罪共 104 次，占比 10.41%；职务侵占罪共 101 次，占比 10.11%；虚开增值税专用发票罪共 96 次，占比 9.61%；受贿罪共 96 次，占比 9.61%；行贿罪共 67 次，占比 6.71%；贪污罪共 57 次，占比 5.71%；挪用资金罪共 53 次，占比 5.31%；合同诈骗罪共 53 次，占比 5.31%；单位行贿罪共 50 次，占比 5.00%；拒不支付劳动报酬罪共 42 次，占比 4.20%。

{资料来源：北京师范大学中国企业家犯罪预防研究中心. 2015 中国企业家犯罪报告 [EB/OL]（2016 – 04 – 12）[2019 – 10 – 10］. http://cecpc.bnu.edu.cn/newsshow-22-55-1.html.}

一、企业制度的演变

（一）古典企业制度

1. 个人业主制企业

个人业主制企业也称个人独资企业（sole proprietorship），是指由一个自然人投资，全部资产为出资人所有并由出资人对企业债务承担无限责任的营利性经济组织。其有以下特征：①出资人仅限于一个自然人。②不具有法人资格。③企业主享有企业全部权利，可以完全支配企业的财产和经营。④承担无限责任。个人业主制是企业制度最早出现的形式。在这种企业制度下，业主个人出资兴办企业，业主自己直接经营企业，企业的产权和经营权一致，业主享有企业的全部经营所得，并对企业的全部债务承担无限连带责任。在这种制度下，业主拥有企业的全部产权，包括经营决策权、监督管理权、剩余索取权。企业的主要关系是雇主与雇员的关系，雇主与雇员之间是一种雇佣劳动关系。在当今社会中，个体户和小型私营企业就是这样一种企业制度。

个人业主制下的企业有着它特有的优点：第一，企业组建程序简单易行，企业规模较小，人员结构简单，产权转让自由；第二，企业经营方式灵活，经营决策迅速；第三，业主有充分的积极性对生产经营进行监督；第四，企业经营的相关信息保密性强。个人业主制下的企业也有着它固有的缺点：第一，业主需承担无限连带责任；第二，企业资产来源有限，企业难以获得扩张规模的资金支持；第三，当企业规模扩大后，限制在个人或家庭范围内的人力资本很可能会影响到决策的质量；第四，在无限连带责任的制约下，高风险、高前景的行业往往制约了企业的投资范围；第五，企业的生命力较弱，企业的寿命有限，企业的续存受到业主经营意愿、健康状况、人身限制、继承者能力等的影响。

2. 合伙制企业

合伙制企业（enterprise of partnership，EP）是指由两个或两个以上自然人通过订立合伙合同，共同投资设立、共同经营的营利性经济组织。其特征是：①合伙企业成立的基础是合伙协议。②不具有法人资格，两个自然人企业。③强调人的联合，合伙人之间处于平等地位。④债务承担无限连带责任。为了扩大企业发展的资金来源，个人业主制企业逐步向合伙制企业发展。合伙制企业是指由两个或两个以上自然人共同出资兴办，通过签订协议而联合经营控制的企业。合伙制企业也不具有法人地位，合伙人才是民事主体，并对企业债务承担无限责任。"合伙制"由两个或两个以上的自然人共同出资兴办，可以部分解决个人业主制条件下企业物力和人力的资本匮乏问题，但是，在遇到合伙人在经营决策上存在分歧时，将会产生大量的协调成本，从而会阻碍企业的发展。而个人业主制企业的高风险、弱生命力等缺陷也同样存在于合伙制企业之中。合伙制企业并没有解决个人业主制企业发展中遇到的物质资本和人力资本限制问题，企业制度的演进呼唤根本性的变革。

（二）现代企业制度（公司制企业）

公司制企业是依法成立的、以营利为目的的经济组织。

从古典企业制度发展到现代企业制度，其演进遵循两个目标：一是解决企业发展对物质资本的需要，二是解决企业发展对人力资本的需要。公司组织形式的出现，克服了个人业主制、合伙制企业中存在的企业规模扩张与单个资本积累不足之间的矛盾，成为现代市场经济中最重要、最典型的企业组织形式。在这个意义上，个人业主制企业与合伙制企业被归入古典企业制度，而公司被归入现代企业制度。近代公司起源于16世纪以前的海上贸易；在17—18世纪，近代公司进一步扩展至交通运输业和金融业；在19世纪下半叶之后，现代公司大量地、普遍地出现在制造业。

1. 近代公司的发展

近代公司的产生是社会化大生产发展的产物，集中体现了贸易的广泛发展和信用制度的出现。15—16世纪，人类进行了具有划时代意义、空前规模的世界大航海活动，例如：哥伦布四次横渡大西洋，发现美洲新大陆；瓦斯科·达·伽马成功发现从欧洲绕好望角到达印度的新航线。世界新航线的发展促进了西班牙、葡萄牙、荷兰、英国等国家海上贸易的发展。海外贸易规模的发展，需要大量资金组建贸易团队、购买商船、购买货物，甚至购买武器组建军队进行自我保护和对外掠夺。个体商人无法提供如此大规模的资金支持，而通过公司筹资恰恰可以满足这一需求。国内外贸易的蓬勃发展，也造就了大批拥有大量资金的商人，这又为社会集资成立公司提供了可能。西欧各国对民间工商业采取比较宽松和自由的政策，这些商品经济意识为公司的产生提供了适宜的文化土壤。

15—17世纪，陆上贸易和海上贸易的蓬勃发展促进了企业形式的不断演变。合组公司、合股公司和特许股份公司是近代公司的主要形式。近代公司最早是以合组公司形式出现，公司没有共同资本，入伙各方虽加入组织，但经营各自的资本，承担各自的贸易风险，而对公司只承担遵守公司规约义务，是行会性质的组织。成立合组公司主要是为了约束成员遵守行业规则，进行商务沟通和谈判。为了扩大经营规模，商人们以共同资本进行贸易，出资各方按出资比例分享收益和分摊经营风险，合组公司开始向合股公司发展。合股公司的股票公开发售，股本不退换，股息定期发放，各股员共担风险、共享利润。合股公司通过出售股票向社会筹集闲散资金，所有权与经营权分开，分散风险。合股公司比合组公司更具有稳定性，是现代股份公司的雏形。为了防止恶性竞争，组成强强联合的商业团队，由政府或国王特许成立特许股份公司，它是由商人集股共同经营的一种企业组织形式。这种企业组织不仅享有商业独占权，同时还是一种政治军事组织。这类型公司包括特许贸易公司和特许专营公司，例如：1600 年成立的英国东印度公司，1602 年成立的荷兰东印度公司。近代公司与现代公司相比，虽然在公司治理方面还不够成熟，但是，近代公司已开始呈现出这些特征：第一，出资者对公司承担的责任从无限责任向有限责任发展；第二，企业的所有权与经营权开始分离；第三，股份公司逐步占据了主导地位；第四，有关公司的法律法规开始逐步建立起来。

案例 1 – 1 ▷ 荷兰东印度公司

荷兰东印度公司成立于 1602 年 3 月 20 日，于 1799 年解散，它是世界上第一家股份制公司。1602 年前，荷兰的海上贸易主要由民间的远洋贸易公司进行，恶性竞争比较厉害。1600 年，英国女王伊丽莎白一世为了加强英国的海上贸易能力，授权一群英国商人强强联合成立英国东印度公司，以英国女王的名义进行对外贸易。为了与英国抗衡，维护海上贸易的权益，荷兰也借鉴英国的做法，联合建立一个统一的对外贸易公司。1602 年 3 月 20 日，在荷兰首相的斡旋下，共和国七省代表和六大商会经过谈判，签署了《联合东印度公司特许令》，标志荷兰东印度公司成立。荷兰东印度公司拥有组建军队、发行货币、与其他国家订立正式条约、对其他地方进行殖民和统治的权利。

一直以来，海上贸易都有着合伙经营的传统，一个船队出海前先向合伙团队筹集大量资金，用这些资金维持日常运营和购买大量商品，待购买回来的商品卖出去后，股东按照股份比例进行资金回收和利润分配。随着荷兰东印度公司的建立、海外贸易规模的扩大，资金规模需求也越来越大。传统的合伙经营模式已满足不了荷兰东印度公司对资金规模的要求。为了筹集更大规模的发展资金，荷兰东印度公司开始发行长期股票，最初设定的年限为 21 年（依据荷兰政府授予航运特许权），股票购买者并不局限于合伙人，普通市民也可以购买公司的股票，共同承担资金盈亏和获取分红的权利。通过发行股票的方式筹集资金，开启了荷兰东印度公司通往东方财富大门的钥匙。在这家公司存续的 197 年间内，曾经拥有 15 000 个分支机构，贸易额占到当时全世界贸易总额的一半左右。

荷兰东印度公司的总部设在荷兰的阿姆斯特丹，董事会由 70 多人组成，选举出 17 名执行董事。公司每年开两次会议，每次会议商讨决定未来半年的重大决策和运营计划。由于当时的通信技术不发达，海上航线较长，远在荷兰总部的董事会无法及时处理远东的事情，荷兰东印度公司便在亚洲成立了"东印度评议会"，给予其较大的商业授权，并且可以自行决定一些紧急事情。在各个殖民地又分别建立了"商馆"，也授予其比较大的商业授权。荷兰东印度公司在公司治理结构上初步有了董事会和经理人的设置和分工。

2. 现代公司的发展

19 世纪末，资本主义从自由竞争过渡到垄断时期。科学技术新发现和新发明在工业上得到广泛运用，电力、石油、汽车、化学等新兴工业部门开始崛起，矿业、钢铁、运输等重工业部门日益居于社会经济发展的重要地位。这些产业的发展要求企业具备较大的生产规模，需要大量的资金支持，个别资本一般难以胜任。在这种情况下，公司组织形式以其筹资和联合的优势，在资本集中和加速垄断形成过程中，发挥着巨大的杠杆作用，能够满足产业发展的要求。因此，欧美各国在19世纪末开始，无论在工业、农业、商业，还是金融业、服务业、制造业上，大多数都采用了公司组织形式，促使公司规模和数量得到快速的发展。

与近代公司相比，现代公司呈现出许多新的变化和新的特点。第一，国民经济财富主要是由公司创造，公司在社会经济生活中处于中心地位；第二，公司规模日益扩大，股东数量不断增多，公司股权日益分散化；第三，公司股东多元化，持股人从自然人发展到企事业单位、政府部门、外国法人和个人；第四，公司向大型化、集团化、国际化、股份化发展，公司内部实行集权和分权相结合的管理体制；第五，公司立法和公司治理日趋完善。

资　料

美国加利福尼亚大学伯克利分校的经济学家德隆的一项研究表明，从250万年前的旧石器时代至今，在99.99%的时间里，世界人均GDP基本没什么变化。但在过去的250年中，突然有一个几乎是垂直上升的增长。马克思和恩格斯在《共产党宣言》中的一个类似表述是："资产阶级在它的不到一百年的阶级统治中所创造的生产力，比过去一切时代创造的全部生产力还要多，还要大。"为什么人类会在如此短的时间内创造出如此巨大的财富呢？对于这奇迹的出现，现代股份有限公司功不可没。正是在上述意义上，经济学家巴特勒（But-ler）把股份有限责任公司理解为"近代人类历史中一项最重要的发明"，强调"如果没有它，连蒸汽机、电力技术发明的重要性也得大打折扣"。

（资料来源：郑志刚. 中国公司治理的理论与证据 [M]. 北京：北京大学出版社，2016：19.）

案例 1-2　标准石油公司和大企业的涌现

在19世纪七八十年代，一些公司达到了惊人的规模，但它们并非源自内部成长，而是兼并。最著名的例子可能就是标准石油公司（Standard Oil）了。一开始，标准石油公司更像一个卡特尔（Cartel）① 而非一家石油公司，它由一家大炼油厂指挥下的一群小公司构成，该炼油厂就是洛克菲勒的俄亥俄标准石油公司。洛克菲勒首先创建了一个行业联合会并出任了第一任主席，最终，该联合会变成了一个巨大的、纵向一体化的集权公司。截至1880年，标准石油"集团"或"联盟"网罗了40家独立公司。1882年，这40家公司的股东为取得石油托拉斯的认证而相互变换股票，托拉斯授予一个有着9名理事的机构"统一对若干家标准石

---

① 卡特尔是指由一系列生产类似产品的独立企业所组成的组织，是集体行动的生产者，目的是提高该类产品价格和控制其产量。

油公司所属企业事务实施监管"的权力。此外，该托拉斯授权当地的分支机构接管标准石油公司在各州的经营，该举措使标准石油公司避开了各州针对外来公司的税收。协同效应使标准石油公司牢牢控制了迅速增长的石油行业。到 19 世纪 90 年代早期，标准石油公司的原油开采占了全国石油开采总量的 25%。

尽管 1891 年美国最高法院判决分拆标准石油公司，但其他企业集团避开了反垄断的利斧。例如安德鲁·卡耐基与 1901 年创立的美国钢铁公司生产了行业产出总量的 60%。

（资料来源：蒙克斯，米诺. 公司治理 [M]. 李维安，周建，等译. 2 版. 北京：中国财政经济出版社，2004：90.）

【问题】结合案例 1-2，简要概括公司发展过程中的变化规律。

二、现代公司制的基本特征与类型

公司制企业的基本特征包括有限责任和法人地位。

（一）公司的定义

亨利·福特（Henry Ford）曾经说过："一个伟大的企业可以超越自然人的极限。"这里可以看出公司存在的部分目的在于——超越任何人的能力和寿命。这也是公司的挑战。历史上一部分人试图用无论民主还是专制的方式去控制另一部分人已经遭到了失败，因此人类试图去控制一个机构，则是另外一个更大的挑战。

《中华人民共和国公司法》（以下简称《公司法》）规定，公司是依照《公司法》成立的，资本由股份或者出资组成，股东以其所认缴或者认购的出资额或者股份为限对公司承担责任，公司以其全部财产独立承担责任的企业法人。法律上的定义涉及对公司契约和所生成实体的债务要求。然而，公司似乎比定义或者法律的限定有更多的内涵和复杂性。下面是对公司的其他一些定义：

商业性公司是一种工具，用以聚集资本、进行产品和服务的生产与分配以及进行投资等活动。相应的，公司法的一个基本前提是商业性公司进行上述活动应有其自身的目标，即提高公司的盈利，增加公司所有者即股东的收益。

——梅尔文·阿伦·艾森伯格（Melvin Aron Eisenberg）

公司是一种虚拟存在，看不见，摸不着，只是存在于法律领域中。作为纯粹的法律产物，它只具有契约赋予它的那些属性，这些属性或者非常清楚地显现出来，或者只是偶然表露。公司的目标会受到许多行为的影响。最为严重的是违背道德的行为，如果可以的话，也称作追求个人利益。许多人持续表现出的行为或现象可视作同一属性，就像一个人做出来的那样一致。

——第 4 任美国首席大法官约翰·马歇尔（John Marshall）

公司是由一些人组成并被赋予法律许可，作为一个独立实体而存在的，它拥有自身的权益、权利和义务，与公司成员的权益、权利和义务截然不同。

——《美国统一继承法典》

公司是一种法人或者法律实体，其产生由各州的法律负责并受其规制……公司与其组成人员是截然不同的。

——《布莱克法律字典》

一个设计精巧的仪器，用以获取个人利益而无须承担个人责任。

——安布罗斯·比尔斯（Ambrose Bierce），《魔鬼词典》

从理论逻辑演进来看，关于公司企业理论有两个重要分支，即新制度经济学和产业组织理论。前者偏重"企业性质"的研究，后者侧重"企业行为"的研究。

一些人认为公司是简单的"契约组合"，他们认为公司只不过是导致其产生的所有这些契约的总和。[①] 另外一些学者提出不同看法，例如艾恩·兰德（Ayn Rand）曾写道："资本主义要求每个人做到最好——合理的行动——并据此给予奖励。它允许每个人自由选择自己喜欢的工作，专攻此行，用自己的产品交易他人的产品，并实现自己的理想。"所有的这些定义反映了公司的一个关键特征——从不同的群体中获取资源的能力，同时却能建立并保持自身的独立性。从一个纯描述性的定义来看，公司是通过法律建立的一种机制，它允许不同的贡献资本、专业技能和劳力等，用以实现它们整体的最大收益。投资者有机会参与企业利润的分配而无须承担企业运行的责任。管理者有机会运营公司而无须提供资金。为了使两种情况可行，股东承担有限责任，并且参与有限的企业事务，这些事务包含了选聘董事的权利，以及规定董事和管理层作为受托人的责任来保护股东的权利。

（二）公司的类型

随着社会经济的不断发展，逐渐形成了以市场经济为基础，以企业法人制度为主体，以公司制度为核心，以产权清晰、权责明确、政企分开、管理科学为条件的现代企业制度。有限责任公司与股份有限公司则成了现代企业制度的主要组织形式。

1. 有限责任公司

有限责任公司是指依法设立的由一定人数的股东出资组成，每个股东以其出资额为限对公司承担责任，公司以其全部资产对公司债务承担责任的企业法人。这时，公司作为一个独立的法人，是要以公司的全部资产来对公司的债务承担清偿责任的。因此，有限责任公司的形式下，股东是承担有限的责任的。有限责任意味着有限的风险，它将股东的风险上限限定在出资额上。此外，有限责任制度也促进了外部资本市场的发展，有限的风险降低了成立公司的社会信任成本和人身依赖性，促进了资本的社会化，有限责任将股票的价格脱离开股东的价值，仅与公司价值联系，进而有利于股票价格的客观衡量。依据我国《公司法》规定，

---

① COAS R H. The nature of the firm [J]. Economica, 1937 (16): 386-405.

有限责任公司设立，股东人数没有最低限制，最高限制则为 50 人。公司经营状况具有非公开性，有限责任公司的股东人数有限，股东对外转让出资受到严格限制，其经营状况基本不涉及社会上其他公众的利益，故无须公开。有限责任制度的出现是一场"公司革命"，催生了现代公司制度。1911 年经济学家巴特勒就评价："有限责任公司是当代最伟大的发明，其产生的意义甚至超过了蒸汽机和电的发明。"

2. 股份有限公司

股份有限公司是指将全部资本划分为等额股份，股东以其认购的股份为限对公司承担责任，公司以全部财产对公司债务承担责任的法人。在公司负债时，全体股东都以当时购买股份的款项为限，来偿还公司债务。也就是说，在股份公司的形式中，股东们都是承担有限的责任的，因此，股份公司一般简称为"股份有限公司"。根据我国《公司法》规定，股份有限公司的设立，应当由 2 人以上、200 人以下为发起人，股东没有最高人数的限制。现代企业制度具有股权高度分散化和管理日趋复杂化的特点（见表 1 - 1）。

表 1 - 1　有限责任公司与股份有限公司的对比

比较项	有限责任公司	股份有限公司
信用基础	资金的联合，股东间的信任	典型的资合，与股东信用无关
股东构成	人数受限、相对稳定	人数众多、流动性差
募股方式	可不分均等的份额，只能发起成立	分为均等的份额，可公开募股
股份转让	具有一定的封闭性，股份转让受限	股票自由转让
信息披露	财务和经营状况不向社会公开	财务和经营状况向社会公开

此外，还有一种比较特殊的企业组织形式：外国公司分支机构。外国公司是指依照外国法律在中国境外设立的公司。如果是外国公司依照中国法律在中国境内设立的分支机构，其权益受中国法律保护。外国公司分支机构是外国公司在中国境内设立的分公司，它不同于外国投资者在中国境内设立的外商独资企业，不具有中国法人资格，因此在中国境内不能独立承担民事责任，因为它没有自己独立支配的财产，其经营活动所产生的民事责任由其所属的公司承担。

（三）公司的特征

在法律上，尽管公司被视为一种虚拟化的"人"，但公司的核心是一种结构。公司的演化经历了类似一个达尔文式的进化过程，每一个复杂的产品和服务，公司不断发展变化都使它更为强大，更具灵活性，更难被外界所控制。那么究竟是什么让公司这种形式如此吸引人，如此有必要呢？哈佛大学法学院的罗伯特（Robert C. Clark）认为，19 世纪后期开始随着经济变化发展越来越需要超大规模的企业，例如出现了雇佣 1 000 人以上的企业，同时对资本的来源比过去更为广泛，不再是只由少数几个有钱人出资聚集起来的资本，同时私有财产的观念开始深入人心，人们开始认为财产不再仅仅属于政府、教会或特定的富人。因此，公司主要有以下四个特征体现它的重要性。①

1. 投资者的有限责任

现代企业的发展，离不开有限责任制度的产生。有限责任制度主要的意义在于有利于外部资本市场的发展，降低了成立公司的社会信任成本和人身依赖性。为了更好理解有限责任的概念，下面举个例子：王先生是一名企业家，他和朋友们共同创办了一个有限责任公司A。之后A公司因经营不善，欠下了大额债务。那么当偿还债务时，王先生和他的朋友们应当对公司债务如何负责呢？在本案例中，王先生所创办的A公司是一个有限责任公司，因此公司所负债务，A公司作为一个独立的法人，应当以A公司的全部资产来承担清偿责任；而王先生和他的朋友们则只需要负有限的责任，只需要以他们对公司的出资额度为限，来承担责任。这就是有限责任的意义，可以让开公司的人不再担心如果破产是不是会倾家荡产。这样可以有效促进公司的快速发展，从而促进经济的快速增长。总之，有限责任意味着公司与其所有者和雇员相互分离；公司拥有的财产并不等同于公司所有者个人所拥有的，当一家公司破产或者因为债务被债权人起诉时，或者被发现要为其他受伤害的人负责任的时候，公司的个体成员并不承担责任。

我国《公司法》第二条规定：本法所称公司是指依照本法在中国境内设立的有限责任公司和股份有限公司。第三条规定：公司是企业法人，有独立的法人财产，享有法人财产权。公司以其全部财产对公司的债务承担责任。有限责任公司的股东以其认缴的出资额为限对公司承担责任；股份有限公司的股东以其认购的股份为限对公司承担责任。

2. 投资者股份的可转让性

与有限责任所起的作用一样，股权的可转让性使得股东面临的风险变得可以接受了。合伙人的利益是复杂而且难以衡量的，也没有一个机构可以让合伙人的利益可以随意交易。而股票却可以像现金一样自由流动。如果一个股东认为股票价值会下跌，他就可以卖掉手里的股票。这里需要提醒的是，股票的转让也受到法律的限制。具体可以参阅《中华人民共和国证券法》。股东掌握股票，看似是权利，其实也是一种风险，他把这一部分财产置于风险之中，股东可能无法控制经营企业，唯一的权利可能只剩下卖掉股票。

3. 法人资格

什么是法人？法人是社会组织在法律上的人格化；法人财产来自股东所投入的资产，但一旦完成从资产到资本的转换，股东仅保留股权，而公司则获得全部资产的主要支配权。法人财产权中的关键含义是"独立"二字，公司与股东或者其他利益相关者在法律面前是平等的"人"。法人财产由法人所有，但对其的控制和使用者却是实实在在的人。这个矛盾是公司制度的弱点，也是公司治理的着眼点。

合伙制可能随着合伙人的死亡或退伙而消失，但是对于公司而言，一家公司只要有资本就可以永远经营下去。这个是公司制度最有吸引力的一点。法人资格还有其他的益处，例如对于一些本应惩罚，甚至触犯刑法的活动，如果把责任推到了公司，这些惩罚也就无法实施了。例如：世通公司（WorldCom）的CEO埃伯斯（Ebbers）被判入狱25年。南方保健公司

---

① CLARK R C. Corporate law [M]. Boston：Little，Brown，1986：2.

（Health South）的 CEO 斯克鲁西（Scrushy）在会计和财务丑闻中被宣判无罪，只是判定无权获得奖金。那么由经理人的原因导致公司犯罪，公司的经理人和董事个人是否支付罚金？公司是否需要支付罚金？是否会因为这个原因有人离开公司？谁来承担成本？当前的法律体系对于违法行为能否给予足够的威慑？这也是法人资格的一个弊端，使得公司难以承担相应的法律责任。

4. 集权管理

合伙企业的管理主要奉行少数服从多数的原则。每一个人都有平等发言的机会。而在公司的管理中，主要由董事会进行决策，公司的经营管理控制权掌握在经理人手中。企业发展进程中发生了两个重要的革命：经理人革命和有限责任的革命。企业制度的演进遵循两个目标：一是解决企业发展对物的需求，二是解决企业发展对人力资本的需求。从优胜劣汰的制度进化逻辑来看，现代公司制度是市场选择的结果。现代公司制度的出现有赖于公司革命的"变异"，其中，有限责任制度革命解决了公司对物力资本的需求问题，经理人革命解决了公司对人力资本的需求问题。大家知道，职业经理经营管理公司是社会经济发展的效率要求和基本规律；经理人革命的起源来自于公司对企业家才能的需求，是经营管理活动专业化分工的结果。而有限责任的产生意味着公司只需要承担有限的风险，他将股东的风险上限限定在了出资额上。这两个方面存在一个问题，即股东虽然承担的是有限风险，但是为了实现公司效率的最大化，股东们也放弃了企业除了最基本问题外的所有事务的决策权。

三、公司治理产生根源

随着社会经济的发展，企业组织形式不断演变，现代公司出现股权分散化、所有权和经营权分离的重要特征，这些特征使得公司治理问题得以产生，成了公司的焦点与核心。

（一）股权高度分散化

随着企业组织形式的不断发展，公司股权结构经历了由少数人持股到社会公众持股，再到机构投资者持股的过程。股权分散化的结构，对经济运行产生了重要的影响。在公司制度发展的早期，公司只有少数几个股东，股权结构相对比较集中，但是随着规模的扩大，公司的股权结构开始逐步分散，股票逐渐分散到社会公众的手中。后来一些国家出现了机构投资人大量收购、持有股票。特别是以美国为代表的一些国家，机构持股得到了快速发展。这些机构持股后，也开始分散投资，因此也导致了公司的股权结构仍然是高度分散，美国最大股东所持公司的股份也一般在5%以下。

这种高度分散下的公司股权结构，可以促进企业的快速发展。首先，公司的股权分散代表持有股份的人数比较多，也就是进行投资的人比较多，而且需求方也会较多，那么股票买卖的交易就会相对更加活跃，股票的转让也会相对容易。在这样交易活跃的条件下，企业通过资本市场投资和融资的机会就会更多。其次，企业的终极所有权人可以利用较少份额的股份控制企业，而通过资本市场进行大规模融资，从而筹集到能够满足企业规模发展的大量资金。再次，高度分散的股权结构意味着相对较明确、清晰的产权关系，所有者的产权明晰会为资本市场的有效运行奠定良好的基础。

但是，企业股权高度分散也会对企业发展带来一些弊端。首先，股权分散化代表股东们较多，在公司决策、运行的过程中难以达成一致目标，这样会造成了公司的治理成本较高。其次，股权分散化还会造成对公司经营人的监督弱化，大量的小股东由于股份较少，其监督的动力和能力都会相对弱化，这样的后果就是可能会造成公司经营者的内部控制问题。最后，分散的股权结构下，公司也容易处于被人收购的风险之中。例如：宝能收购万科的案例，就是股权分散结构下，公司被机会主义者掠夺的典型案例。万科这种由管理层控制的公司治理模式，若没有好的约束机制，就有可能出现"内部人控制"，在管理层有不尽职尽责的行为时，股东的利益会受到侵害，不利于公司的发展和股东利益的维护。

（二）所有权与经营权分离

在企业发展的过程中，资本家逐渐认识到人力资本和物质资本对企业的发展同样重要。资本家在拥有财务资本的同时，不一定拥有管理知识，管理知识成了日益稀缺的人力资本，在要素市场竞争中独立于资本与劳动，成为企业发展不可或缺的组成部分。人力资本理论认为人力资本对企业发展的作用甚至远远大于物质资本，是企业发展的决定性因素。相对于由投资者自己来经营企业，他们更乐于去市场上聘请一些具有较强管理能力和丰富专业知识的人来经营企业，从而导致了企业所有权与经营权的分离。

现代企业的股东数量庞大、股权分散化，不可能由全体股东对企业进行直接的管理，必须把企业委托给经理人经营，导致了企业的所有权和经营权分离，股东就是委托人，而经理就是股东的代理人。股东拥有企业的所有权，而经理拥有企业的经营权。罗斯（Ross）提出：如果当事人双方，其中代理人一方代表委托人一方的利益行使某些决策权，委托—代理关系就随之产生了。现代企业中的股东会、董事会和经理层等之间形成了多重的委托—代理关系。在这些委托—代理关系中，代理人往往比委托人掌握更多企业的信息，从而造成了委托人与代理人之间的信息不对称现象。在委托人和代理人目标不一致的情况下，代理人很有可能利用自己所掌握的信息优势而做出危害委托人利益的行为。例如：经理人为了自身的利益，利用手中掌握的职权和企业信息，通过各种途径将公司的财产和利润转移出去，造成股东利益的侵犯。

第一本公司治理专著是阿道夫·A. 伯利（Adolf A. Berle）和加德纳·C. 米恩斯（Gardiner C. Means）在 1932 年出版的《现代公司与私有财产》。他们提出的"股权分散导致的两权分离"属于公司治理范畴；而经营管理决策权沿着管理层级的分权、授权，是公司管理的内容。他们认为管理权的增大将会损害资本所有者的利益。也正是 20 世纪 30 年代开始出现公司所有权和控制权的分离引起了人们对公司治理问题的注意。两种权利的分离对公司行为产生了一系列的影响，两种权利在两个利益主体之间进行分割，由此产生了公司行为目标的冲突。当然也有一些企业实现股份制以后，所有者仍然掌握着公司的控股权。例如摩根、洛克菲勒、卡耐基等，不仅拥有摩根银行、标准石油公司、美国钢铁公司等大型企业的大量股票，还积极参与企业的经营管理。但现实中这样作为最大股东同时作为决策者身份的企业并不多见。大多数公司因为股份制的原因，成了公众公司，股票所有者一般没有参与公司的实际经营，在这种条件下就有可能出现激励不相容问题，即股东目标和经营管理者的利益目标发生偏离。20 世纪 60 年代以来，公司所有权与经营权的分离越来越严重。在美国，很多公司董事会中公司经理占了多数，受聘于公司所有者的管理者反过来最终控制公司的现象比比皆是。经理与股东不可能处处"一条心"，股东没有充分的渠道了解经理的行为，因此出现委托代理问题。20 世纪 80 年代，英国不少著名公司的相继倒闭，引发了对公司治理问题的重新讨论，很多学者认为公司治理的职责就是要制衡经理，或者控制股东，保护全体投资者的利益。

案例 1-3 ▶ **世通公司的破产**

世通公司创办于 1983 年，20 世纪 90 年代以来，该公司利用兼并、收购等手段疯狂扩张，上演了一次次"大鱼吃小鱼""快鱼吃慢鱼"的戏法，迅速发展成为全美第二大长途电话公司、全球第十大互联网供应商。世通公司拥有非常好的业务，有很多人投资，股票涨得也快，让很多人赚了钱，其中也包括公司的董事长兼 CEO 埃伯斯。埃伯斯拥有公司很多股份，拥有很大的权力，他把自己的薪酬定得非常高。但到了 90 年代末，通信市场的泡沫开始破裂，有的公司因内部治理做得好，遇到问题能理性面对并解决问题。而世通公司却不是，公司开始做假账，且假账的数目越做越大，最后超过了百亿美元。由于埃伯斯既是世通公司的董事长，又是公司的 CEO，公司的治理就不容易客观、透明。加之没有好的监督机制，问题没有被及早发现，从而使公司最后到了不可收拾的地步，公司只好于 2001 年 7 月宣布破产。由此，公司市值损失，投资人没了回报，员工失业。

（资料来源：刘彦文，张晓红. 公司治理 [M]. 北京：清华大学出版社，2010：20.）

案例 1-4 ▶

侯××，男，××市某能源投资集团公司原董事长，曾获重庆市"国企贡献奖"、"全国五一劳动奖状"。2011 年 12 月 19 日一审判决。法院认定，1996 年至 2011 年 4 月，侯××在担任原四川省××市经济工作委员会副主任、××人民政府副秘书长、××市某能源投资集团公司董事长期间，单独或者伙同其子索取及收受他人给予的财物共计 625 万余元，故以受贿罪判处无期徒刑，剥夺政治权利终身，并处没收个人全部财产。

案例 1-5 ▶

蔡××，男，广州市真功夫餐饮连锁有限公司董事长，曾获"优秀民营企业家""东莞市十大杰出青年"。2011 年 3 月 17 日广州市公安机关开展侦查，蔡××一直潜逃，4 月 22 日被抓捕归案。检方指控其涉嫌职务侵占罪、挪用资金罪、抽逃注册资本罪。

刘××，男，生产"瘦肉精"的商户。2011 年 3 月 15 日，媒体报道了河南省某家食品企业把含有瘦肉精的猪肉加工成肉制品流入消费市场，随后刘××等人被抓获。2011 年 7 月 25 日，河南省焦作市中级人民法院开庭审理了本案，并判决刘××构成以危险方法危害公共安全罪，判处死刑，缓期二年执行，剥夺政治权利终身。

【问题】结合上述案例，你能够得到哪些有关公司治理的启发？

以上案例告诉大家：第一，公司制度是不完美的，需要设计一套制度系统去填补原来的制度盲点。这一套制度系统的构建和运行，就是公司治理。第二，公司治理问题的表现与公司基本制度特性紧密相关。这强调了公司治理定位的重要性。

四、公司治理的核心

公司治理的核心就是通过一系列的制度设置，尽量减少企业发展过程中的激励不相容和信息不对称问题，以保护包含股东在内的公司利益相关者的利益。

（一）减少激励不相容

你认为现实中存在完美的制度吗？即人类有无最好的制度？如果有的话，可以在你身边举一个完美的制度的例子吗？由于人类对于"好"的追求和向往使得人类对"好制度"发挥了极大的想象力和创造力，从而构建出了诸如"乌托邦"式的虚幻图景，可现实中，不存在"乌托邦"，本意去寻求"好制度"却很可能遭遇"专治暴政"，这在中外政治史中并不乏见。从经济学来说，再好的制度都会存在漏洞。但是好的制度却可以带来激励相容。

什么是激励相容？每个人的利益、公司的整体利益，都存在不同的情况，目标函数不同。哈维茨（Hurwiez）创立的机制设计理论中"激励相容"是指：在市场经济中，每个理性经济人都会有自利的一面，其个人行为会按自利的规则行为行动；如果能有一种制度安排，使行为人追求个人利益的行为，正好与企业实现集体价值最大化的目标相吻合，这一制度安排，就是"激励相容"。

现代经济学理论与实践表明，贯彻"激励相容"原则，能够有效地解决个人利益与集体利益之间的矛盾冲突，使行为人的行为方式、结果符合集体价值最大化的目标，让每个员工在为企业多做贡献中成就自己的事业，即个人价值与集体价值的两个目标实现一致化。

而现实中往往更多的是"激励不相容"。在公司治理中的激励不相容，也就是代理两难问题。举例来说，你拥有店面资产，是所有者，你不拥有经营能力，需要经营者帮你打理公司。这种常见的"委托代理"关系无处不在。说白了，就是我有钱开店，但是我没有管理能力，我聘请你帮我管理这个店铺。还有就是我有管理能力，但是我没钱，我去帮有钱的老板打工。这就好比在企业中，公司股东大会委托董事会行使权力，董事会再委托管理层经营公司。看上去这种委托代理很好，各取所需。但是大家再细想一下，这种"委托—代理"的机制有个重大的问题，委托人觉得收益主要是投资回报，代理人认为收益主要是劳动成果，都觉得对方占了很大的便宜，所以委托人不愿与代理人分享利润，代理人不愿意为委托人尽力尽责。这种现象就称为"代理两难"。

比较著名的"代理两难"现象，叫作"刺轮效应"。也就是说，假如代理人拼命地去帮委托人经营公司，使得今年的业绩非常好。你的能力得到了肯定，你开始沾沾自喜。可你没想到最后的结果是，委托人会根据你当年的业绩，提高对明年的业绩的预期。如果你在这种业绩指标只涨不跌的公司，做得好只会成为麻烦，就像机械装置中的刺轮，朝着一个方向转动，到位就被锁住，然后继续转动。然后最怕的是，只给你增加业绩指标，不给你加工资。如果你是代理人，理性一点的话，势必会想尽一切的办法，降低委托人对业绩的预期，从而损失市场的机会。

那你们一定会问，如何解决这个问题呢？下面再讲一个小故事。比如说，你开一家服装店，苦心经营很久了，生意也不错。于是你打算开第二家店，但是两家店一个人可能管不过来，这时候，你就需要聘请一个有经验的人来帮你打理，这样可以把第二家店打理得更好。可是交给别人打理之后，业绩就迅速下滑，作为老板，你需要找他谈话。然后店长就会跟你说，现实有多困难，市场打不开等很多理由，你没法反驳他。但是回想起来，我聘请的这个店长不是很有经验吗，为什么业绩就下滑了呢？其实你也是挺着急的。这个时候，最好的办法是什么呢？是苦口婆心劝说，还是另聘他人？都不是。更好的办法是你让他买点这家店的股份，绑定了他的利益。让他享有了部分的所有权，让他认为不是帮你打工的，做得多，就得的多。还有一点，为什么说股份要买呢，而不是送呢？因为你送给他的，他心里觉得反正是送的，如果我做不好，也可以拿钱，这个股份增不增值又没关系。就是用收益和风险共同激励他，而不是你苦口婆心地去劝这个人怎么样做市场。这个就是常用的激励相容的例子。公司治理就是让制度来解决这个问题。听上去激励相容很深奥，其实通俗来说就是指私利与公利的一致。每个人都有自私的一面，如果能有一种制度安排，你越自私，公司就越赚钱，这种制度，就是激励相容的制度。激励相容，就是承认人性的自私，用正确的机制，让"自私"成为大家共同获益的原动力。

（二） 减少信息不对称

假如你是房屋所有者，你把自己的房子挂在房产中介那儿销售，这就是典型的委托代理问题，你是委托人，中介是代理人。房子的保底价是 500 万元，佣金比例为 2%，那就是 10 万元。你鼓励中介，希望他们多卖钱，并且把多出部分的佣金比例提高到了 4%。如果卖 550 万元的话，那中介就会多赚 2 万元，在你看来，是非常棒的买卖。但现实情况可能是，中介碰到卖房子的，他们多半会挑房子的毛病，说这个房子不好卖。而碰到买房的，他们又会说这个房子虽然状况不太好，但是地段好，又靠近地铁，又靠近公园之类的，还会说看这个房子的人挺多，再不决定可能就没有了。这是为什么呢？当你站在经纪人角度来思考，他们并没有激励去帮你多卖钱。因为为了多赚这 2 万元，他们可能要多付出一倍的努力，这多付出的努力，边际收益只有 2 万元，而前面同样的努力，边际收益是 10 万元。所以，他们心里唯一想的，就是快点卖出去。而你作为委托人，如果信息不对称，你是很难分辨出房产经纪人说的是真话还是假话。这就是信息不对称现象。在信息不对称的条件下，公司治理就是要思考如何设计一种制度，减少委托人和代理人之间的信息不对称现象，规范代理人的行为，保护利益相关者的利益。

第二节　公司治理的范畴

一、公司治理的定义

国内外对公司治理内涵的争论主要围绕着控制与监督经理人行为、股东利益是否至上、利益相关者的保护等主题展开。细分而言，就是对股东、董事、经理人三者关系的理解不同。

一般来说，公司治理又名公司管治、企业管治或企业管理，是指诸多利益相关者的关系（主要包括股东、董事会、经理层的关系），这些利益关系决定着企业的发展方向和业绩。

在最宽广的层面，公司治理包含了一系列的规则、关系、制度和程序。规则包括当地可适用的法律和公司的内部规则，关系则包括所有利益相关者之间的关系，最重要的利益相关者包括股东、经理、董事会董事、管理当局、雇员和整个社区居民，制度和程序则用来保障监督和管理，以保证这些关系的和谐发展。

尽管从伯利和米恩斯（1932）起，人们便开始关注公司治理问题，但公司治理作为一个概念被提出是近几十年的事。现有文献对公司治理的理论和实践、公司治理内涵的认识均存在分歧，这从现有文献对公司治理的不同定义中可见一斑。

公司治理目前最流行的定义是斯利佛（Sleifer）和魏斯尼（Vishny）在 1997 年发表的著名的文献综述中所给出的，他们把公司治理定义为有关资金的提供者（比如股东、债权人）按时收回投资并取得合理回报的各种方法的总称。在我国，理论界对公司治理具有代表性的定义有吴敬琏、林毅夫、李维安和张维迎的观点。

公司治理结构是指由所有者、董事会和高级执行人员即高级经理人员三者组成的一种组织结构。要完善公司治理结构，就要明确划分股东、董事会和经理人员各自的权力、责任和利益，从而形成三者之间的关系。

——吴敬琏

所谓的公司治理结构，是指所有者对一个企业的经营管理和绩效进行监督和控制的一整套制度安排。

——林毅夫

狭义的公司治理是指所有者（主要是股东）对经营者的一种监督与制衡机制，其主要特点是通过股东大会、董事会、监事会及管理层所构成的公司治理结构的内部治理。广义的公司治理则是通过一套包括正式或非正式的、内部或外部的制度或机制来协调公司与所有利益相关者（股东、债权人、供应者、雇员、政府、社区）之间的利益关系。

——李维安

狭义的公司治理结构是指有关公司董事会的功能与结构、股东的权力等方面的制度安排；广义的公司治理结构是指有关公司控制权和剩余索取权分配的一整套法律、文化和制度性安排，这些安排决定了诸如公司的目标，谁在什么状态下实施控制、如何控制，风险和收益如何在不同企业成员之间分配这样一些问题。广义的公司治理结构是企业所有权安排的具体化。

——张维迎

公司治理是组织所采用的一系列控制机制，旨在防止经理人实施自利行为并损害股东和利益相关者的利益。公司的治理系统中至少包含董事会和外部审计、董事会监督管理层，其中外部审计保证公司财务报告的可靠性。在多数情况下，治理系统的范围要更大一些，还包括公司所有者、债权人、工会、客户、供应商、投资分析师及媒体、监管者等。

——大卫·F. 拉克尔（David F. Larcker & Brian Tayan）

公司治理的目的是弥合公司制度的不完备之处。需要强调的是，不存在"一体适用"的最佳行为。公司治理本身就是一个权变的因素，有些标准在一家公司产生了良好的治理效果，但是运用到其他公司，结果可能是好坏参半。例如，独立董事居多的董事会一定比内部董事构成的董事会更好吗？在选举董事过程中，个人的很多特质例如专业背景、责任心、参与度、与 CEO 关系等对独立性的影响可能难以估量，但是在选举中，这些因素可能被忽略了。此外，环境的因素对治理也非常重要，不同国家的文化环境会对治理机制产生不同的影响。

对于公司治理的理解取决于公司的价值观和公司的社会角色。从股东角度出发，如果公司的主要目标是为了股东价值的最大化，那么有效的公司治理在于协调管理层和股东之间的关系，激励管理层为公司创造更多的绩效；但是如果是从利益相关者角度出发，有效的公司治理应该保证员工安全和就业，减少债权人风险以及改善社区环境等等。因此不同的价值观会影响公司治理系统。围绕股东利益这一主题，西方学者对公司治理的内涵有以下三种理解：

股东、董事和经理关系论。如马克·丁·络（1999）指出："公司治理是指公司股东、董事会和高层管理人员之间的关系。"

控制经营管理论。如斯利佛和魏斯尼（1997）指出，公司治理是公司资金提供者确保获得投资回报的手段。主要就是如何控制管理者的问题。

对经营者激励论。如梅耶（Mayer，1994）指出："公司治理是公司赖以代表和服务于它的投资者利益的一种组织安排，它包括从公司董事会到执行人员激励计划的一切东西。"

除此之外，外部约束机制也会影响公司治理的结构。比如资本市场、法律、会计准则、监管制度、社会和文化价值观等等。由于企业制度的差异、社会经济特性的差异，不同的国家（或地区）的公司治理结构文化呈现不同的特征。一些国家会倾向于股东至上（shareholder-centric），认为公司的主要任务是使得股东利益最大化；有些国家会倾向于利益相关者至上（stakeholder-centric），认为员工、供应商和客户以及当地社区利益相关者的利益与股东的利益同样重要。

美国和英国是股东利益至上的坚定拥护者。这两个国家法律规定，受委托的董事会和高管有责任保护股东的利益。在美国，如果一家公司的董事会由可能致大量裁员的原因而拒绝被收购，那么该董事会可能面临来自投资者的诉讼，因为其没有遵守维护股东最大化利益的原则。而在德国，股东和雇员的利益需要平衡。因此，日耳曼法律会规定德国企业的监事会中员工代表的比例应达到三分之一或者二分之一，企业员工对企业的发展具有真正的表决权。由此可见，公司治理可以从不同的角度来理解，它是一个内涵非常丰富的概念，而且随着对公司治理的进一步深入研究，还可能会赋予公司治理新的含义。

公司治理的目的是弥合公司制度的不完备之处。针对现代公司制度的具体特点，以下从公司制度的演进规律中，挖掘出代理型和剥夺型两类公司治理问题。

第一类：代理型公司治理问题。研究股东与经理人，以及债权人与经理人之间由于信息不对称、控制权不同引发的职业经理人履行代理行为时的"不尽职和败德问题"，即对出资人的利益损害问题。这一问题产生的根源在于公司的所有权与经营权的分离。而经理人存在自利动机与自利行为，股东与利益相关者要承担相应损失。这一成本被称为代理成本（agency costs）。

第二类：剥夺型公司治理问题。传统上，公司治理的研究主题仅是代理型治理问题。在2000年前后，LLVS① 等学者的大量研究发现，控制股东的存在也是现实世界的常态，对应着的控制股东剥夺现象也是公司治理必须处置的问题。

研究股东与股东之间，股权和票权不对等引发的股东间的"利益侵占、剥夺问题"；研究股东与债权人之间，由于信息不对称，以及现金流权和票权不一致引发的股东与债权人间的利益侵占和剥夺问题。掏空（转移资金、财产来谋取少数人或利益集团的行为）在金字塔结构、交叉持股结构和类别股份结构中容易发生。通过公司章程等手段实现差别投票权（differential voting rights），直接分离现金流权和控制权的方式，实现现金流权和控制权相互分离的结构。通常来说，剥夺型治理问题的股权结构具有隐蔽性，它将掏空的实施主体隐蔽起来，比如在金字塔结构里，每增加一层持股结构，就在控制股东面前增加一层"面纱"。

---

① LLVS是四位著名经济学家拉波特（La Porta）、洛佩兹（Lopez de Silanes）、维什尼（Vishny）和施莱弗（Shleifer）的姓名首字母的组合。

掏空行为也具有隐蔽性。尽管掏空中存在赤裸裸的资金占用情形，但是大多数行为披着正常交易的外表，局外人无法证实。引发掏空是它具有诱发掏空的利益条件。将这几点外在条件归纳到根本上，会发现掏空行为的产生，在于控制股东剥夺的收益大于其剥夺的成本。而收益来源于控制股东所掌控的权利，成本则反映了控制股东对其行为所承担的责任。于是，剥夺问题的本质诱发条件就是，控制股东的权利和责任的不匹配。准确说是，控制股东的权利大于责任时，会诱发剥夺行为。（例如：控股股东在 A 公司的盈余收益为 5 万元，而在 B 公司的亏损负担为 3 万元，收益大于亏损负担，根源于控股股东对 A 公司的控股权大于对 B 公司的控股权。）

如果是大股东"掠夺"小股东，会导致公司市场价值下降。也会使管理层的经营努力得不到反映和认可，从而丧失其勤勉尽责以提高公司业绩的积极性。对整个证券市场而言，如果大股东"掠夺"中小股东的现象非常普遍，就会使投资者对整个市场失去信心，离场而去，投资者群体萎缩。掏空来自于英文的 Tunneling，其直译为"隧道"，另外的意译有"转移""输送"，是指控制股东为了自身的利益将公司的财产和利润转移出去的行为。具体包括两类，其一是经营性隧道行为，包括各种基于偷窃与欺诈的直接占有公司有形和无形资产的剥夺行为，也包括各种非市场化的产品和资产买卖、费用和成本分摊等关联性交易活动；其二是金融性隧道行为，包括各种操纵股权结构和转移公司利润的金融性手段。

二、公司治理的层次

从现代公司治理需要解决合约不完全和信息不对称问题的理论和现实出发，可将公司治理分为治理结构（governance structure）和治理机制（governance machanism）两个层次（郑志刚，2010）。包括股权结构和控股股东性质等在内的治理结构问题，作为现代产权理论控制权机制在公司治理实践中的应用，体现的是企业权威的分配，属于公司治理的第一层次；而包括经理人薪酬合约设计、公司控制权市场的接管威胁等在内的治理机制，着重解决的是由于信息不对称导致的代理问题，体现的是企业权威的实施，属于公司治理的第二个层次。第一层次治理结构与第二层次治理机制的结合完整体现了科斯提出的治理作为"权威的分配和实施"的原意（Coase，1937），二者共同构成了公司治理的研究内容。

那么，治理结构与治理机制之间是什么关系呢？治理结构是治理机制的基础，治理机制是治理结构的保障。公司治理一方面需要通过产权安排向投资者提供投资的激励，以解决合约不完全的问题；另一方面则需要通过治理机制的设计和实施向经营者提供努力工作的激励，以解决信息不对称的问题。因而，公司治理应该同时包括治理结构（产权安排）和治理机制（各种公司治理机制的设计与实施）两个层次，以此体现科斯提出的治理作为"权威的分配和实施"。

三、公司治理的结构

治理结构最初的含义是"权威的分配",但随着20世纪80年代以来现代产权理论所形成的对剩余权利安排和权威分配内在联系的认识,产权安排成为治理结构新的含义。因为这里的治理结构主要指的是以控制权等剩余权利的分配以及投资者权力保护为内容的产权安排,它是融资双方事前博弈的结果,将对一个企业基本制度(如合伙制、公司制等)的形成产生重要影响。通过产权安排,明确了投资者(股东)在法律上作为产权所有者的地位,经营者(经理人)在法律上对投资者(股东)富有诚信责任。投资者在上述产权安排下,预期将按时收回投资并获得合理回报,因而愿意购买并持有公司发行的股票,成为该公司的股东。我们看到,治理结构(产权安排)与正式权威的分配有关,它主要解决股东的投资激励问题。

股东是公司的所有者(产权所有者),董事会受股东委托代表股东监督实际经营公司的经理人,董事与经理人对股东负有法律上的诚信责任(勤勉与忠诚)。股东通过在股东大会上行使表决权(剩余控制权),对公司董事、经理人的任免以及并购重组、经营战略调整做出决策。对公司盈余的分配、股东的受益顺序排在雇员和债权人(银行)等之后,成为剩余索取者。在现代公司"有限责任"制度的保护下,股东以出资额为限承担有限责任。因而,作为产权所有者,公司股东既享受权利又承担责任,这很好地体现了产权安排应该是剩余控制权与剩余所有权对应的原则。

案例1-7 ▷ **赵新先的"三九王国"**

1985年赵新先创办了深圳南方制药厂,广州第一军医大学出资500万元,赵新先及其创业团队则为制药厂贡献了三大发明:三九胃泰、壮骨关节丸和正天丸,1987年该制药厂即赢利1 000万元。1991年,该厂转归解放军总后勤部(简称"总后"),总后将其与新兴企业集团在深圳的酒店、贸易公司等资产合并,成立了深圳三九实业总公司,后又变更为三九集团。即便挂靠总后,三九集团也一直在赵新先个人引领下前行。1992年,该集团与在英属维尔京群岛注册的正大药业有限公司合资成立三九正大药业有限公司,中方持股51%,泰国正大集团持股49%。1994年,三九正大药业有限公司再度引进美国、中国香港等地的六家股东,引资总额达8 000万美元,注册资本增至14.625亿元,三九集团股份变为39.1%。总后对此并无"援手"的迹象。1998年年末,在中央"军企脱钩"的大背景下,该集团转而挂靠国家经济贸易委员会(简称"国家经贸委"),并于2002年最终改由国务院国家资产管理委员会(简称"国资委")管理。该集团虽为中央直属企业,但实则是一个"赵氏企业"。在集团之内,他更是一手遮天,董事会、监事会只是摆设,财务上完全是他一人说了算,5 000万元以下的资金流向他自己也未必清楚。经过十余年的高歌猛进,他将集团扩张成为拥有400余家子公司和3家上市公司，涉足药业、农业、房地产、食品、汽车、旅游等八大行业的"三九王国"。由于管理失控，他的"个人王国"早已危机四伏。

2005年11月，正是这位一手缔造了三九神话的"三九教父"被深圳检察机关批准逮捕。对于赵新先的落马，前国资委主任李荣融也觉得非常可惜，感慨良多："这是最好的一个例子，证明法人治理结构不健全所造成的毛病。自己决策，自己执行，无人监督，没谁能制约他。"

（资料来源：刘彦文，张晓红. 公司治理［M］. 北京：清华大学出版社，2010：45.）

【问题】上述案例中，赵新先的"三九王国"在公司治理方面存在哪些问题？

四、公司治理的机制

公司治理机制（corporate governance mechanisms）指的是或者利用现有法律和管制框架，或者通过市场竞争的自发选择，或者通过人为的制度设计等来实现的降低代理成本，从而在一定程度上解决代理问题的各种制度或机制的总称。治理机制解决企业委托代理链条上作为代理人的经理人的激励问题，或者说，解决由于信息不对称导致的逆向选择和道德风险的问题。

（一）内部治理机制：基本核心

如何有效地设计代理人与委托人之间的契约关系，使得代理成本与风险达到最小？现代公司内部治理机制为解决公司治理问题提供了三个有效的机制：决策机制、激励机制与监督机制，通过这三种机制促使代理人——经营者努力工作，降低代理成本，避免偷懒、机会主义等道德风险行为。

1. 决策机制

公司治理中的决策机制是指在一定的治理结构中，赋予各个权力机构不同的决策权所形成的决策权力分配和行使的制度安排。公司内部治理的权力系统由股东会、董事会、监事会和经理层共同组成，他们各自被赋予不同的权力，有明确的权力边界，组成了相互联系的公司决策机制。由于股东会、董事会、监事会、经理层存在层级委托——代理关系，相应的决策权力分配也形成一种层级关系。因此，决策机制实际上是层级制决策机制，公司的决策是一种层级制决策。第一层次是股东会的决策机制，是公司的最高权力机构的决策；第二层次是董事会的决策机制，是公司常设的决策机构的决策；第三层是经理层的决策机制，它掌握着公司日常经营管理的一些决策权。

（1）股东会的决策机制。股东会作为最高权力机构，拥有选择经营者、重大经营管理和资产收益等决策权力。股东会选择经营者的决策权表现为选举和罢免董事和经理。重大经营管理决策权表现在：审议公司章程及有关出卖部分或全部财产的建议和财务报告，对公司合并和分立及解散等行使投票权，对公司的经营方向、投资方案等进行决策。股东的具体内容将会在本书第三章讲述。

（2）董事会的决策机制。在股东会闭会期间，董事会是公司的最高决策机构，是公司的法定代表，除股东会拥有或授予其他机构拥有的权力以外，公司的一切权力由董事会行使或授权行使。这将会在本书第四章详细讲述。

一是董事会的决策权。董事会的重大决策权主要有：①制定公司的经营目标、重大方针和管理原则；②聘任和监督经理人员，并决定经理人员的报酬与奖惩；③提出盈利分配方案供股东会审议；④通过修改和撤销公司内部规章细则；⑤决定公司财务原则和资金的周转；⑥代表公司签订各种合同；⑦召集股东会等。

二是董事会的决策程序和方式。如果董事会的决议与股东会的决议发生冲突，应以股东会的决议为准。股东会有权否决董事会决议甚至改造董事会。

董事会会议分为普通会议和特殊会议。普通会议是定期召开的会议，特殊会议则是董事认为必要时召开的会议。参加董事会会议的人数只有符合法定人数，会议才属合法。只要由出席会议的董事法定人数中的多数通过的决议，就应视为整个董事会的决议。董事会会议的表决采取每人一票方式，不得委托别人投票，但可以弃权，也可以不出席会议。在投票时，万一出现僵局，董事长往往有权行使裁定权，即进行决定性的投票。

（3）经理层的决策机制。经理层是董事会决策的执行者，并具体负责组织公司生产经营管理活动，对日常经营管理活动有以下决策权：①拟订公司的发展规划、年度生产经营计划和年度财务预决算方案；②对日常经营管理活动负责组织、指挥和调控；③任免公司中层管理人员；④决定对本公司一般员工的奖惩、晋级、薪酬、聘用、辞退等；⑤代表公司对外处理业务等。

2. 激励机制

激励机制是解决委托人与代理人之间关系的动力问题，即委托人如何通过一套激励机制促使代理人采取适当的行为，最大限度地增加委托人的效用。一个有效的激励机制能够使企业经营者与所有者的利益一致，使前者能够努力实现公司所有者利益即公司市场价值的最大化，而不是单纯追求公司的短期利益，其目的是吸引最佳的经营人才和最大限度地调动他们的主观能动性，防止道德风险的出现。

如果监督或约束是事后纠正，那么激励则是事先预防。激励的核心是将经营者对个人效用最大化的追求转化为对公司利润最大化的追求。有效的激励机制应包括以下几个方面：

（1）报酬激励机制。这是最基本的激励机制。一般而言，对经营者的报酬激励由固定薪金、股票与股票期权、退休金计划等构成。其中，固定薪金的优点在于它是稳定可靠的收入，没有风险，起到基本的保障作用，但缺乏足够的灵活性和高强度的刺激性。奖金和股票与其经营业绩紧密相关，对于经营来说有一定的风险，也有较强的激励作用，但容易引发经营者的短期行为。股票期权激励允许经营者在一定时期内，以接受期权时的价格购买股票，如果股票价格上涨，经营者收益就会增加，这种激励机制在激励经营者的长期化行为时，其激励作用很大，但风险也更大，因为时间越长，经营者面临的不确定因素就越多。退休金计划则有助于激励经营者的长期行为，以解除其后顾之忧。经营者的报酬结构确定的理论基础在于激励与风险分担的最优替代，报酬激励机制的设计与选择应根据公司情况和行业特点进行最优组合。

（2）剩余支配权与经营控制权激励机制。剩余支配权激励机制表现为向经营者大幅度转让剩余支配权。对剩余支配权的分配，即如何在股东和经营者之间分配事后剩余或利润，影响到对经营者的激励。如果一个契约能产生最大化剩余或者能产生最大化效率，那么这样的契约无疑是一种最优化的选择。如果公司得到的剩余越是接近于企业家开创性的努力，则激励效果越好。如果一个企业没有剩余权或只有很小的剩余权契约，这种最大化效率一般不能产生，因为它忽视了对产生和创造剩余的直接承担者的激励。

与此同时，经营控制权对经营者产生激励。经营控制权使得经营者具有职位特权，享受职位消费，给经营者带来正规报酬激励以外的物质利益满足。因为经营者的效用除了货币物品外，还有非货币物品。非货币物品是指那些通常不以货币进行买卖，但能与以货币买卖的物品一样可以给消费者带来效用的消费项目，如豪华的办公室、合意的雇员、到风景胜地公务旅行等。

（3）声誉或荣誉激励机制。在公司治理中，除了物质激励外，还有精神激励。对于公司高层经营者而言，一般非常注重自己长期职业生涯的声誉。一方面，声誉或荣誉激励使经营者获得社会的赞誉，从而产生成就感和心理满足，声誉、荣誉及地位是激励经营者努力工作的重要因素。另一方面，声誉、荣誉及地位等意味着未来的货币收入，经营者追求货币收入最大化是一种长期的行为，现期货币收入和声誉之间有着替代关系，经理人员工作的良好声誉可能使他获得较高的收入。

（4）聘用与解雇激励机制。虽然货币支付是资本拥有者用来对经营者行为进行激励的主要手段，但并非唯一手段。资本所有者还拥有一个重要手段，那就是对经营者人选的决定权。聘用和解雇对经营者行为的激励是通过经理市场竞争来实现的。资本所有者可以比较自由地对经理人选进行选择，已经被聘用的经理不仅面临外部经理市场的竞争，而且面临公司内部下级的竞争，这种竞争使已聘用的经理面临被解雇的潜在威胁。聘用和解雇对经理人员行为的激励作用通过经理人员自身声誉而实现，声誉是经理被聘用或解雇的重要条件，经营者对于声誉越重视，聘用和解雇作为激励手段的作用就越大。

3. 监督机制

监督是建立一种实施控制的行为方式。所谓监督机制是指公司的利害相关者针对公司经营者的经营结果、行为或决策所进行的一系列客观而及时的审核、监察与督导的行动。公司治理的监督机制包括内部监督机制和外部监督机制。内部监督机制包括股东会、董事会和监事会等监督机制，外部监督机制包括媒体、中介机构和相关政府机构等监督机制。

作为所有权和经营权相互分离的一种现代企业组织形态，现代公司的特点是公司财产的所有者往往不直接参与经营活动。为了保护所有者的利益，在实践中形成了由股东会、董事会、监事会和经理层有机组成的权力分立与制衡的公司治理结构，并赋予这些权力机构充分的法律地位和明确的法律形式。因此公司内部监督机制既包括股东会、董事会、监事会对经理层的监督，又包括这"三会"之间权力的相互制衡。

（1）股东与股东会的监督机制。

第一，股东的监督。股东对经理层的监督有两种形式，即通过股东会和股票市场这两种途径行使自己的监督权。表现在：一是集中投票权。替换不称职的或对现有亏损承担责任的董事会成员，从而促使经理人员的更换。二是在预期收益下降时，能及时抛售股票。股东的监督具有明显的局限性，一方面随着现代股份公司的发展，股东的极端分散性使得大股东操纵董事会；另一方面，由于众多小股东从证券市场获取信息成本高昂，他们往往对公司经营及财务报告不够关心，往往带有很大的盲目性。

第二，股东会的监督。股东会是公司最高权力机构，对公司内部高层经营管理人员和重大经营活动的监督表现在：一是选举和罢免董事与监事的权力；二是对玩忽职守，未能尽到受托责任的董事的起诉权；三是知情权和监察权，对公司董事会、经理人员的经营活动及有关的账目文件具有阅览权，以了解和监督公司经营；四是通过监事会对经营管理者进行监督。股东大会的监督是公司最高权力机构的监督，具有最高权威性和最大约束性，但股东会不是常设机关，其监督权的行使往往交给专职监督机关即监事会或董事会，仅保留对结果的审查和决定权力。

（2）董事会的监督。董事会对经理人员的监督表现在行使职责聘任和解雇经理人员，或通过制定重大和长期战略来约束经理人员的行为。董事会对执行机构的监督是为了监督其决定是否被贯彻执行以及经理人员是否称职，董事会对经理人员的监督表现为一种制衡关系。但由于董事只是股东的受托人，有些董事本身是股东，而有些董事不是股东，因此，董事会对经理的监督是有限度的。

（3）监事会的监督。监事会是公司内部的专职监督机构。监事会对股东会负责，以出资人代表的身份行使监督权力。

第一，其监督具有如下特点：一是监事会具有完全独立性。监事会一经股东会授权，就完全独立地行使监督权而不受其他机构的干预，董事、经理人员不得兼任监事。二是监事个人行使监督职权具有平等性，所有监事对公司的业务和账册均有平等的无差别的监督权。

第二，监事会的基本职能是监督公司的一切经营活动，以董事会和总经理为监督对象。在监督过程中，随时要求董事会和经理人员纠正违反公司章程的越权行为。为了完成其监督职能，监事会成员必须列席董事会会议，以便了解决策情况，同时对业务活动进行全面监督，为股东会行使重大决策权提供必要的信息。

第三，监事会监督的主要形式。为了完成监督职能，监事会不仅要进行会计监督，而且要进行业务监督；不仅要有事后监督，而且要有事前和事中监督。监事会对经营管理的业务监督包括以下方面：一是通知经营管理机构停止其违法行为。当董事或经理人员执行业务时违反法律、公司章程以及从事登记营业范围之外的业务时，监事会有权通知他们停止其行为。二是随时调查公司的财务状况，审查账册文件，并有权要求董事会向其通报情况。三是审核董事会编制的提供给股东会的各种报表，并把审核意见向股东会报告。四是当监事会认为有必要时，一般是在公司出现重大问题时，可以提议召开股东会。

此外，在以下特殊情况下，监事会有代表公司之权：一是当公司与董事之间发生诉讼时，除法律另有规定外，由监督机构代表公司作为诉讼一方处理有关法律事宜；二是当董事自己或他人与本公司有交涉时，由监事会代表公司与董事进行交涉；三是当监事会调查公司业务和财务状况及审核账册报表时，代表公司委托律师、会计师或其他监督法人实施。

（二） 外部治理机制： 外在保障

内部治理机制作为常务性的公司控制程序，时时调整公司经理的管理行为，确保其沿着最优化的经营轨道进行。当内部治理机制丧失自我调整的机能时，经理行为就会逐渐偏离最优化的轨道，此时外部治理机制开始生效，通过改变和影响内部治理机制，将公司行为重新拉回到最优化的道路。外部治理机制主要包括信息披露机制、破产机制、并购接管机制和政府监管机制等。

1. 信息披露机制

委托代理问题存在着一个难以克服的矛盾，即股东和经营者双方所掌握的公司生产经营信息是不相同的。信息披露的直接目的就是最大限度地消除信息不对称的问题，依靠真实、详细的信息，股东才能做出正确的判断和有根据的决策。资本市场活跃国家的经验也表明，信息披露是影响公司行为、保护潜在投资者利益的有力工具。

在资本市场中，信息披露的真实性和透明度这两个原则尤为重要，因为真实性和透明度是资本市场赖以生存和发展的基础。真实性是指在每一个时点上，在一个时间序列当中，保证所有记录是真实的，确实反映了真实行动。透明度是指这些信息在规范的时间、规范的行为内，如实向公众公布。信息披露的真实性和透明度就是指所有重大信息必须如实、及时地向公众披露。

2. 破产机制

破产机制是与公司治理直接相关的，因为公司破产会导致公司治理有关各方的关系产生实质性变化。破产申请是债权人的一种重要权利，它使债权人从公司治理中的相对被动的角色，转为相对主动的角色。破产机制的存在对经营者产生很大的督促和威慑作用，如果没有这种机制，那么在公司无法偿还债务的情况下，经营管理者也可能没有足够的动力和压力去改善治理状况。虽然股东及利益相关者并不愿意让公司申请破产，但是破产威胁是对公司治理产生压力和动力的必要机制。

3. 并购接管机制

并购接管机制，又称为控制权机制，是指通过收集股权和投票代理权取得对公司的控制权，达到接管公司和更换不良经理层的目的。并购接管机制是一种有效的外部控制机制，有利于保护股东利益，激励和控制经理层，是防止经理层损害股东利益的最后一种武器。在一个活跃的并购市场中，当上市公司因经营管理不善而引起股价大跌时，外部投资者在股价跌到一定程度时会大量收购该公司的股票，以期在未来得到补偿、获得收益，达到控股的目的。一旦收购者成为公司的控股股东，接着就会改组公司、更换经理层，公司控制权从此会发生根本性的改变。对于经理层来说，外部接管意味着他们将会失去体面的工作、高额的报酬以及与职位有关的种种特权。可见，并购监管机制直接危及经理层的经营控制权，受这种外部接管机制的潜在威胁，经理层不得不努力工作，提高公司绩效，以降低公司被并购接管的风险，从而实现对公司的外部治理。

4. 政府监管机制

政府监管机制主要是指政府的法律法规等对公司内部机构和外部机构的监管。政府对公司的治理主要是通过制定法规来实现的。这些法规主要包括《中华人民共和国公司法》《中华人民共和国证券法》《中华人民共和国企业破产法》《中华人民共和国反不正当竞争法》《中华人民共和国劳动法》《中华人民共和国反垄断法》《中华人民共和国商标法》等，政府的法规一般是通过政府司法部门、监管机构和中介机构来实施的，政府法规对外部环境的营造、证券市场的完善、信息披露制度的健全等有重要作用。因此，政府监管机制也是一个外部治理中十分重要的机制。

当然，外部治理机制也存在一定的局限性。外部治理机制的主要缺陷在于信号的滞后性，即外部市场向利益相关者发出的信号，是对机会主义行为的事后反映。此外，可能由于在职经理的抵制及许多非经济因素的影响，造成经理人市场的失灵。可见，外部治理机制只是为内部治理提供有效的信息保障，而不能从根本上解决代理问题。内部治理与外部治理在公司治理中各有所长，在现实经济生活中二者相辅相成，缺一不可。

案例1-8 ▷ **航兴科技公司的僵局**

林迎十、孙毅和高斌怀既是同学，也是西安一家国有企业的同事。2000年，他们停薪留职后，创办了航兴科技公司，林迎十任公司执行董事兼总经理。三人出资额分别为25.8万元、17.1万元和17.1万元，即林迎十持股43%，孙毅和高斌怀共持股57%。依据公司章程，每10万元享有1个表决权，除林迎十享有2个表决权外，其余2人都只有1个表决权。章程还规定，选举执行董事需要2/3以上股东同意。创业之初，大家患难与共，公司亦得到快速的发展。后来，令人意想不到的是，孙毅提出让林迎十让位，由高斌怀出任公司执行董事兼总经理，这让林迎十十分气愤。但是，第一次表决形成2∶2的局面，无法形成决议。孙毅又提出转让13.5万元股权给高斌怀，对此大家均表示同意。

2001年10月12日，孙毅以办理股权转让为由，借走公司公章，始终未还，让林迎十怀疑他们背后私下行动。心里一直不踏实的林迎十前往工商局，却意外地发现孙毅和高斌怀正在办理法定代表人的变更，醒悟的林迎十马上制止了这种行为。经工商局提议，三人再次就执行董事人选进行表决，此时依据表决权结果虽是三分之二，但是依据持股比例谁也达不到三分之二，于是形成了重大事项无法形成决议的尴尬局面。此后，大家更是互不信任、各自为政，最终导致公司关门停业。

（资料来源：刘彦文，张晓红. 公司治理［M］. 北京：清华大学出版社，2010：29.）

【问题】 航兴科技公司最终失败的原因是什么呢？

第三节　公司治理的现状

一、公司治理模式的比较

公司治理被定义为组织建立的一系列控制机制，旨在防止经理人可能出于自利目的而做出损害股东及利益相关者的利益的行为。很多因素都可能对公司治理系统产生影响，主要包括：①资本市场；②法律；③会计准则；④监管制度；⑤社会和文化价值观。

（1）资本市场：市场为劳动、自然资源及资本定价。当资本市场（capital market）有效时，价格基于交易双方的共同信息而设定，准确合理。

（2）法律：国家的法律对于企业所有者和小股东维护自身权利具有重要影响。企业所有者尤其关心如何使自身财产以免被没收、索赔案件依据法律解决的可能性、合同的可执行及司法效率等。

由于历史传统、文化背景、经济发展道路与政治法律制度的不同，不同的市场经济国家经过长期的公司发展历程和企业制度演变，形成了各具特色的公司治理模式，主要分为以英美为代表的外部控制主导型模式、以德日为代表的内部控制主导型模式和东南亚及东亚国家的家族控制主导型模式，这三种公司治理模式称为经典的公司治理模式。

随着经济全球化和公司治理模式的互动，这三种模式不断融合，互相吸取对方的优点，以进一步提高公司治理的有效性。虽然这三种模式的形式不同，但是从根本上说，在降低代理成本、保持相关利益主体的利益均衡、促进企业尽可能地提高运行效率以最优化公司绩效等方面依然存在共性，具备一些共同的要素。

（1）问责机制：明确董事会的职责，强化董事会的诚信与勤勉义务，确保董事会对经理层的有效管理，建立、健全代理人的绩效评价和激励约束机制。

（2）公平性原则和透明性原则：公司治理的框架应确认公司利益相关者的平等的合法权利和责任。除此之外，要具备强有力的信息披露制度，向投资者提供准确信息，及时进行分析，以便利益相关者做出相应的评估和决策。

（3）竞争性原则：合理匹配公司的剩余索取权和剩余控制权，以保持公司的可竞争性，这种竞争性可能来自外部的市场，也可能来自内部的董事会和股东。

除了上述共同点之外，国外治理模式更多的是不同点。表1-2是主要针对不同治理模式的股权结构、董事会结构、激励机制、股东对公司的评价和接管行为进行的比较分析。

表 1-2　不同公司治理模式的比较

项目	英美模式	德日模式	东亚家族模式
股权结构	相对分散，以机构投资者持股为主	相对集中，法人之间相互持股	相对集中，家族成员为主
董事会结构	一元制，单层董事会制度	二元制，双层董事会制度	董事会虚化
激励机制	股票期权激励机制	精神激励	家族利益和亲情双重激励
股东对公司的评价	以企业利润为主	公司的长期、稳定发展	公司的稳定性
接管行为	较为活跃，发生接管的频率很高	比较沉闷，很少出现管理层人事更迭、敌意接管现象	稳定，自动瓦解或主动接管

　　以上三种治理模式各有利弊，都是基于本国或本地区特定的经济、社会和文化环境形成的一种有效的制度安排。应该说，世界上不存在唯一最佳的公司治理结构模式，我国应根据自己特定的经济、社会、文化背景和历史传统来建立和完善适合我国国情的公司治理结构，但是对全球公司治理结构的某些共同特征应有所把握，对成功的经验和案例要大胆地借鉴并尝试。建立有效的公司治理结构将是一个长期的过程，从长远来看，它将推动我国的市场经济体制改革向更高的层次发展。

案例 1-9　花旗将外包部分投资服务业务

　　据国外媒体报道，花旗集团正在进一步转移多年以来的业务重心，不再将经纪部门和银行业务部门"嫁接"在一起，而是将部分面向美国分行客户的投资服务业务外包给外部顾问公司，并将最多550名员工转移到新的工作岗位上。

　　根据这项新计划，花旗集团将开始把某些分行中正与这550名经纪人进行交易的部分富有客户转给独立的金融顾问公司。目前，花旗集团在美国拥有1 000多家分行。根据这一计划，花旗集团每将一位客户带给独立顾问公司，后者都需向该集团支付介绍费。

　　分析师称，花旗集团在旗下财富管理业务部门中采取的这一举动表明了该集团的愿望，即集中致力于规模比较大的业务，并在低增长的美国零售银行市场上对其集团战略进行全面的改革。花旗集团财富管理业务部门目前管理着大约300亿美元的客户资金。

　　此外，花旗集团还将对其现有的经纪人进行重新培训，使其成为基于服务费的金融顾问内部团队的一部分，并帮助客户在内部顾问和外部顾问之间做出选择。金融顾问公司收取客户服务费的方式是根据每位客户所持资产来征收，经纪人则根据交易及产品价值来向客户收取佣金。

　　花旗集团计划在2011年以前取消所有以佣金为基础的薪酬支付方式。花旗集团官员称，此举将有助于该集团更好地为客户服务，原因是定价更加透明、利益冲突的风险更小。

（资料来源：刘彦文，张晓红. 公司治理 ［M］. 北京：清华大学出版社，2010：243.）

【问题】 你认为，花旗集团是什么类型的公司治理模式？

二、中国公司治理的发展

我国公司治理制度建设主要经历了双层治理模式构建、独立董事制度的建立和完善、股权分置改革和股票全流通三个阶段。

1. 双层治理模式构建

这一阶段是从1993年我国《公司法》的颁布实施到2002年独立董事制度的推出。我国1993年颁布的《公司法》中规定，公司在股东大会下设董事会和监事会两个平行机构，从而形成了双层公司治理模式。其中，监事会具有与董事会平行的地位，并被赋予了监督公司董事、召开股东大会和监督公司经营等权利。

然而，在实际执行过程中，监事会成员主要由企业职工和股东代表组成，由于他们在行政关系上受董事会或兼任公司高管的董事的制约，导致监事会形同虚设，其监督作用很难得到发挥。1999年修订的《公司法》和2000年颁布的《国有企业监事会暂行条例》中规定，国有企业实行外派监事制度，这是基于我国国有企业现实特征对治理制度的补充，从而使我国公司治理模式具备"德国模式"色彩。

2. 独立董事制度的建立和完善

这一阶段是从2002年我国《上市公司治理准则》的颁布到2005年股权分置改革的启动。2001年8月，中国证监会开始在上市公司中强制实施独立董事制度，规定在2002年6月30日之前，上市公司独立董事的人数应占三分之一以上，从此，独立董事制度在我国上市企业中开始发挥公司治理作用。

3. 股权分置改革和股票全流通

这一阶段是从2005年股权分置改革推行至今。股权分置导致我国资本市场出现非流通股协议转让和流通股竞价交易两种价格机制。这一方面使得股票存在两种价格轨道，扭曲了股票定价机制，另一方面制约了我国资本市场的资源配置功能，使股价对公司大股东和管理层的约束机制难以实现，从而制约了股票市场的公司治理功能。2005年5月10日，我国开启了股权分置改革，非流通股以对价形式开始逐步上市流通，这一改革不仅在宏观上改善了资本市场资源配置的效率和公司治理的外部环境，而且在微观上改变了流通股东与非流通股股东之间的利益分配关系，为我国企业公司治理的进一步改善创造了条件。

本章小结

本章从公司的概念开始，提出研究和理解公司治理的基本问题——为什么要关注公司治理，然后讨论了公司治理的定义及其范畴，最后简要概述了公司治理的现状和不同模式。我们得到的主要结论是：

第一，尽管对公司的定义有很多，但是公司的一个关键特征是：在保持自身的独立性的前提下，可以从不同的群体中获取资源。总的来说，公司是通过法律建立的一种机制，它允许不同的贡献资本、专业技能和劳力等，用以实现他们整体的最大收益。

第二，金融发展与经济发展引起了人们对公司治理的重视。近年来，公司治理越来越受到人们的追捧。公司治理是一套程序、惯例、政策、法律及机构，影响着如何带领、管理和控制公司。

第三，公司治理应该同时包括治理结构（产权安排）和治理机制（各种公司治理机制的设计与实施）两个层次。一方面，公司治理需要通过产权安排向投资者提供投资的激励，以解决合约不完全的问题；另一方面，则需要通过治理机制的设计和实施向经营者提供努力工作的激励，以解决信息不对称的问题。

第四，由于历史传统、文化背景、经济发展道路与政治法律制度的不同，不同的市场经济国家经过长期的公司发展历程和企业制度演变，形成了各具特色的公司治理模式，我国对于不同模式的成功经验和案例要大胆地借鉴并尝试。

本章思考题

1. 你是如何定义公司的？
2. 公司治理是如何产生的？对于企业来说为何如此重要？
3. 治理结构与治理机制之间的关系是什么？
4. 三种公司治理模式是什么？
5. 目前我国公司治理存在什么弊端？

案例讨论题

萨蒂扬之殇与印度公司治理之痛

2009 年年初，印度资本市场爆出惊天丑闻：印度 IT 外包业领军企业萨蒂扬电脑服务公司创始人兼董事长拉马林加·拉贾于 1 月 7 日宣布辞职，他在辞职信中承认，公司过去几年间虚报现金和银行结余超过 700 亿卢比（约合 15 亿美元）。这是 20 世纪 90 年代以来印度最大的公司丑闻，被称为印度版的"安然事件"。消息曝光以后，印度孟买证交所基准指数 Sensex 下挫 7%，萨蒂扬股价暴跌近 80%。

印度资本市场自 20 世纪 90 年代以来一直以稳健发展著称，其上市公司治理被西方媒体认为是新兴市场经济国家的典范。而萨蒂扬丑闻引发了国际投资人对印度公司的信任危机，也引发人们深入思考印度公司治理存在的深层次问题。

萨蒂扬丑闻的始作俑者拉贾时年 54 岁，出身于农民家庭，拉贾与他的兄弟等三人于 1987 年联手创办萨蒂扬。公司于 1991 年、2001 年先后在印度、纽交所上市。在拉贾的领导下，萨蒂扬成为印度销售额第四的软件外包企业，许多跨国公司成为其常年客户，包括联合利华、雀巢、思科等，上述企业都把最关键的数据和计算机系统交给其保管。

爆出造假丑闻前，萨蒂扬对外发布的财务数据可谓"靓丽"：在截至 2008 年 3 月 31 日的财年中，其销售额为 21 亿美元，利润为 4.275 5 亿美元，同比增幅分别高达 48% 和 35.5%。但令人难以相信的是，财务数据中有 94% 都是捏造的。据拉贾自述，萨蒂扬的实际利润率仅为 3%，而捏造的数字为 24%！

在向萨蒂扬董事会提交的自白信中，拉贾透露了他的造假手法。他称，最初公司的实际营运利润与账面上显示的数据差距并不大，但随着公司规模的扩大和成本的上升，缺口越来越大。拉贾担心，如果公司被发现表现不佳，则可能会引发其他企业的收购，进而导致财务漏洞曝光，因此他便想方设法地隐瞒事实。

拉贾称，他用自己和其他支持者所持股票做抵押，在过去两年里为萨蒂扬总共筹集了 2.5 亿美元贷款。这些贷款并未在萨蒂扬的资产负债表中公布，而是直接注入萨蒂扬的账户，以帮助其弥补收入上的不足。在截至 2008 年 9 月 30 日的财季中，萨蒂扬公布的销售额为 5.55 亿美元，但实际销售额为 4.34 亿美元；公布的利润是 1.36 亿美元，实际利润为 1 250 万美元；公布的可用现金为 11 亿美元，实际是 6 600 万美元。

2009 年 1 月 9 日，印度警方以欺诈、伪造、妨碍公信等罪名将拉贾及其兄弟、前执行董事拉玛·拉贾逮捕，CFO 斯里尼瓦斯也被警方羁押。

为保持萨蒂扬的持续运营，印度政府专门成立了由 10 人组成的萨蒂扬善后委员会，并重组了萨蒂扬的董事会，直接任命了三名新董事。在印度历史上，由政府解散现任公司董事会并任命新董事会的举措前所未有。2009 年 2 月 5 日，萨蒂扬宣布任命穆尔蒂为 CEO；公司已获得约 1.3 亿美元的资金支持，这些款项会直接用于资金周转。

萨蒂扬事件暴露出印度上市公司治理的一系列阴暗面：家族控制、财务不透明、会计监督不力等。

（资料来源：刘彦文，张晓红. 公司治理 ［M］. 北京：清华大学出版社，2010：28.）

结合上述案例，请简要分析印度萨蒂扬电脑服务公司在公司治理上存在哪些严重的问题？这些经验对于我国的公司治理有何启示和借鉴？

第二章 ‹理论基础

第一节 交易成本理论

交易活动是伴随着人类生产活动中分工与专业化的出现及深化而产生和发展起来的，是人类古老的经济活动形式。而交易成为一个重要的经济学范畴，则应归功于20世纪初制度经济学的重要代表人物——约翰·康芒斯。康芒斯对交易进行了明确的界定和分类，并且使之与经济学中已有的生产概念相对应，从而把人类的全部经济活动归并为两类：生产和交易。生产是指涉及人与自然之间关系的活动，交易是指涉及人与人之间关系的活动。交易通常表现为物品或劳务在不同主体之间的让渡，但其核心是交易客体所有权的出让与取得，并且反映交易主体之间的不同关系。换言之，交易只存在于人类社会中，动物世界和一人世界不存在交易活动。交易活动的发生根源于资源的稀缺性所带来的个人经济条件的局限性及对个人效用最大化的追求；交易的发生应当能使当事人的经济状况获得改善，因而是当事人的理性选择。交易活动的关键是交易客体所有权的转移，并不一定表现为固定场所的买卖活动和有形物品的实际移动；现代经济的发展带来了交易过程的复杂化和交易形式的多样化。

根据康芒斯的分类，交易活动分为三类：买卖的交易、管理的交易和限额的交易。所谓买卖的交易是指当事人具有法律上的平等关系的竞争性的市场交易，表现为市场上的平等的买卖关系；管理的交易是指长期合约下的上下级之间的非平等交易，表现为上级与下级之间的命令与服从；限额的交易是指法律上的不平等关系，一般指政府对个体的限定关系。康芒斯关于交易的分类及其定义使原本不相干的关系类型统一在同一个范畴下，建立起了它们之间的内在联系，并使交易概念具有了普适性，从而为经济分析提供了新的概念框架，为交易成本概念的提出及理论的发展提供了前提。

案例2-1 ❯ **友达光电的交易成本**

友达光电为全球第四大的液晶显示屏生产厂商，产品涵盖1.5~65英寸各种应用的液晶显示屏，全球员工约4万人，生产基地遍布世界各地，厦门为其全球重要布局之一。公司生产的材料主要来自于台湾和大陆，成品则销往世界各地及中国大陆。企业物流运输采用外包形式，因此每年需进行物流招标。在上一个标案到期前约两个月，新一轮的物流招标工作就开始启动了。首先，友达物流人员会对目前已经在合作的物流厂商进行评分，以检视其在过去的标案期间服务是否到位；同时，友达也会从各个渠道了解目前市场上其他的物流厂商信息，并且对其进行资质调查，主要项目包括公司注册资本、主要航线承运货量、车辆资源等。当资质调查回收后结合在用物流厂商的评分，友达按照既定标准向部分物流厂商询价。在询价的同时，友达以书面形式明确告知各种运输模式所需的操作要求、规格、时效等。物流厂商回标后，友达先审核其是否同意相关操作规格并对价格进行比较。依照线路货量多寡及各线路预计需要的物流厂商数量，再选取部分厂商至公司进行现场议价。现场议价时则由友达物流人员与物流厂商当面进行价格商议，包括价格成本结构、彼此对未来市场看法等。现场议价完成后再依照低价原则通知部分厂商得标，并要求签署相关协议，双方就协议的文字、条款、权利及义务等约定进行协商后签署。开始正式合作后，物流厂商需依照规格要求运送货物。若出现货物破损、运输延迟等，友达可提出赔偿要求。

（资料来源：MBA 案例分析：交易成本 [EB/OL]. http://www. tceic. com/97jk2l20g76k58lglgh00361. html. ）

【问题】结合上述案例分析，何为交易成本？如何降低交易成本？

一、理论产生

交易成本（transaction costs）的概念最早由哈里·罗纳德·科斯（Ronald H. Coase）在1937年经典文章《企业的性质》中提出，"明确地将交易成本引入经济分析中"[1]。科斯是新制度经济学的鼻祖，美国芝加哥大学教授，芝加哥经济学派代表人物之一，1991年诺贝尔经济学奖的获得者。科斯对经济学的贡献主要体现在他的两篇代表作《企业的性质》和《社会成本问题》之中，科斯首次创造性地通过提出"交易费用"来解释企业存在的原因以及企业扩展的边界问题。但科斯没有对交易成本进行精确的定义。按照古典经济学家的思想，市场是资源配置的最有效手段，那为什么需要企业？既然经济个体可以通过市场交易实现生产合作，为什么还要存在企业？当时理论界采纳的是亚当·斯密的观点，即企业的价值在于实现了基于劳动分工的专业化生产。科斯在《企业的本质》中提出，如果生产是由价格机制来调节的，那么生产就可以在没有任何组织机构存在的情况下利用价格机制调节进行。科斯又提出：既然价格机制可以调配资源，那么分工就可以在市场上完成，又为什么要存在企业？又是什么决定了企业的规模？

为了解释这个问题，科斯提出了"交易费用"这一概念。科斯认为：一旦交易费用为零，而且产权界定是清晰的，那么法律不会影响合约的结果。《企业的性质》独辟蹊径地讨论了产业企业存在的原因及其扩展规模的界限问题，科斯创造了"交易成本"这一重要的范

---

[1] 科斯在1991年获诺贝尔经济学奖时的致辞。

畴来予以解释。所谓交易成本，即"利用价格机制的费用"或"利用市场的交换手段进行交易的费用"，包括提供价格的费用、讨价还价的费用、订立和执行合同的费用等。交易费用这一概念是新制度经济学的理论基石之一。科斯认为市场和企业为相互替代而不是相同的交易机制，因而企业可以取代市场实现交易。为了节约交易费用，即用较低的企业内交易费用替代较高的市场交易费用。企业的规模被决定于企业内交易的边际费用等于市场交易的边际费用，或等于其他企业的内部交易的边际费用的那一点上。企业取代市场实现交易有可能减少交易的费用，市场交易费用的存在决定了企业的存在。企业在内化市场交易的同时产生额外的管理费用。当管理费用的增加与交易费用节省的数量相等时，企业的边界趋于平衡（不再增长扩大）。

现代交易费用理论认为交易费用的存在及企业节省交易费用的努力是资本主义企业结构演变的唯一动力。交易是分析的基本单元。造成各种交易存在成本差异的关键是交易的频率、不确定性及资产的专用性。各种一般治理模式（市场、混合型组织、私有机构、公有机构）都是由一系列属性所界定的，每一模式都表现为成本、竞争力上的离散的结构性差异。交易（其属性各不相同）与治理结构（其成本和竞争力各不相同）的对应方式各不相同，但主要都是以交易成本为目标。制度环境（政治法律制度、法律法规、习俗、规范）的变化将导致治理成本的变化。交易成本范式是对可行的备选方案进行比较制度分析。科斯在其1960年发表的《社会成本问题》中，认为"为了进行市场交易，有必要发现谁希望进行交易，有必要告诉人们交易的愿望和方式，以及通过讨价还价的谈判缔结契约，督促契约条款的严格履行，等等"。后经完善，交易成本被认为是为了达成交易目的而发生的确定交易对象、谈判并签订合同、监督合同履行及违约纠纷处置等成本的总和。

二、理论内涵

科斯提出的交易成本概念修正了新古典经济学原有的零交易成本的假设前提，使经济理论向现实性的方向迈进了一大步。交易的实质是人与人之间的关系，因而交易成本只存在于人类的社会关系中，任何不依赖于人类社会关系而发生的费用不属于交易成本而属于生产成本。交易与合约之间存在内在本质联系，从合约角度而言，交易成本包括：①合约当事人在相互寻找交易对象过程中搜集、传达和交换信息的成本；②对交易的商品或劳务进行描述、检查及度量的成本；③合约谈判、起单、签订以及履行的成本。

根据科斯的观点，市场和企业是两种可以相互替代的资源配置机制。市场利用价格机制来协调配置资源，而企业通过组织内科层制来协调资源规划，无论哪种资源配置方式都存在成本费用。市场配置资源过程中企业寻找贸易伙伴、商务洽谈、订立和执行合约等活动都会发生费用，即交易费用；企业内部的经营活动也要发生一定的费用，可称为组织费用。

该理论的核心思想就是把协调企业内部生产要素活动的成本（组织费用）与通过市场交易或其他企业内部进行经营带来同样结果的成本（交易费用）进行比较。如果企业内部生产要素活动的成本小于市场交易成本或其他企业经营带来同等结果的成本，则企业内部化相关生产活动，否则通过企业外部的交易来获得。这一理论不仅解释了企业的性质，也界定了企业的范围。随着企业规模的逐步扩大，企业的组织费用必然也逐步增加，当企业规模扩大到一定的程度，组织费用的边际增加额与交易费用的边际减少额相等时，即"企业内部组织一项交易的成本等于通过公开市场上的交换方式进行同一交易的成本或在另一企业内组织它的成本"，公司就会停止通过纵向并购扩大企业规模。

三、理论发展

科斯把节约交易费用看作是企业存在的唯一原因，完全忽视了企业组织在发挥协作劳动的社会生产力方面的不可替代的基本作用。例如：有些生产单个人根本无法进行，即使是最简单的针、铅笔的生产。因此，企业的存在不是用交易费用理论可以完全解释通的。此后，学者们提出了交易费用理论的不足，并对交易费用理论进行了补充和发展。

（一）威廉姆森的观点

为什么会存在交易成本？这是因为我们都知道经济是稀缺资源的配置过程，是生产活动和交易活动的有机结合。无论是生产活动还是交易活动，必然表现为对稀缺资源的占有，既然资源是稀缺和有限的，那么注定人们要进行选择。因而，正如生产活动存在生产成本，交易活动也必然存在交易成本。但是科斯虽然发现了交易的稀缺性是造成交易成本存在的原因，找到了一定的理论基础，却并没有深化和扩展交易成本究竟是如何产生的。威廉姆森在科斯的基础上进行了分析，他主要从人的因素、与特定交易有关的因素等方面出发，去研究交易成本的决定因素是什么。

威廉姆森发展了交易成本概念，是交易成本理论的集大成者。威廉姆森的交易成本理论是在新的人性假设基础上来研究合约行为问题的。他认为，现实经济生活中的人并不是"经济人"，而是"契约人"。契约人的行为特征不同于"经济人"的理性行为，具体表现为有限理性和机会主义，他把交易成本分为合同签订之前的交易成本和合同签订之后的交易成本。

1. 人的因素

（1）有限理性。有限理性是说主观上追求理性，但客观上只能有限地做到这一点的行为特征（例如下围棋）。威廉姆森认为有限理性的主观理性部分导致最小化交易成本的动机。主观理性支持交易各方会努力抓住每一个机会以实现效率的假设，而对有限理性的重视加深了对各种非标准形式的组织的理解。既然人们的理性是有限的，交易当事人既不能完全搜集事前合约安排相关的信息，也不能预测未来各种可能发生的变化，从而在事前把这些变化一一讨论清楚写入合约的条款中，因此，合约总是不完全的。在这种情况下，交易当事人也许就要消耗资源选择某种仲裁方式，以便发生不测事件、双方出现分歧时合理地加以解决，而这必然增加交易成本。正如威廉姆森所说："理性有限是一个无法回避的现实问题，因此就需要正视为此所付出的各种成本，包括计划成本、适应成本，以及对交易实施监督所付出的成本。"

（2）机会主义。威廉姆森明确指出，机会主义行为是交易费用研究的核心概念。它对于涉及交易专用性的人力资本和物质资本的经济活动尤为重要。所谓的机会主义行为是指人们在交易过程中不仅追求个人利益的最大化，而且通过不正当的手段来谋求自身的利益。例如，随机应变、投机取巧、有目的和有策略地提供不确实的信息，利用别人的不利处境施加压力，等等。威廉姆森对机会主义的理解可以从这句话看出："我说的投机指的是损人利己；包括那种典型的损人利己，如撒谎、偷窃和欺骗，但往往还包括其他形式。在多数情况下，投机都是一种机敏的欺骗，既包括主动去骗，也包括不得已去骗人，还有事前及事后骗人。"

机会主义行为又分为事前的机会主义行为和事后的机会主义行为。前者以保险中的逆向选择为典型，投保人尤其是风险较大的投保人不愿意坦率地披露与自己的真实风险条件有关的信息，还会制造虚假的或模糊的信息。这也就是逆向选择问题，由于信息不对称导致的。保险公司关于事件发生的概率信息要少于投保人。保险公司列出的条款是建立在一些基本信息的基础之上的，如购买保险的人的年龄和体检历史，这些信息的获取成本是相对较低的。

事后的机会主义行为以保险中的道德风险、代理成本为典型，出现的是契约的执行问题，即已经取得保险的投保人不以完全负责的态度行事，不采取应当采取的缩减风险的行为。同时，正是这些机会主义的行为表现直接或间接地导致了信息不对称问题，从而使经济组织中的问题极大的复杂化了，其导致的一个直接结果就是合同风险。如果契约人只有自利行为而没有机会主义行为，那么人们可以相信缔约人将会忠实地履行他的承诺。但是，如果契约人会采取机会主义行为，那么他不仅不一定守约，而且还会见机行事，使事后的实际结果不是按合同而是按有利于他的方向发展。此时，怎样采取措施遏止机会主义也就有了经济意义，当然同时也带来了新的成本。那么"声誉"和"商誉"在信息不对称的市场中是非常有价值的。例如，如果欺诈行为在事后能够得到广泛传播，交易各方必然会产生维持良好信誉的动机。因此，商誉会降低搜寻成本，高质量产品和服务的交易可能比其他情况更容易发生。

除此以外，信号还可以发挥传递机制的作用。用广告、教育资格、保险扣除进行。这也可以解释，做广告对高品质产品的生产商而言是理性的，而劣质产品的生产商则不会。通过高成本的广告推广活动，生产商表达了产品吸引、留住客户的能力与信心。又如同学们在找工作的时候，用人单位会根据学校排名进行选拔，这也是一个信号，如果教育的边际成本对高素质的工人来说较低，那么教育资格证书就可以作为一种信号。支付给那些具有一定教育资格证书的人更高的工资，对于那些认为取得种种教育资格证书的花费很低的人来说是有吸引力的。当存在信息不对称和逆向选择的时候，信号传递的作用是积极的，但是不能认为信号传递的结果总是对社会有益的。经营状态良好的企业中的管理者怎么向市场传递经营状况呢？一般是通过股价的上涨使得股东受益。如果股东没有意识到企业处于良好的经营状态，他们就很可能接受一个突袭的收购方提供的较低的价格卖掉公司。

不过，人的行为要受到法律的制约，违反了法律，就要受到法律的制裁，所以法律使损人利己的行为受到一定的节制。威廉姆森把人一有机会就会不惜损人而利己的"本性"，称为机会主义。人的这种本性直接影响了以私人契约为基础的市场效率。市场上交易的双方不但要保护自己的利益，还要随时提防对方的机会主义行为。每一方都不清楚对方是否诚实，都不敢轻率地以对方提供的信息为基础，而必须以自己直接收集的信息为基础做出交易决策。因此，机会主义的存在使交易费用提高。交易越复杂，交易费用提高的幅度也越大。威廉姆森认为，对于"机会主义"的认识，是他对经济学的贡献之一。一切足以引起提高市场交易费用的其他因素都是通过了人的机会主义行为，才会具体转化为交易费用的上升。

2. 与特定交易有关的因素

威廉姆森从人的因素，与特定交易有关的因素和交易的市场环境因素三个方面对交易成本决定因素的分析，将人与人的权利关系、人与人的相互冲突纳入到经济学框架中，从而在西方经济中创立一种新的范式。威廉姆森通过对与特定交易有关的因素，即他所谓交易的三个维度——资产专用性、交易的不确定性和交易频率进行分析，对这个问题进行了解释。不同的维度与交易成本有关，三者中，资产专用性最重要、最独特。

（1）资产专用性。按照威廉姆森的解释，资产专用性是指"在不牺牲生产价值的条件下，资产可用于不同用途和由不同使用者利用的程度"。即用作特定用途后被锁定很难再用作其他用途的资产性质，即使改为他用，资产价值也会降低。在当今这个消费升级的时代，个性化消费日益盛行，商店为顾客订制的饰品、衣服、家具、蛋糕，公司为家庭提供的旅游、装修等方案设计，都体现了商家对专用资产的投入，未来"资产专用性"概念会越来越重要。为什么要关注"资产专用性"这一概念呢？现实世界里，有限理性和投机动机是人类的本质特征。在生产商供给专用性产品时，如果购买者反悔，厂商只能将其低价处理而蒙受损失。这就说明，进行专用资产投入的一方在交易中面临着潜在风险，而为了缓解该风险所采取的措施就属于治理的范畴。即通过合约的方式，约束双方的行为，缓解潜在风险，降低交易成本，实现福利的提升。

（2）交易的不确定性。包括经济生活在内的人类社会发展变化，都不是简单的机械运动，不可能完全准确预测未来的局势；或者说，充满着不准确性。在市场中，一项交易从发生到完成需要持续一段时期，在该时期中可能会发生很多影响交易双方权利和义务的事件，从而影响交易契约的执行。又由于合同执行者很可能有机会主义行为，那么，当市场条件变化对他不利时，他可以借口契约的前提改变而停止履行合同，在不违反法律的情况下给交易伙伴造成损失。为了避免这种情况的发生，交易双方将尽可能把契约写得十分复杂，力图包括一切未来的可能性，以及每一种情况发生时双方的权利和义务。但是，任何契约都不可能是完全的，总会给机会主义行为留下可乘之机。其基本态势是，交易本身越复杂，交易谈判及其所达成的契约越趋复杂化，交易费用就越高，市场作为一种交易的管理机制其效率就越低，甚至不能完成交易。通俗一点来说，就是指一种资产一旦形成，就只有一种用途，而不能转作他用。比如，一个企业生产汽车发动机，另一个企业组装汽车。生产发动机的企业将发动机卖给组装汽车的企业。在竞争条件下，这两个企业在投产之前处于完全平等的地位。但如果生产发动机的企业除了将发动机卖给组装汽车的企业以外，没有其他市场，则一旦生产发动机的企业投产，他的资产就具有了一种专用性。如果组装汽车的企业还有其他的发动机供应来源，则生产发动机的企业就严重依赖于组装汽车的企业。结果，生产发动机的企业在交易中就处于不利地位。如果生产发动机的企业估计到这种情况，事先采取一些预防措施，这种预防措施就成为一种交易成本。假如这种交易成本足够大，生产发动机的企业就不会投资生产发动机。如此一来，在没有其他供货来源的情况下，组装汽车的企业就只有自己生产发动机了。于是，两个企业由于交易成本的存在而成为一个企业。这一理论解释了为什么在有些条件下上下游企业会一体化。

（3）交易频率。交易频率指的是交易发生的次数。交易成本分为签订合同前的交易成本和签订合同后的交易成本。前者是指"草拟合同、就合同内容进行谈判以及确保合同得以履行所付出的成本"①。后者有以下几种：①不适应成本。交易行为逐渐偏离了合作方向，造成交易双方互不适应的成本。②讨价还价成本。如果交易双方想纠正事后不合作的现象，需要讨价还价所造成的成本。③启动及运转成本。为了解决合同纠纷而建立治理结构（往往不是法庭）并保持其运转，也需要付出成本。④保证成本。为了确保合同中各种承诺得以实现所付出的成本。

交易发生的频率。治理结构的确定和运转是有成本的，这些成本被带来的利益所抵消的程度，取决于在这种治理结构所发生交易的频率。

（二）张五常的观点

张五常在他的《经济解释》中提到了诸多有关交易成本的内容，但他并不满意"交易成本"（transaction cost）这个翻译，因为他认为交易成本有更广泛和深入的含义。

1. 制度必有交易成本

关于"制度费用"，张五常认为，任何一种配置资源的机制，无论是价格机制还是非价格机制，都必然对应着一种"制度费用"，而人们到底会选用哪种机制，取决于在具体的现实条件下，"制度费用"最低的是哪一个。

比如，人们用价格机制来配置生活中大部分商品，但教室中的座位往往采用"谁到得早谁先挑"的非价格机制——因为采用价格机制带来的"制度费用"太高了，超过了其配置结果所增加的收益。以及，前文提到企业内部的资源配置，采用的是非价格机制，也是因为企业作为一个整体，由企业家来安排生产计划和人员薪酬，"制度费用"也会大大降低。

一方面，如果把国家当作一个巨大的企业，在国家内部虽然大部分资源配置还是采用价格机制来完成的，但如政府公务员、公安局、法院、检察院、军队等等，其职务和薪酬往往并没有那么"市场化"，而他们又是维持整个国家内"价格机制"运转的重要角色。所以，从交易成本的角度来看，他们的薪酬可以视为配置其他资源的价格机制的交易成本——这部分薪酬很大比例上来源于税收。所以，对于一个国家来说，其价格机制的制度费用的多少，一定程度上可以体现为税收的多少。

另一方面，除了税收这个显性的表现以外，因为机制不健全、激励不准确或不足，导致的"价值耗散"，也可以理解为一种隐性的"制度费用"。比如中国过去在农村采用联产承包

---

① 交易成本经济学坚定地认为，与签订合同有关的各种成本都应该受到同样的重视。

责任制后，农民的干劲更足，产量增加，也意味着在那之前的机制导致了大量"本应产出的价值被耗散"，这其实也是"制度费用"。相似的例子还有曾出现或正出现的"官倒""懒政""走后门"等现象。

沿着这个思路想，购买食物是为了得到维持生命的能量，那么走路、排队结算花的时间等是交易成本，甚至连做饭、吃饭的时间都是交易成本；看网络公开课是为了得到知识，那么如果视频拖沓不如看文章得到干货的速度快，多花的时间也是交易成本。

交易成本无处不在，因为价值的耗散无处不在——对于实现一个目标，所有不与实现目标直接相关的环节都是价值耗散，都是交易成本，这岂不是让人难过？那么，我们如何能尽可能降低交易成本，实现对耗散价值的"打捞"呢？显然，首先是"专注"，尽可能省掉不必要的环节，直奔目标而去，即"少做无用功"；其次，不要"太专注"，不要忘了抱着一个享受过程的心态，吃饭的时间可能是被耗散的价值，但如果考虑到品位美食的幸福感，它便不是了；第三，妥善利用被耗散的价值，比如在网络公开课视频的页面中插入广告，便是平台方在打捞耗散的价值。

交易费用理论最大的贡献是打开了企业的黑箱，它试图去解构企业，把企业同市场做对比以弄清楚企业的产生、运行和边界等一系列问题。目前形成的交易费用理论融合了多种学派的观点，总的来讲基本论点有四个：①市场和企业是两种可以互相替代的交易机制，企业取代市场实现交易可以降低交易费用；②市场交易费用决定了企业的存在；③企业内化市场交易时会产生管理费用，当管理费用的增加与市场交易费用的节省相等时，企业边界趋于均衡，企业规模确定；④交易费用的存在和企业节省交易费用的努力是企业经济组织演进的根本动力。

交易成本解释了企业存在的原因和决定企业规模的因素。这些因素对"资本主义的各种经济制度的主要目的和作用都在于降低交易成本"①。[威廉姆森（williamson），2002] 同样，我国关于国有企业的各种制度设计的主要目的和作用也应该是降低交易成本。我国国有企业交易成本普遍较高，这就需要从明晰产权和减少内部交易链条出发来减少和降低交易成本。如分红对降低国有企业的交易成本无疑具有积极作用。

做大做强、兼并重组是我国国有企业改革的重要途径。同样，考察美国企业发展历史可以发现，没有一个美国公司不是通过某种程度、某种方式的兼并而成长起来的，几乎没有一家大公司主要是靠内部扩张成长起来的，这些公司兼并后能大大降低交易成本，提高竞争力，实现规模经济。交易成本学说也为我国国有企业进行跨国并购提供了理论支持。

资料 > 科斯与中国

2010 年 12 月 29 日是经济学家罗纳德·科斯（Ronald Coase）教授 100 岁的生日。这一天的上午，中国经济学家在北京召开了"科斯与中国"的学术研讨会，在祝贺科斯教授百岁寿辰之际，研讨科斯的学术思想和它对中国的意义。科斯教授在美国芝加哥的家中通过网络

---

① 这通常被称为"威廉姆森命题"。

视频参加了会议，并发表了热情的讲话。虽然会议召开的时候芝加哥时间仍然是 28 日晚，但是伦敦时间已经是 29 日凌晨了。对于出生在伦敦郊区的科斯而言，在中国为他举办的这个百岁生日活动一定是他在生日当天收到的第一份祝福。

科斯教授长期在芝加哥法学院任教，并非经济系的教授。然而他是 20 世纪最重要的经济学家之一，于 1991 年获得了诺贝尔经济学奖。他的两篇论文，一篇是 1937 年他 27 岁时发表的《企业的性质》，另一篇是 1960 年他 50 岁时发表的《社会成本问题》，对经济学以及法学产生了划时代的影响。他的名字永远地同交易成本、产权、企业边界、新制度经济学等术语连在一起。

科斯在西方经济学界和法学界都是具有深远影响的学者。值得注意的是，科斯的学术思想自从 20 世纪 80 年代被介绍到中国以后，对中国经济学界的影响似乎比对西方的影响更大。也许是因为他的论文没有用到数学，浅显易懂。也许是因为他的理论基于直观的观察，使人容易接受。我以为不仅如此，其中有着更深刻的原因，值得我们思考。在我看来，科斯在中国有巨大的影响，根本原因有两条：一是科斯的经济思想的深刻性，二是科斯所关注的问题同中国经济改革中面临的挑战有直接相关性。这两者的结合可以解释为什么我们中国经济学家对科斯的学说情有独钟。

我们可以从三个方面来思考科斯与中国。第一，大多数现代经济学家的研究侧重于市场中的资源配置问题，而科斯的研究超出了这个范围。科斯学说是研究权利（rights）和权力（authority）的配置问题，其中包括产权问题。由于权利和权力的配置往往是资源配置背后的因素和条件，因此科斯的思想是深刻的。同时，权利和权力配置问题对于像中国这样一个原来是中央计划经济，目前正在走向市场经济的转轨经济来说，远比单纯的资源配置问题更为基本，更为重要。这是因为对资源配置问题的研究多以清晰产权和健全法制为前提，而这个前提在中国恰恰原来并不存在，是需要通过改革建立的。所以，我们讨论中国的转轨问题，讨论中国的发展问题，离不开研究权利和权力如何重新配置的问题。科斯的学说为我们的研究提供了基本的分析框架。

第二，科斯开创了新制度经济学，而新制度经济学不同于"旧制度经济学"的一个重要方面就在于它是分析性的学说，而不是描述性的学说。分析性的，就是指学说里面有推理、有命题、有度量、有检验。而分析中有一个核心抓手，那就是交易成本。交易成本是可观察的，可度量的。交易成本不局限于市场中的交易成本，也包括组织中的交易成本，有时候也称作组织成本。有了交易成本这个切入点，当我们研究制度的时候，就不仅仅是描述现象和探讨概念，而且是在理论上有推论，在实证上有检验。新制度经济学继承了旧制度经济学对制度的关注，但它的影响远超过后者，就是因为它是分析性的，不是简单地对制度进行描述。正因为如此，它的理论是有力量的，既有解释力，又有预测力。这对于研究中国的经济问题，特别是制度问题，极有意义，因为它指导我们摆脱从概念到概念的研究方法，集中于通过推理导出可检验的命题，再去搜集经验证据，检验这些命题。这是研究制度问题的科学方法。

第三，新古典经济学为了研究市场的资源配置机制，把注意力集中在市场交易活动和价格机制方面，为此也就把市场中的企业简化成一个生产函数和一个利润最大化的假定。所以，我们对市场的理解就是价格。但是科斯的学说让我们对市场制度的认识超越了仅仅是对市场交易和市场价格的认识。在科斯看来，市场交易、企业内部交易，甚至政府对市场的监管等都是不同的合同形式或组织形式，哪种胜出是根据竞争和效率的原则决定的。这就让我们对市场制度的整体有了一个更高层次的理解。这对于中国这样的转轨经济极为重要。因为转轨本身就是重新界定企业与市场、政府与企业、政府与市场的关系。科斯的学说让我们在分析制度转轨的时候，站在了一个新的高度。

经过30多年的改革、开放和发展，中国经济已今非昔比。不过，中国经济的制度转轨还有很长的路要走。科斯的学说对我们思考中国的制度转轨具有基础性的意义。他的学说是对权利（包括产权）和权力配置的研究，是以交易成本为切入点的分析性研究，同时又为我们认识市场经济制度提供了一个整体分析框架。这就是科斯的学说在中国这样的发展中国家和转轨国家中有如此巨大影响的基本原因。也正因为这个原因，我相信他的思想在中国，不仅在改革初期，而且在目前和未来，都会有强大的生命力。

〔资料来源：钱颖一. 科斯与中国〔J〕. 财经，2011（2）. 〕

第二节　产权理论

案例2-2 萨缪尔森的预言

诺贝尔经济学奖得主美国著名的经济学家萨缪尔森曾在20世纪50年代预言，经济发展最快的将是南美，因为那里资源丰富，劳动力受教育程度高。但后来他发现自己错了，因为他原先预计产权制度并不是经济结构最基本的问题。但事实上，战后欧洲以及东南亚地区经济发展最快，尽管这些国家资源贫乏，但由于产权制度合理，产权管理得当，因而经济得到了高速发展。

（资料来源：何维达，杨仕辉. 现代西方产权理论〔M〕. 北京：中国财政经济出版社，1998：60. ）

【问题】结合上述案例思考，产权在我们的经济社会生活发挥了什么功能？

一、理论产生

在经济学中，我们会看到这样的观点，效用或者满意不是来自商品本身，而是源于它们具备的某种特性。兰卡斯特创始的新消费者理论（Lancaster model）认为，消费商品的过程，是一个从商品获得某种物质（或服务）的过程，消费者购买商品的目的，是为了获得这些物质（或服务），而不是商品本身。例如消费者消费面包的过程，实际上是从面包中获得营养的过程。消费者吃药，是为了获得药品中含有的能够治病的物质。再例如我们不是因为牙膏而获得满意，而是对牙膏提供的"预防蛀牙"和"清新口气"的特性感到满意。

有类似思想的还有贝克尔（Becker, 1965），他认为，一次对朋友的拜访可以看作是最终的需要（日用品），而要去拜访朋友，就要使用到其他一些商品，例如汽车服务、汽油、时间等等。这些思想揭示了一个更为一般的命题，即不是商品本身提供了满意，更重要的是，人们被赋予使用这些商品的权利。例如我们可以交换苹果和坚果，尽管我们购买了苹果，我们有权利直接食用或者烹饪，但是我们不可能把苹果扔到邻居家里，或者直接扔到公共道路上。因此，我们交换苹果或者坚果的时候，表面是商品的交换，而实际上是产权的交易。

哈罗德·德姆塞茨（Harold Demsetz）是新制度经济学的早期代表之一，芝加哥学派的重要代表。由于其卓越的贡献，他曾经数次被提名诺贝尔经济学奖。德姆塞茨对产权的研究，对垄断的理解，对企业治理的认识，都具有开创性的贡献。他的著作《关于产权理论的探讨》《生产、信息费用和经济组织》《所有权、控制权与企业》，都是产权研究领域的经典。

现代企业理论是科斯于1937年开创的。科斯企业理论的核心是用交易成本解释企业的存在。当威廉姆斯等人把重点放在交易成本如何影响交易在市场与企业（权威）之间的选择时，德姆塞茨和其同事阿尔钦（A. Alchian）把关注点放到了企业内部的激励问题和产权制度安排上。从科斯开始，企业理论一直是经济学研究的一个热点。科斯本人创造性地提出了企业在本质上是一组区别于市场的契约关系，其存在是为了减少交易成本。科斯对于企业的理解是十分有创造性和启发意义的，此后所有关于企业本质的思考，基本上都沿用了科斯的分析思路。但是，事实上科斯并没有真正说明企业的本质究竟是什么。换言之，科斯指出了企业是一种契约，但关于"企业究竟具有怎样的区别于市场的特征""其最根本的特征是什么""为什么有这些特征"等问题，科斯并没有能正面加以回答。

沿着科斯的传统，德姆塞茨和阿尔钦在1972年的一篇经典论文中对企业的本质进行了深入探讨。企业最重要的特征是什么呢？在他们看来，主要是生产的团队性质和"中心签约人"的存在。什么是团队生产呢？在他们的语境中，团队生产的含义包含两个方面：第一，整个生产活动需要多种不同生产要素的参与，并且这些要素属于不同的人所有。第二，整个产出并不是各个要素贡献的简单相加，每一种要素对于其他要素的生产力都会产生影响。由于第二个特点的存在，使得在团队生产中测定某一种生产要素的贡献程度，并以此为根据支付报酬变得很困难，从而给了每个参与生产的人逃避责任的动机。举个例子，有一群搬运工要把一块大石头运到山上。假设石头很重，需要所有人一起努力才能成功搬动石头，但如果发现大石头没有动，却并不能确切地知道是哪个人在偷懒。那么，如果有人认为，在搬石头的团队中，会有其他人不努力，那么对他而言，最优的反应就是也选择偷懒。我们知道，在一个团队中，如果没有一个较好的协调机制，那么所有人都选择出力的可能是很微小的，因此对于每个人来说，他们都认为其他人里面至少有一个人偷懒的可能性必然会大于认为其他所有人都努力工作的可能性。如此一来，自己也选择偷懒当然对所有人而言都是最优的选择了。按照以上这个逻辑，一些事情往往需要团队合作才能完成，但由于偷懒行为的存在，团队的合作又通常难以达成。

德姆塞茨对于经济学最大的贡献是其关于产权的研究。"产权"这一概念，虽然经常被提及，但每个人对于这个词的确切理解却往往大相径庭，这导致了分析上的混淆。因此要讨论产权问题，第一个重要任务就是要给产权下一个明确的定义。究竟产权是什么呢？在德姆塞茨看来，"所谓产权，就是使自己或他人受益或受损的权利"。值得指出的是，在德姆塞茨的语境中，产权针对的并不是某一项物，而是某一项特殊的行为。例如，某一个企业拥有"通过质量更高的产品打击竞争对手"的产权，而没有"以低于限价销售商品"的产权。德姆塞茨这种从行为考察产权的做法，其本质在于将产权理解为人与人的关系，而非人与物的关系。在进行了这种定义后，人们在考察产权变更后设计的受益、补偿等行为时，思路就变得更为清晰了。如果将产权理解为人与物的关系，就很难说明为什么人与物的关系的变更会引发人与人之间权利、义务的变动。同时，这种定义方法很直接地把用产权观点可分析的问题扩展到了对于生产资料，甚至财产分析的范围之外，从而使得人们能用产权来看待更多真实世界中的问题。

在明确了产权的概念后，德姆塞茨进一步阐述了产权和所有权之间的区别。在现实中，产权和所有权是两个经常被混淆，甚至被混用的概念。德姆塞茨认为，所有权和产权的区别，是一个整体和部分的区别。所有权是个整体，它可以包含多项产权——如果将产权比作一粒棋子的话，那么所有权就是整整一盒的棋子。例如，我们说对于一栋房子拥有所有权，那事实上是说拥有对于房子的一系列产权，包括使用、转让、出租、处置等，而其中任何一项具体的权利都构成了一项产权。

在明确了产权的概念以及产权和所有权的不同后，一个直接的问题就是"产权究竟有什么用"。在德姆塞茨看来，"产权的主要功能就是引导人们在更大程度上将外部性内部化"。所谓外部性，通俗地讲就是人们在决策时带来的无须支付成本的副作用，它可以是正面的，也可以是负面的。在经济运行中，由于人们并不能对外部性定价，所以会造成效率的损失。例如，如果没有相关法律约束，那么工厂排放废气就会对环境产生严重的负外部性。德姆塞茨认为，外部性的存在在很大程度上是由于产权界定不清引起的，如果产权清晰，那么外部性就可以很好地被内部化。还以工厂排放废气为例，如果规定周边居民有享受清洁空气的产权，那么一旦他们发现工厂排放废气，就可以向其索赔。这样一来，排放废气对于工厂而言就不再是不用支付成本的了，其需要重新考虑最优排放量。换言之，工厂排放废气所引起的外部性就被内部化了。

既然产权对于外部性的程度和经济效率有重要影响，那么设计合理的产权结构就对经济运行有至关重要的意义。对此，德姆塞茨在大量的著作中进行了讨论。值得一提的是，德姆塞茨指出了"产权残缺"的影响。前面我们已经提到，产权是定义在行为上的权利。但在现实中，有一些行为的产权是没有被清晰定义的，这就会为外部性的产生、经济效率的损失提供了可能。例如，在计划经济体制下，厂长能够干什么、不能够干什么，是很不明确的，同一行为，在某一政治形势下可能对，而在另一政治形势下就可能错。在这种背景下，厂长们的最优决策当然是"明哲保身，但求无过"，这成了当时企业严重无效率的重要原因之一。而在"权责明确"后，厂长拥有的产权，即责任和义务被清楚界定后，企业的效率也大多随之提高了——这体现的就是产权的作用。

二、理论内涵

（一）产权的定义

产权是财产权利的简称，然而，经济学家对于产权的定义却有不同的解释。关于产权的定义大体上可以归纳为以下几种类型。

1. "所有权"说

具有权威性的《牛津法律大辞典》就持这种观点。该辞典解释说，产权"亦称财产所有权，是指存在于任何客体之中或之上的完全权利，它包括占有权、使用权、出借权、转让权、用尽权、消费权和其他与财产有关的权利"。①

配杰威齐（S. Pejovich）把产权等同于所有权，进而把所有权解释为包括广泛的因财产而发生的人与人之间社会关系的权利束。他关于产权即为所有权的定义，与罗马法、普通法关于产权的定义是一致的。在罗马法中，产权被解释为几种权利的集合，即所有权、侵犯权、收益权、使用他人资产权、典当权。他进一步指出，罗马法中的"所有权"不过是对自身资产的使用权而已，而使用权是包含在通常所说的所有权范畴之中的。配杰威齐认为，所有权实际上也就是罗马法中所说的产权，只不过罗马法中把"所有权"特别定义为使用权。

2. "法律"说

所谓"法律"说，即从法律或国家强制性层面上刻画产权，认为产权是形成人们对资产的权威的制度方式，是一系列旨在保障人们对资产的排他性权威的制度规则。

这种观点较有影响的代表为阿尔钦。他明确指出：产权是授予特别个人某种权威的办法，利用这种权威，可从不被禁止的使用方式中，选择任意一种对特定物品的使用方式。②显然，这里不仅是把产权作为一种权利，而是更强调产权作为一种制度规则，是形成并确认人们对资产权利的方式。

3. "社会关系"说

持这种观点的人反对把产权归为人对物的权利，认为这只是一种现象而不是本质，因而这是不正确的。巴塞尔（Barzel）指出："在产权与人权之间做出区分是荒诞的。人权只不过是人的产权权利的一部分。"③

菲吕博腾（Furubotn）等人特别强调，产权不是指人对物的关系而是人与人之间的关系。

---

① 转引自刘伟，李风圣. 产权范畴的理论分析及其对我国改革的特殊意义 [J]. 经济研究，1997 (1). 3 – 11

② ALCHIAN A A, ALLEN W R. Exchange and production—competion, coordination, and control [M]. 2nd ed. Belmont, Calif.：Wadsworth, 1977：130.

③ BARZEL Y. Economic analysis of property rights [M]. Cambridge：Cambridge University Press，1989：2.

这种关于产权的定义有两个特点：一是把人与物的关系视为产权发生的直接现象性原因，进而把人与人的关系视为产权的本质所在；二是把产权视为一种经济性质的权利，视为人们在使用资产过程中发生的经济、社会性质的关系。既然把产权定义为一种社会关系，运动便成为产权内涵的本质特征。

4. "功能"说

这种观点认为，产权定义应从其功能出发，而不能抽象地加以解释，或者说真正的产权只能就其某种功能加以解释，抽象地定义产权缺乏解释力。

在西方学者中被广泛引用的德姆塞茨的关于产权的定义，本质上是从对产权功能和作用理解出发定义产权的，他把产权首先理解为人与人之间的社会关系，而不是简单地对物品的关系。他把产权视为一种多方面权利集合的权利束，从功能上分解这一权利束，分别从受益受损、外在性内在化、交易的合理预期等方面定义产权的作用，并进一步把产权归结为一种协调人们关系的社会工具。

（二）产权的功能

所谓产权功能，是指产权在社会经济关系和在经济运行中所显示出来的作用。产权的基本功能主要表现在以下四个方面。

1. 激励功能

产权经济学的一个共同特征是强调了产权、激励与经济行为的内在联系。产权会影响激励和行为，这是产权的一个基本功能。在市场经济活动中，商品的交易主要是产权的交易，而产权的交易归根结底体现为经济利益的交换与分配。很显然，离开了利益关系，就无所谓产权关系。在经济运行过程中，若当事人的利益通过明确产权得到肯定与保护，则主体行为的内在动力就有了保证，这时，产权的激励功能就通过利益机制得以实现，反之则导致当事人失去动力，失去生产经营的积极性，从而使得经济运行效率低下。可见，产权的激励功能是很大的，而产权激励又取决于产权明晰，产权越明晰，产权激励功能就越高；反之则越低。当然，产权激励并不等于行为主体的全部激励，除此之外还有其他方面的激励（如荣誉的激励、个人全面发展的激励等）。

2. 约束功能

约束是一种反面的激励，约束与激励是相辅相成的。我们知道，产权关系既是一种利益关系，又是一种责任关系。如果说，只有利益而没有责任或者只有激励而没有约束，那么产权的功能就不能发挥应有的作用。因此，产权的约束功能表现为产权的责任约束，即在界定产权时，不仅要明确当事人的利益，而且要明确当事人的责任，使他知道侵权或越权的后果或所要付出的代价，如此一来，产权主体或当事人就会自我约束，这是内部约束。另外还有外部约束（即外部监督），比如机构或股东对经理的监督，通过外部监督可以强化内部的自我约束，使当事人遵守产权边界和产权规则。总之，产权约束是产权的基本功能之一，它有助于提高产权运行的效率。

3. 外部性内部化

德姆塞茨指出："产权的一个主要功能是引导人们实现将外部性较大地内在化的激励。"① 在产权经济学家看来，只有当内在化的所得大于内在化的成本时，产权的发展才有利于使外部性内部化。一般说，外部性问题只有在非完全竞争的条件下才会存在。现实世界是非完全竞争，因而存在着大量的外部性问题。所以产权的一个重要功能就是在收益大于成本的前提下，尽量将外部性内部化。

4. 资源配置功能

它是指产权安排或产权结构驱动资源配置状态改变或影响资源配置的调节，具体表现在以下三方面：

第一，相对于无产权或产权不明晰状况而言，设置产权是对资源的一种配置，它能减少资源浪费，提高经济效益。

第二，产权的变动会同时改变资源的配置状况。

第三，产权结构影响甚至决定资源配置的调节机制。

三、理论比较

（一）马克思主义产权理论与现代西方产权理论

最早提出企业产权理论的社会科学家应该是卡尔·马克思。吴易风（2000）认为，马克思在《资本论》中使用的"Eigentum"（即英义中的"Property"）不仅是指财产这种"物"或"客体"，在多数场合指的就是财产权利关系，即产权关系。马克思的产权研究是基于生产资料所有制而产生的一系列人与人之间的利益关系问题的研究，他认为，所有制是生产关系的核心，决定着人们在生产过程中的各种利益关系。产权是所有制的表现形式，所有制是产权的基础。

而西方经济学对产权的研究层面更多是从企业制度层面来考察的。科斯在《社会成本问题》中对产权进行了开创性研究。他所致力考察的是经济运行背后的财产权利结构，即运行的制度基础。他的产权理论发端于对制度含义的界定，通过对产权的定义，对由此产生的成本及收益的论述，从法律和经济的双重角度阐明了产权理论的基本内涵。

科斯在《社会成本问题》中将交易成本概念进一步拓展为社会成本范畴，而社会成本范畴研究的核心又在于外部性问题。他指出，只要交易界区是清晰的，交易成本就不存在。如果交易成本为零，那么市场机制就是充分有效的，经济交易双方相互间的纠纷便可以通过一般的市场交易得到有效解决，外部性也就得以根治了。因此，如果交易成本大于零，产权的

① 科斯，阿尔钦，诺斯. 财产权利与制度变迁 [M]. 刘守英，等译. 上海：上海三联书店，上海人民出版社，1994：98.

分配会影响资源配置的后果，企业体现了不同的权力配置关系，这是理解资源配置的关键。

科斯的产权理论核心是：一切经济交往活动的前提是制度安排，这种制度实质上是一种人们之间行使一定行为的权力。因此，经济分析的首要任务是界定产权，明确规定当事人可以做什么，然后通过权力的交易达到社会总产品的最大化。科斯的产权思想后来得到了威廉姆森、G. 斯蒂格勒和张五常等产权理论研究者的进一步丰富和发展。

德姆塞茨（1989）认为："产权是一种社会工具，它之所以有意义，就在于它使人们在与别人的交换中形成了合理的预期。产权的一个主要功能是为实现外部效应更大程度的内部化提供动力。"因此，产权是和企业一体化密切关联的一个问题，企业的一体化在内部经营成本小于交易成本时就能减少市场摩擦带来的外部不经济问题。

产权制度安排包括各种所有权和控制权的合理配置，格罗斯曼和哈特（Grossman & Hart，1986）采用剩余控制权推导出所有权结构的差异会导致双方事前投资的激励扭曲，通过比较不同情况下投资激励的扭曲程度来确定企业一体化的成本与收益，这就一定程度上解释了企业选择一体化或非一体化的原因。按照他们的观点，剩余控制权授予了股东战略决策的投票权，如经理的任命和解雇、经理的报酬、重大投资决策、公司的拍卖、并购等。公司间是否一体化，实质就决定了公司剩余控制权的归属。当一个公司的投资决策相比其他公司更为重要，一体化是最优的；如双方的决策都重要，则选择非一体化。

产权理论认为，企业并购的问题不仅为是否一体化，更重要的是资产由谁拥有更有效率，即最优的所有权结构问题。根据哈特的研究：①如果一个企业的投资决策是没有弹性的，最好把所有权交给投资决策有弹性的企业；②所有权应该集中在投资效率高的企业；③谁拥有必不可少的人力资本，谁就应该拥有资产的所有权。

（二） 两个产权理论的异同

马克思产权理论和西方产权理论实际上有许多共同点。比如二者都强调产权和制度的重要性，把制度安排当作影响经济绩效的重要因素；把产权都看作是一种人与人之间的经济关系，把利益问题当作产权问题的核心等，但由于世界观和价值观以及方法论的不同，两种产权理论又有很大的差别。本书主要从二者的方法论、产权的内涵及产权与效率的关系方面来比较。

1. 研究方法的不同

西方经济学同马克思主义政治经济学的一大区别在于西方经济学是个体的研究方法。从亚当·斯密开始，理性人的假设就成了西方经济学的前提假设，尽管一些西方经济学家慢慢地抛弃了完全理性的假设，但个体的研究方法仍然没有改变。按照西方个体主义方法的逻辑，产权的关系首先表现为个人对财产的一种排他性占有关系，而这种排他性的占有在为经济主体带来经济收益的同时，也带来了一定的交易成本。因此，交易成本成了理解西方产权理论的关键。而产权制度的形成和变迁也是在一定的交易成本的约束下，个人追求最大化的利益的产物，或是在个人利益一定的情况下，围绕如何降低交易成本而采取一系列制度安排的产物。因此，西方产权理论对产权的分析是完全建立在以成本—收益分析为核心的理性经济人范式的基础之上的。

与此相反，马克思研究产权问题是从整体的研究方法出发的。当然，马克思并不是不重视经济中的个体，而是个体的社会性远远比个体间的差异性更为重要。马克思在分析商品时，强调商品劳动的二重性，即商品是具体劳动和社会劳动的统一，但他更强调私人劳动的社会性，即如果私人劳动不具有社会性，交易是不可能发生的，更不会产生人与人之间的产权关系。因此，根据这种整体主义的方法，马克思认为产权制度的形成和发展，并不是个人自由交易和自由契约的产物，而是生产力与生产关系、经济基础与上层建筑的矛盾运动的结果。不是个体理性导致了产权制度的变迁，相反，是社会结构和产权制度的变迁决定着个人的行为方式和选择空间。

2. 产权内涵的不同

首先，马克思认为产权是在经济活动中所形成的人与人之间的关系，是一种历史范畴，强调产权的社会属性。产权不是从来就有的，而是人类社会生产力发展到一定程度的产物。尽管西方产权理论也认为产权本质上是人与人之间的关系，但西方学者更强调产权是一种自然属性，他们把"天赋人权"的思想强加到产权身上，认为产权的属性是自然形成的，同时产权赋予人的权利是自然的结果，从而掩盖了产权制度下人类不平等的根源。

其次，马克思认为产权是一个生产的概念，而不是交易的概念。在马克思的分析中，作为生产概念的所有制关系，本质上是直接生产过程中发生的生产关系，是一个客观的与分配和交换是相互联系的经济过程。由于所有制关系或产权关系首先是一个生产范畴，而不是交易范畴，因而，产权关系的产生发展过程不是由交易方式的变化决定的，而是由生产方式的内部运动决定的，不是交易成本的大小而是生产力的发展构成了产权关系发展变化的最终力量。马克思主义的产权理论之所以忽略了产权中的交易过程，是因为马克思认为商品的生产远远比商品流通更为重要，通过商品生产，马克思发现了剩余价值的秘密，揭露了资本主义剥削的本质，而商品的流通过程，马克思认为仅仅是价值的实现及剩余价值的重新分配的过程。同时，马克思所处的历史时代也是马克思强调生产的原因，马克思所处的时代仍然是古典经济学时代。一方面，在古典经济学中，市场是完全处于出清状态，接近于完全竞争的状态，不存在信息不对称等问题，也就不存在交易费用等问题。另一方面，马克思所处的时代仍然是生产短缺的时代，生产是经济活动中最重要的活动。因此，相对于交易来说，马克思更重视生产是理所当然的。

在西方产权理论看来，产权首先是一个交易的概念。西方经济学强调资源是稀缺的，如何分配有限的资源从而使人类利益达到最大化是西方经济学研究的重点。他们忽视了产权的原始占有，或把它看作是自然形成的结果，而直接研究资源的分配问题。在资源的分配中，效率是其中最重要的标准，因此，如何提高分配的效率是其中的最大问题。然而在现实生活中，资源的分配会产生大量的交易费用，为了降低交易费用、提高配置效率，产权制度应运而生。因此，产权首先是一个交易的概念。

3. 对于产权与效率关系的认识不同

马克思政治经济学是一门强调公平的学科，而西方经济学是强调效率的，因此，他们对产权与效率关系的看法有很大的不同。

首先，在产权中，什么权利最重要？在马克思看来，所有权是最重要的，因为生产资料所有制决定着社会的性质，决定着社会的分配方式以及资源的配置方式，从而影响着社会的公平。而在西方产权理论看来，关键是产权的使用权。谁有能力，谁能使资源更有效地利用，从而使资源配置效率更高，谁就应该是产权的使用者，因此，效率才是产权转让的实质。也就是说，初始产权的界定可能是低效的，但通过产权的交易，产权就可能实现高效运转。因此，建立一种有效的产权制度，使产权从低效人的手中转到高效人手中，从而使整个社会的效率提高，实现帕累托最优。

其次，关于产权结构与效率的关系，马克思分析了三种情况下的产权效率：

一是自然经济条件下的产权效率。马克思认为，在自然经济条件下形成的三种产权形式都不是纯经济性质的，而是与各种自然的、政治的因素掺杂在一起，表现为各种统治与从属关系，是不能自由运行的产权关系，这种产权制度是不利于生产效率的提高和生产力的发展的。

二是资本主义私有产权。马克思认为资本主义私有产权制度既有刺激生产率提高的一面，又有阻碍生产力发展的一面。在资本主义产权关系下，资本具有无限发展生产力的动力，但是资本主义的产权关系所推动的效率的提高又是有限的、历史的，它在促进生产力大发展的同时，又有阻碍，甚至破坏生产力的一面。随着生产社会化程度的不断提高，生产的社会化与资本主义的生产资料私人占有之间的矛盾将日益激化，经济危机将阻碍生产效率的提高，并造成生产力的巨大破坏。

三是马克思认为共产主义公有制时期的产权制度是最有效率的。一方面，在共产主义社会，消灭了资本主义私有制，从而消除了剥削的根源，使劳动者摆脱了对生产资料的依赖关系，实现了真正的自由和独立，从而激发了劳动者的生产积极性，提高了劳动效率；另一方面，在共产主义社会，真正实现了劳动者和生产资料的统一，完全实现了生产的社会化，从而消除了资本主义的基本矛盾，从根源上消除了经济危机的可能性。因此，在共产主义社会，生产效率最高。

而西方产权理论认为私有产权是有效率的，而公有产权是没有效率的。在西方产权理论看来，产权制度是否有效率，主要是看能否将外部性内在化。因为只要存在外部性，资源的配置就不是最优的，因而必然存在一种产权制度，从而使资源配置达到最优。而西方产权理论认为，在私有产权下，资源使用的价值和市场上体现的价值是一致的，从而通过产权的交易，消除市场的外部性。而公有产权，由于没有明确的成本承担主体和明确的收益主体，"搭便车"的行为就无法避免，从而造成公共资源的浪费，不利于资源配置效率的提高。

第三节　团队理论

案例 2-3 > 微软收购雅虎事件

2008 年 1 月 31 日，微软为应对谷歌的竞争，主动向雅虎提出收购计划。这个收购计划

（每股 31 美元，总价 446 亿美元）可以说是天价的，因为按照当时雅虎的市值，这个收购价格溢价达 60%。这对雅虎而言是有利可图的，是个不错的交易。但在雅虎的创始人——杨致远的领导下，雅虎的董事会认为这一收购价格严重低估了雅虎的价值，因而拒绝了微软的这一收购计划。雅虎的这个决定随后被美国科技界认为是最愚蠢的决定。

2008 年 11 月底，雅虎的股价一路跌破每股 10 美元，与当时的股价相比下跌超过 60%。很多人认为杨致远当时做决定时并没有把公司利益放在首位，其并没有遵循股东利益最大化或者利益相关者利益最大化的原则，而是出于自己私人利益的考虑而拒绝微软的收购，导致如今雅虎的利益受损。从私人感情的角度考虑，杨致远的决定是情有可原的，自 1994 年杨致远创立雅虎以来，雅虎曾经被认定是硅谷的一个奇迹，杨致远一直见证和参与着雅虎的成长，要把自己一手创立和培养出来的"孩子"卖掉确实于心不忍。但是雅虎毕竟不是杨致远一个人的，杨致远在做决定的时候应该更多地放开私人感情和利益。

2008 年 11 月 18 日，身为 CEO 的杨致远正式辞职，离开了雅虎。他的辞职似乎让雅虎"山重水复疑无路，柳暗花明又一村"，雅虎的股票回升，市值增加了 18 亿美元。

（资料来源：http://campus.eol.cn/guan_ zhu_ 1854/2008/11/21/t20081121_ 341445. shtml.）

【问题】通过对杨致远这一案例的分析，思考委托代理关系是如何影响股东的利益的？

产权理论的发展被视为实现效率收益的尝试，那么对于制度结构例如企业，也可以这样来考察。虽然我们开始考察企业作为节约交易成本的机制，但是没有去强调企业"内部"形成的契约关系确定了资源使用的产权结构。阿尔钦和德姆塞茨开始去回答解决"团队生产"问题的对策。

阿尔钦和德姆塞茨认为，企业的本质是允许人们作为一个团队进行工作，每一个团队成员的个人贡献不能分离和单独观测，只有整个团队共同努力和联合，结果是可以观察到的产出。而且，更复杂的在于，任何一个人的行为都会影响到团队其他成员的生产率。在这样的情况下，人们可能有意愿和动机去聚在一起商议，并同意考虑他们行为的外部效应。

那么，这一困境应该如何应对呢？我们知道，在一个团队中，如果没有一个较好的协调机制，那么所有人都选择出力的可能是很微小的，如此一来，自己也选择偷懒当然对所有人而言都是最优的选择了。按照以上这个逻辑，一些事情往往需要团队合作才能完成，但由于偷懒行为的存在，团队的合作又通常难以达成。那么如何解决偷懒问题呢？

阿尔钦和德姆塞茨指出，这可以通过引入一个进行外部监督的"中心签约人"来解决这一问题。以搬石头为例，既然搬运工之间的相互监督是困难的，那么为什么不外聘一个人来对所有人进行监督呢？如果在大家搬石头的时候，有一个人在冷眼旁观，谁用力了、谁没有用力都能一目了然，那么不就能强迫所有人都卖力干活了吗？从团队之外请一个监督人，这个解决思路是不错，但问题在于，那个监督人凭什么有积极性来从事这么无趣的监督工作呢？如果这个监督者只是团队中的另一个成员，其工作就是核实所有的团队成员是否正在努力地完成契约中的义务，这个监督者会有其他人同样的偷懒动机。正是这个原因，德姆塞茨和阿尔钦认为，为了保证监督者的积极性，最好的方法就是承诺让监督者获得剩余索取权，即如果工作完成了，除了按照贡献支付所有团队成员的报酬之外，剩下的财富都归监督者所有。在这样的设定下，监督者当然就有激励尽力监督团队成员，而在他的监督之下，原本几乎是"不可能的任务"的团队合作也就变得可以完成了。大家想想是这样么？如果剩余索取权的持有人的资格为监督者提供了激励作用而不仅仅是利益，他确实会严格要求团队的成员。但是如果团队成员可以忽视监督者的要求呢？这样的监督也一样会毫无意义。所以，监督者必须拥有改变契约安排和增加或减少（雇佣和解聘）团队成员的权利。这就成了契约中常见的部分，注意这里，这个观点和科斯是不同的，科斯强调从安排详细的多边契约成本来解释企业的本质，而阿尔钦和德姆塞茨是从团队生产的情况下，强调监督者有必要拥有控制契约安排的权利。在现实中，德姆塞茨和阿尔钦说的"中心签约人"对应的是企业的老板，而团队成员对应的则是企业的雇员。老板对于企业的雇员有监督的责任，所有老板能发现的问题就是工人的问题，而所有没有被发现的问题就是老板的问题。在分配上，工人们按照自己的努力得到工资；而企业的剩余，也就是利润则归属于老板。

那么，能不能提出例子对这个理论进行反驳呢？有的同学可能会指出，比如二手车中的柠檬市场。"柠檬"在美国俚语中表示"次品"，所谓"柠檬市场"就是次品市场的意思。1970年，31岁的著名经济学家乔治·阿克洛夫发表了《柠檬市场：质量不确定和市场机制》，开创了逆向选择理论的先河。他凭着该论文，摘取了2001年的诺贝尔经济学奖，并与其他两位经济学家一起奠定了"非对称信息学"的基础，该论文曾因被认为"肤浅"，先后遭到三家权威的经济学刊物拒绝。几经周折，该论文才得以在哈佛大学的《经济学季刊》上发表，结果立刻引起巨大反响。

阿克洛夫指出在二手车市场，显然卖家比买家拥有更多的信息，两者之间的信息是非对称的。买者肯定不会相信卖者的话，即使卖家说得天花乱坠。买者唯一的办法就是压低价格以避免信息不对称带来的风险损失。买者过低的价格也使得卖者不愿意提供高质量的产品，从而低质品充斥市场，高质品被逐出市场，最后导致二手车市场萎缩，市场失灵的局面。"劣币驱逐良币"是柠檬市场的一个重要应用，也是经济学中的一个著名定律。该定律是这样一种历史现象的归纳：在铸币时代，当那些低于法定重量或者成色的铸币——"劣币"进入流通领域之后，人们就倾向于将那些足值货币——"良币"收藏起来。最后，良币将被驱逐，市场上流通的就只剩下劣币了。当事人的信息不对称是"劣币驱逐良币"现象存在的基础。因为如果交易双方对货币的成色或者真伪都十分了解，劣币持有者就很难将手中的劣币用出去，或者，即使能够用出去也只能按照劣币的"实际"而非"法定"价值与对方进行交易。简单说来，货币是作为一般等价物的特殊商品，当货币的接受方对货币的成色或真伪缺乏信息的时候，就会想办法提供价值更低的交易物，而交易物的需求方（也就是支付货币的一方）相应地也会想办法用更不足值的货币来进行支付，最终导致整个市场充斥劣币。

举一个简单的例子：同一市场中，按照车况不同，有5类二手奥拓和对应的5类卖家，卖家根据不同车况，给出的报价分别为1万元、2万元、3万元、4万元和5万元。这个时候，市场出现了一个买家，但由于买家不了解每台车的车况，价格变成了决策的唯一要素，他只能根据市场的报价取个中间数作为他的预算，这对于他来说是明智的。那么按照市场，买家的价格给出3万。于是问题来了，由于车况好，心理价位为4万元、5万元的那类卖家选择了不卖，那么这两类车便从市场上退出。于是现在市场上还剩下1万元、2万元、3万元价位（卖家报价）的车，也就是对应车况较为不好的3类车。如果这个时候市场上又来了一个买家，同理可得，那么现在市场上剩下的3类车又会只剩下2类车况更加不好的车，以此类推，最后该市场上就会只剩下车况非常糟糕的车了。这就是所谓的"柠檬理论"，在信息不对称的背景下，优秀的商品在市场的作用下被不断淘汰，最终形成了"劣币驱逐良币"的情况。这个理论虽然提出得很早，但现如今仍在发生。比如"毒奶粉""地沟油"或者说"注水猪肉"，这些都是"劣币驱逐良币"的集中体现。在买家不了解产品的情况下，价格就成了唯一的参考标准，而买家这时候的决策，就导致了一些"正规商贩"不得不退出市场。

举例说明，如公司支付股利和餐厅选址的信息作用。如果公司支付股利，那么股东就要为此支付个人所得税；如果公司不发股利，留作留存收益，那么将来股价上涨，股东将会获得课税较轻的资本利得。但是由于股东和经理之间有着信息的不对等，股东并没有掌握完全的信息，因而他们只能把公司发放股利来看作公司运营良好的一个信号。同理，餐厅也会人为地选址在租金昂贵的地带，因为这会传递给消费者一个信息：这家餐厅食物很棒，也有足够的经济实力在此经营。所以，你们可以发现，即使是没有团队生产的情况下，不对称信息也可能会导致道德风险问题。有人会说，用单一的业主制来解决这个问题，后来威廉姆斯也强调，只要信息障碍导致了机会主义行为，这种观点也是适用的。

但是现代经济的发展已经使得组织结构变得更加复杂了，产权集中在单一持有人手中已经不是最有效率的产权结构了。比如合伙制、股份公司，一组人共享剩余产品的索取权而由另一部分人监督生产投入的权利。

在现实中，德姆塞茨和阿尔钦说的"中心签约人"对应的是企业的老板，而团队成员对应的则是企业的雇员。老板对于企业的雇员有监督的责任，所有老板能发现的问题就是工人的问题，而所有没有被发现的问题就是老板的问题。在分配上，工人们按照自己的努力得到工资；而企业的剩余，也就是利润则归属于老板。这就带来了一个"偷懒问题"（shirking）：团队成员缺少努力工作的积极性。如何解决偷懒问题呢？就是让部分成员变成监督者（monitor），专门从事监督其他成员的工作。如何解决监督者的积极性呢？就是让他变成剩余索取者（即企业所有者）。为了使得监督有效率，监督者还必须掌握修改合同条款及指挥其他成员的权力。另外，监督者还必须是团队固定投入的所有者，因为由非所有者监督投入品的使用，监督成本过高。由此，经典意义上的资本主义企业产生了。尽管德姆塞茨和阿尔钦关于企业本质的理论仍然是显得过于简单，并且一些设定也和实际相去甚远，但这一理论深刻地涉及了企业的团队生产、内部监督、剩余分配等重要问题，确实将科斯以来的企业理论大大向前推进了一步。德姆塞茨和阿尔钦的企业理论是革命性的，他们改变了经济学家对企业本质的理解，对随后的组织经济学，特别是委托代理理论产生了重要影响。他们的企业理论是现代公司治理结构理论的重要基石。他们提出的"谁来监督监督者？"（Who monitor the monitor?），是所有组织（包括政府）必须面对的一个核心问题，对我们理解社会治理具有重要意义。

在一个完全透明的世界中，合约能够精确地规范他人行为，人们根本无须为激励他人而操心。只有在信息不对称或者看不到别人正在做什么（店员是否正在使用廉价部件？雇员是否正在偷懒？）的情况下，才必须为确保利益均衡而操心。这类情况所引发的就是众所周知的"委托代理"问题。委托人怎么才能让（类似于雇员的）代理人在自己无法时刻监控他们的时候，按照他的意愿去做事呢？最简单的办法是给努力工作的雇员部分或全部的利润。跟自己的利益挂了钩，雇员自然会比之前更加地努力工作。另一个办法就是支付效率工资。

第四节　委托代理理论

一、理论产生

它的提出最早可追溯到亚当·斯密，这是经济学说史上首次提到两权分离后引起的代理问题。此后，很多经济学家如约翰·穆勒、阿尔弗雷德·马歇尔、托斯丹·邦德·凡勃伦等都对委托代理问题有所涉及。1932 年，伯利和米恩斯正式提出了"委托代理理论"①，他们提出的所有权和控制权分离的命题突破了传统的企业利润最大化的假说，从理论而非实证的角度，开创了从激励角度研究企业之先河。后经曼因、罗斯及詹姆斯—莫里斯等人的不断推进，以詹森和麦克林（Michael Jensen & William Meckhng, 1976）的《企业理论：经理行为、代理成本和所有权结构》一文为标志，委托代理问题的研究方法正式定型。

二、理论内涵

委托代理理论也被称为股东股权至上的公司治理理论。随着现代企业制度观点的提出，人们意识到委托人和代理人两权分离已经成为现代企业中普遍存在的现象，企业股东是企业的出资人，他们掌握着企业的所有权，而企业的高管则掌握着企业的控制权，双方都希望实现自身利益的最大化，二者之间又存在信息不对称的情况，这最终导致双方目的不相同从而引发了委托代理问题。该理论的发展也同时促使学者寻找解决代理问题的途径，开始了企业治理机制安排的探索。基于委托代理关系，这一时期学者们多数认为：企业应当找到能够最大限度保护股东利益的制度安排。对于那些享有企业所有权并为自己争得利益的股东们就要采取一系列行之有效的激励、监督和约束措施，这样才能试图使得企业的管理人员尽自身所能管理好公司并为企业争取更多的利益，最终实现股东利益的最大化。而董事会就是在这种情况中产生的，以董事会作为基础建立起企业内部治理机制代表股东利益，约束高管的行

---

① 这也被称为"伯利—米恩斯命题"。

为。可见，在这种观点的思路下，企业股东作为最终所有者，企业的经营安排目标理应实现股东利益的最大化，这种无条件的以维护股东利益为出发点的视角即是股东股权至上视角。

委托代理问题是伴随着所有权和经营权分离产生的。所谓委托代理问题是指由于代理人目标函数与委托人目标函数不一致，加上存在不确定性和信息不对称，代理人有可能偏离委托人的目标函数而委托人难以观察并监督之，出现的代理人损害委托人利益的现实。

委托代理理论的基本分析逻辑是：在激励相容约束①和参与约束②两个条件下，寻找委托人设计的最优契约，让代理人的努力水平符合委托人的利益。规范的代理理论追求特定形式的合同设计，注重对问题的数学模型化处理，从效用函数、不确定信息分布和报酬安排出发，构造风险适当分担的合同关系。

在委托代理视角下，企业管理人员事先与企业签订合同并且在合同中明确列出了代理双方所涉及的价值分配、资源索取等问题。但这种视角明显存在不完善的一面，并不能全面描述企业治理中的全部现象。该观点更加看重企业所具有的物质形态的资产，股东是企业物质资本所有者，因而理应受到保护。它仅仅意识到现在治理机制下股东所面临的风险，因而也就格外强调需要维护股东的利益。但是它没有察觉企业管理者同样会在经营之中面临一定的风险，同样有维护利益的需求。因而可以认为：这种观点将企业看作由其所掌握的物质资产相组成的，因而忽略了企业中"人"的因素。

三、理论发展

随着众多学者的不断探究，委托代理理论下的企业治理理论逐步意识到了企业管理者起到的作用，承认了高管索取企业剩余控制权的存在。任意一种的企业治理机制都不可能是完美的，完全事先制订合同的制度安排假设是不合理的。代理双方建立事后可调的合同，双方共同享有企业剩余价值的控制权。尽管如此，股东权益仍是这类观点的主要侧重对象，股东利益最大化是该观点的出发点。他们强调企业物质资本的地位，而忽略企业管理者的作用，尽管理论中认为高管同样具有企业剩余价值的控制权，但并不认为高管具有这种价值的所有权。他们认为企业的收益应当属于所有者，所有者的收益权应当得到保护。

委托代理理论视角中的以股权为核心的企业治理机制作为治理理论发展的第一阶段，同时具有古典资本主义视角和新资本主义视角的特点。它背后所体现的物质形态资本为核心的理论模型至今仍能较好地反映企业各种经济现象。但是在现代化企业中，非人力资本的地位下降，人力资本在企业中的地位得到提升，按照委托代理理论得到的企业治理模型必然无法适应这种新的情况。忽略企业经营活动中其他参与者的利益与当代企业发展近况是不相符合

---

① 所谓激励相容约束，是指在信息不对称情况下，委托人要让契约可以执行，必须考虑代理人自己的利益，即委托人为实现自身效用最大化而要求代理人的努力程度也要使代理人自身实现效用最大化。

② 所谓参与约束，是指委托人支付给代理人的报酬带来的效用要不低于代理人从事其他事务所获得的效用，如果低于这一效用，代理人就不会参与该契约，委托代理关系不成立。

的。这也催生企业治理理论向下一阶段发展。

委托代理理论是契约理论的一个分支，也可以称为"完全契约理论"。也就是说，契约完全假定缔约双方可以考虑到所有可能发生的情况并以可证实的条款写入合同之中，而且合同能够被第三方（如法院）无成本地强制实施，因此，关键的问题是如何在事前设计精细的激励机制。

公司治理更多是一个机制的组合，目的是确保公司管理者（代理人）为一个或数个利益相关人（委托人）的权益来经营公司。这些利益相关者包括股东、债权人、供应商、客户、员工以及与公司开展业务相关的合作者。

施莱费和维什尼（1997）对公司治理问题的实质进行过论述，他们认为投资者在构建企业时，通过制定合理的制度安排从而能够获得所期望的收益，这就是企业治理问题的实质。随着企业治理理论的发展，该理论的研究对象从仅仅关注保护企业投资者利益逐渐发展为企业中所有利益相关者，确保利益相关者均能取得恰当的资源安排权和索取权，形成一套综合的企业治理系统。

委托代理理论的早期文献，探讨的是单一委托人、单一代理人、单一代理事务的双边委托代理问题，这种情况下，委托人无法观察或控制代理人的努力，蕴含着一个重要的效率损失，即在满足激励相容约束和参与约束条件下的结果是次优的。

委托代理真正成为系统的理论，是以寻求系统地解决代理问题的方法开始的。委托代理问题有两种表现形式："逆向选择"和"道德风险"。所谓"逆向选择"是指代理人利用事前信息的非对称性等所进行的不利于委托人的决策选择；所谓"道德风险"是指代理人借事后信息的非对称性、不确定性以及契约的不完全性而采取的不利于委托人的行为。[①]

为了解决委托代理问题，经济学家提出了种种方法，主要有：

第一，给代理人一定的剩余索取权。为了解决监督问题，让监督者拥有剩余索取权，这样监督者就获得了一种作为监督者不再偷懒的激励。监督的专门化加上他对作为一个剩余索取者身份的依赖，将使偷懒减少。

第二，利用外部机制监督约束代理人。外部机制是指企业外部形成的激励监督约束机制，如市场机制、法律机制、政府管制、中介机构、新闻媒体、公众舆论、社会道德等对代理人的约束。

第三，设计有效的激励约束方案，并对代理人进行严格监督和准确评价。激励机制设计有两个原则：一是参与约束，即代理人参与工作所得净收益必须不低于不工作也能得到的收益；二是激励约束，即代理人让委托人满意的努力程度也是给自己带来最大收益的努力程度。

第四，改进和完善公司治理结构，强化股东对董事会的约束机制。

---

① 程恩富，胡乐明. 新制度经济学［M］. 北京：经济日报出版社，2005：121.

四、理论缺陷

经过几十年的发展，委托代理理论取得了重要的研究成果，为大家分析现实问题提供了强有力的框架，被广泛应用到各个领域，也对现实中的很多问题，比如控制权的分配以及共同决策过程具有很强的解释力。然而，委托代理理论仍存在一些缺陷，主要体现在：

第一，所依赖的假设需完善。委托代理理论两大假设之一的信息不对称假设，主要指契约形成后的道德风险问题，而实际上，在契约形成之前，就可能存在信息不对称问题，也就是逆向选择问题。同时，该理论隐含的假定没有或很少有谈判、制定、实施合同的交易成本，这也与现实不符。

第二，研究方法是单向的。该理论仅仅从委托人角度来主动设计提供最优契约，条款不经双方讨论，代理人只能被动接受或拒绝，如果接受，只能在契约框架内行动，显然这是不全面的。

第三，结论不明确。不论是基本的双边委托代理理论还是其后的拓展理论，结论都是不明确的，所以对现实的意义就打了折扣。

第四，委托代理产生的内部人控制问题。

中国资本市场的 20 多年的发展使得我国上市公司的治理不可避免地存在一些缺陷与不足，例如一股独大的现象、职业经理人市场尚未形成，以及相关法律法规的不健全等问题，造成了高管在职消费的可能。其中最突出的问题，为"内部人控制"问题。

现代企业中所有权与经营权的分离产生了股东与公司的管理人员之间委托代理问题。为了确保代理人的行动符合委托人的要求，公司治理就是通过综合运用各种手段和策略，来确保公司的投资者借此获得相应的投资收益。换言之，公司治理所要研究的问题就是如何有效地保护公司投资者也即是股东的利益。通常情况来讲，公司的管理人员掌握着公司的控制权，而股东享有的则是对于公司的所有权，尽管这样，由于信息不对称，每一方都想要争取自己最大的利益，所以就有导致管理人员追求的目标可能与股东目标不一致。所以，对于公司享有所有权并且想要通过该所有权为自己挣得利益的股东们就要采取一系列行之有效的激励、监督与约束机制，才能够试图使得那些管理人员尽自己一切的努力做好本职工作，也就是管理好公司，争取公司利益最大化，这样也就间接实现了股东利益最大化。股东们通过一系列的条件限制而遴选出一部分管理人员来替自己管理公司，甚至分配了股权让管理人员心甘情愿地服务于公司，这样一来，对以股权至上为核心公司治理理论将会受到冲击。

"内部人控制"也是现代企业中两权分离的产物，由于代理双方信息不对称且利益不一致，这就有可能造成高管实际上控制了企业的经营活动，也即企业的经营全部由内部人所掌控，股东则无法实行有效的监督。青木昌彦认为：这种由于股东或债权人无法有效监督，企业经营者直接掌握企业决策权、追求个人利益的情况在处于经济转型期的国家中往往更有可能发生。在国有企业，国家作为企业的所有者，企业决策很大程度被管理人员所掌握。在这种企业控制权从企业家流向管理者的前提下，学者构建了"内部控制人"的公司治理理论模型，这种理论描述的就是企业剩余的索取权和企业剩余控制权失衡而造成的管理者侵害股东权益的行为。胡新文（2003）将"内部人控制"分为法律上的内部人控制和事实上的内部人控制。前者是指高管得到了企业的股权因而具有了受到法律保护的企业控制权；后者则是指企业高管不具有公司股份，也即其在并不具有所有权的前提下掌握了企业决策的支配权。而在转型期中所出现的内部人控制多是指第二种情况。国有企业存在双重代理问题，国家作为中间代理人并不能直接掌握企业的经营策略而仅仅掌握高管的任命权，委托管理人代为经营。国企高管在不具有所有权的前提下却掌握了企业的绝大多数决策能力。这种所有权与控制权的失衡使得转型期的国企中存在很多国有资产侵害现象。

该理论对处于经济转型期的我国具有很好的借鉴意义。内部人控制现象的存在使得股东失去了对企业的控制，因此"股东至上企业治理模型""相关利益者共同控制模型"均失去了解释能力。青木昌彦主张建立这种"内部人控制模型"，他认为此时既然内部治理机制严重失效，我们就应当利用企业外部治理对企业进行监控。此外，对高管实施股权激励，使得管理层也成为股权掌握者进而能够保证代理双方利益趋于相同。

第五节　利益相关者理论

案例 2-4 ▷ **中国平安再融资**

在中国平安 2008 年 3 月 5 日召开的临时股东大会上，备受市场争议的该公司巨额再融资议案获得了 92% 以上的赞成票。这次中国平安的股东大会很特别，首先是参与人数之多，可谓空前，有 8 934 名股东代表参加现场投票和网上投票，代表股数高达 56.97 亿股，而中国平安总股数不过 73 亿股。

造成这种局面出现的关键性因素在于投资基金的"倒戈"。本来，2008 年 1 月 21 日中国平安巨额再融资方案出台之后，以投资基金为代表的机构投资者对中国平安的再融资方案是坚决抵制的。它们不仅对中国平安的股票实行"用脚投票"，通过大肆抛售中国平安的股票来打压该公司的股价，而且一批持有中国平安 A 股的基金经理计划联手在临时股东会上提出对中国平安增发的反对意见，以致许多中小投资者对投资基金寄予了厚望，希望投资基金成为维护中小投资者利益的代言人。但春节过后，包括董事长马明哲在内的中国平安高层团队集中力量，对深圳、北京、上海所在地的各大基金公司进行重点公关，以致投资基金在中国平安再融资问题上的态度发生了改变。结果，在 3 月 5 日的临时股东大会上，只有诺安基金和大成基金两家基金公司投出了反对票，而更多的投资基金则投出了赞成票。

一个明显的事实是，广大的中小投资者是坚决反对中国平安的再融资方案的。根据人民网于 2008 年 2 月 20 日 14 时至 2 月 21 日 9 时就平安融资问题进行的调查，在近 20 万人次的投票中，有超过97%的调查参与者反对通过平安融资计划。而在中国平安再融资方案通过后，搜狐网进行的调查显示，有94%以上的参与者反对平安融资方案通过。

（资料来源：刘彦文，张晓红. 公司治理 [M]. 北京：清华大学出版社，2010：188.）

【问题】结合上述案例，投资基金是在替谁投票？

委托代理理论的基本假设使得该理论存在着忽视除股东之外的其他利益相关者的缺陷，也就是说委托代理理论涵盖面太狭窄，存在一定的片面性。与委托代理理论认为股东利益至上不同的是，利益相关者理论集合了多种对企业有影响或者受企业影响的力量，这些力量同样对企业的发展必不可少。企业的权利主体是多元化的，"股东中心论"容易导致对其他利益相关者的漠视，并产生一系列的问题，利益相关者理论弥补了委托代理理论的这一缺陷。

一、理论产生

彭罗斯在1959年出版的《企业成长理论》中提出了"企业是人力资产和人际关系的集合"的观念，从而为利益相关者理论构建奠定了基石。直到1963年，斯坦福大学研究所才明确地提出了利益相关者的定义："利益相关者是这样一些团体，没有其支持，组织就不可能生存。"这个定义在今天看来，是不全面的，它只考虑到利益相关者对企业单方面的影响，并且利益相关者的范围仅限于影响企业生存的一小部分，但它让人们认识到，除了股东以外，企业周围还存在其他的一些影响其生存的群体。随后，瑞安曼（Eric Rhenman）提出了比较全面的定义："利益相关者依靠企业来实现其个人目标，而企业也依靠他们来维持生存。"这一定义使得利益相关者理论成了一个独立的理论分支。

在此后的30年间，学者们从不同的角度对利益相关者进行定义，其中以弗里曼（Freeman）的观点最具代表性。他在《战略管理：一种利益相关者的方法》一书中提出："利益相关者是能够影响一个组织目标的实现，或者受到一个组织实现其目标过程影响的所有个体和群体。"他的定义大大丰富了利益相关者的内容，使其更加的完善。但是，弗里曼界定的是广义上的利益相关者，他笼统地将所有利益相关者放在同一层面进行整体研究，也给后来的实证研究和实践操作带来了很大的局限性。

克拉克森（Clarkson）认为："利益相关者在企业中投入了一些实物资本、人力资本、财务资本或一些有价值的东西，并由此而承担了某些形式的风险；或者说，他们因企业活动而承受风险。"克拉克森的定义引入了专用性投资的概念，使利益相关者的定义更加具体。国内学者综合了上述的几种观点，认为"利益相关者是指那些在企业的生产活动中进行了一定的专用性投资，并承担了一定风险的个体和群体，其活动能够影响或者改变企业的目标，或者受到企业实现其目标过程的影响"。这一定义既强调了投资的专用性，又将企业与利益相关者的相互影响包括进来，应该说是比较全面和具有代表性的。

二、理论内涵

利益相关者（stakeholder）是一个与股东相关的概念，通常也叫利害关系者或利害关系持有者。他们包括企业的股东、债权人、雇员、消费者以及供应商等交易伙伴，也包括政府部门、本地居民、本地社区、媒体、环保主义者等压力集团，甚至包括自然环境、人类后代等受到企业经营活动直接或间接影响的客体。这些利益相关者与企业的生存和发展密切相关，他们有的分担了企业的经营风险，有的为企业的经营活动付出了代价，有的对企业进行监督和制约，企业的经营决策必须要考虑他们的利益或接受他们的约束。从这个意义讲，企业是一种智力和管理专业化投资的制度安排，企业的生存和发展依赖于企业对各利益相关者利益要求的回应的质量，而不仅仅取决于股东。

利益相关者理论指出：公司由多种不同要素组成，提供这些要素的人都是公司的利益相关者，他们为公司提供的各种资源是公司成功的关键因素，应该让他们都参与到公司的治理过程中。这一理论也不否认股东的重要性，而是把股东放在第一位置的同时兼顾其他利益相关者的利益，因此公司治理的目标不仅仅是股东利益最大化，而应该是以股东为主体的所有利益相关者利益总和的最大化。

利益相关者理论是指企业的经营管理者为综合平衡各个利益相关者的利益要求而进行的管理活动。与传统的股东至上主义相比较，该理论认为任何一个公司的发展都离不开各利益相关者的投入或参与，企业追求的是利益相关者的整体利益，而不仅仅是某些主体的利益。

三、理论局限

利益相关者理论的动态发展，为保护利益相关者的利益、保障利益相关者参与公司治理提供了理论依据，但利益相关者理论仍存在一些缺陷，还需进一步完善。

第一，分散了企业的经营目标。利益相关者理论的出现，使公司除了经济上的目标以外，也必须承担社会的、政治上的责任，这很可能会导致企业陷入"企业办社会"的僵局。一旦利益相关者理论被大众所接受，企业的行为势必受到框架限制，企业无形中被套上公益色彩，结果很可能会导致企业经济利润上的损失，更有可能让企业陷入一种顾此失彼的境地。比如，企业实现了经济利润的最大化，却又照顾不到社会责任；若过多地考虑到社会责任，又会让对手有可乘之机，丧失了经济上的优势。

第二，对于利益相关者的界定过于宽泛。虽然国内外很多专家和学者都对利益相关者的界定和划分阐述了自己的看法，但大部分都只是停留在探讨和假设阶段。从涉及的十几种利益相关者来看，孰轻孰重，也不得而知。目前为止，还找不到一种理论和方法能够定量地衡量众多利益相关者的权重。

第三，理论难以运用于实践。尽管国内很多学者从多方面对利益相关者理论可行性进行了分析和探讨，从理论上证明利益相关者理论可行，但由于利益相关者理论本身的不完善，实际上是很难实践的。例如，理论中所涉及的利益相关者太多太杂，仅顾客这一项，要想把他们集中起来采取行动是不可能的。很多学者提出的利益相关者参与公司的治理这一提法，目前为止也不具备可操作性。虽然弗里曼提出了支持利益相关者如何参与公司治理的"利益相关者授权法则"，但理论的实施过程需要操作人对利益相关者理论以及参与基础有比较深的认识，另外这些参与机制的实现可能本身就存在缺陷。

第六节　不完全契约理论

案例 2-5 ▷ **通用汽车公司兼并费舍公司案**

最初的汽车车身是使用木料加工的单个、独立的开放型构件。到 1919 年，汽车生产开始使用大量封闭型的金属车身构件，因而需要专用型压铸机械。通用汽车公司为鼓励供给其配件的费舍公司进行专用型资产投资，与它签订了为期 10 年的购买封闭车身的契约，其中规定通用公司必须尽量从费舍公司购买封闭车身。同时，为了防止发生费舍公司利用上述排他性交易条款来谋利的机会主义行为，契约对价格做了限定——当时规定的价格是成本（不包括投资的资本利息）加上 17.6% 的盈利。此外还规定费舍公司供给通用汽车公司的车身价格的变化幅度不能超过它供给其他同类汽车制造商的价格变化幅度，并且车身价格不能超过费舍公司以外的其他配件公司生产同类车身的市场平均价格。契约还订有在乙方破坏价格契约的条件下可以强制性地诉诸仲裁的条款。后来的事实表明，这些契约条款虽然限制了通用汽车公司的机会主义行为，但却增加了被费舍公司"敲竹杠"的可能性。到 1924 年，通用汽车公司已无法忍受同费舍公司的契约关系，开始谈判收购它的股权，最终在 1926 年正式兼并了它。

〔资料来源：契约理论解读. ppt［EB/OL］.（2016-03-12）［2019-10-10］. https://max.book118. com/html/2016/0312/37441771. shtm.〕

【问题】

（1）为何通用汽车公司无法忍受与费舍公司的契约关系？

（2）上述材料中提到的这些契约条款对保护通用汽车公司有效吗？对费舍公司呢？

契约最初是一个法律概念，后来被经济学家运用到经济领域，经过古典和新古典时期的发展，经济学也建立了涵盖法学契约概念以及市场交易和企业组织等在内的契约思想体系。

契约理论是研究在特定交易环境下不同合同人之间的经济行为与结果，往往需要通过假定条件在一定程度上简化交易属性，建立模型来分析并得出理论观点。由于现实交易的复杂性，很难由统一的模型来概括，从而形成从不同的侧重点来分析特定交易的契约理论学派。近几十年来，现代契约理论已发展成委托代理理论、不完全契约理论以及交易成本理论三个理论分支在内的极具扩张力的理论体系，这三个分支都能够对公司治理做出合理的解释，它们之间的关系并非相互替代的，而是相互补充的。

委托代理理论和交易成本理论已在前文讲述，这里便不再重复。本节重点介绍不完全契约理论。

一、理论产生

不完全契约理论早期思想可追溯到科斯，科斯（1937）指出，"由于预测的困难，关于商品或劳务供给的契约期限越长，那么对买方来说，明确规定对方该干什么就越不可能，也越不合适"。不完全契约理论的奠基人为1987年克拉克经济学奖获得者、美国经济学家格罗斯曼和哈佛大学经济系主任、经济学教授哈特，他们非常强调不完全契约和剩余控制权在确定企业边界和财务结构方面的作用。

1970年以来，以阿尔钦和德姆塞茨（1972）、詹森和麦克林（1976）等人的工作为代表，经济学家们发展了一个专门的"契约理论"来分析完美市场之外的契约，尤其是长期契约。契约理论考虑的核心问题有两个：一是不对称信息下的收入转移，二是不同风险态度的当事人之间的风险分担（Hart & Holmstrom，1987）。由于某种程度的有限理性或者交易费用，使得现实中的契约是不完全的（Williamson & Hart，1994）。

梯若尔（Tirole，1999）将契约不完全的原因概括为三类成本：一是预见成本，即当事人由于某种程度的有限理性，不可能预见所有的或然状态；二是缔约成本，即使当事人可以预见或然状态，以一种双方没有争议的语言写入契约也很困难或成本太高；三是证实成本，即关于契约的重要信息对双方是可观察的，但对第三方（如法庭）是不可证实的。

威廉姆森（1985）提出，当资产专用性程度足够强、交易频率足够高和不确定性程度足够大时，将两个企业合并为一个企业，或者说用统一治理的关系契约代替市场治理的古典契约或第三方治理的新古典契约，合并后的统一企业作为一种科层，拥有更多的行政控制手段和更好的事后调适能力，可以减少"敲竹杠"所造成的"交易费用"。威廉姆森通过引入资产专用性，实际上将科斯的"交易费用"术语变成了一个可证实的概念，对丰富不完全契约理论做出了重要贡献。

哈特是不完全契约理论的集大成者。他认为威廉姆森的企业合并可以减少交易费用和"敲竹杠"的逻辑并不能令人满意。首先，如果两个企业合并或一体化就可以减少"敲竹杠"和降低交易费用，那么为什么不将所有企业都合并为一个企业呢？其次，威廉姆森从产权的角度指出了企业合并的收益，却没有从产权的角度指出企业合并的成本，这在逻辑上是不一致的。因此，哈特和格罗斯曼（1986）① 提出了一个正式的产权理论模型。他们将企业看作是一个不完全契约，其中可以在事前契约中明确规定的权利称为特定权利，而无法规定的其他权利称为剩余权利或剩余控制权。委托受托双方先在事前签订一个初始契约，并投入专用性资产，然后等自然状态的不确定性出现之后再进行谈判。在再谈判时，当出现与初始契约没有规定的情况时，拥有剩余控制权的一方将负责做出决策。剩余控制权通常是财产权的所有者拥有的，因此关键问题是，如何在事前契约中配置财产权。产权的配置是一个硬币的两面，得到产权的一方在再谈判过程中拥有更多谈判力，从而增强了事前的投资激励，而失去产权的一方则减少了事前的投资激励。因此，为了最大化双方的事前专用性投资水平和总剩余，应该在事前的契约中将产权配置给投资重要的一方或者不可或缺的一方。两个企业是否合并，要看合并给兼并方增加的投资激励是否足以抵消被兼并方减少的投资激励，由此决定了企业的最佳规模。后来，哈特及其合作者又将工人的激励考虑在内，研究了更一般的情形，进一步完善了产权理论模型（Hart & Moore，1990）。"合约的不完全性打开了所有权理论的大门"，也正因为如此，不完全契约被指打着契约的招牌，其实是讨论产权的理论。

二、理论内涵

不完全契约是指由于契约中的部分内容是第三方或权威仲裁机构（如法庭）可观察但不可证实的，因此契约只能是不完全的。契约的不完全性在于"不可描述性"，即难以在事前制定详尽无遗的规则。由于不完全契约不能把在各种条件下的所有责任和权利规定清楚，因此没有详细规定的那部分权利，即剩余控制权，就必然归资产所有者。

不完全契约与完全契约的根本区别在于：完全契约在事前规定了各种或然状态下当事人的权利和责任，因此问题的重心是事后监督问题；而不完全契约不能规定各种或然状态下的权责，而主张在自然状态实现后通过再谈判来解决，因此重心就在于对事前的权利（包括再谈判权利）进行机制设计或制度安排。

不完全契约会导致什么结果呢？克莱茵（Klein, et al, 1978）、格劳特② （Grout, 1984）等从不同方面指出了不完全契约会导致无效投资。由于契约是不完全的，所以事前的专用型投资无法写入契约，一旦自然状态实现，在这种具有双边锁定特征的再谈判过程中，投资者投资的边际收益中有一部分被对方分享了，预期到这种行为，投资者在事前就会投资不足。为了解决这个问题，研究者从不同的角度提出了自己的对策。这些对策主要有法律干预、赔偿、选择治理结构、产权配置、履约、引入市场竞争等。

---

① 这篇发表在《政治经济学》（*Journal of Political Economy*）杂志 1986 年第 94 卷第 4 期的文章《所有权的成本与收益：纵向和横向的一体化理论》（*The Cost and Benefits of Ownership: a Theory of Vertical and Lateral Integration*）具有开创意义。

② GROUT, P A. Investment and wages in the absence of binding contracts: a nash bargaining approach [J]. Econometrica, 1984, 52（2）: 449 - 460.

三、理论比较

委托代理理论、不完全契约理论以及交易成本理论都属于契约理论的分支，它们都是解释公司治理的重要理论工具，它们既有联系，也有区别，不是相互替代而是相互补充的关系。

（一）区别

1. 概念含义

在不完全契约理论和交易成本理论中都假设存在"有限理性"，但不完全契约理论中契约不完全性的原因来自于特定的有限理性，即只有仲裁人是有限理性的，交易成本理论中契约的不完全性则根源于在不同经济体系下的每个人的有限理性。①

2. 契约期

委托代理理论假定契约是完全的，不需要事后修正，加上其假定法庭验证无成本，所以它将契约期的概念剔除出其理论框架。不完全契约由于风险分担以及激励安排使得不完全契约认定契约期正相关于不确定性的程度、努力的程度以及支付的信息完整性，而交易成本理论认为，签订契约的预期收益将增加专用性投资的价值，因此增加了契约签订的可能性以及契约期的长度。

3. 契约设计

不完全契约理论实质是讨论产权的问题，基本不涉及契约设计。委托代理理论由于制定最优激励计划的潜在复杂性以及他们对信息变化的过分敏感性，导致契约形式设计一般化过程明显不足。交易成本理论则真正对契约设计进行了研究，并指出：契约的环境不确定性程度越大，契约双方越可能不追求契约中措辞的准确性和易读性，并在契约内容中创建再谈判的调整机制。

4. 契约过程与垂直一体化

委托代理理论不涉及一体化和契约过程，不完全契约理论发展了专用性投资理论并解释了企业的存在，进而能从中获知一体化与契约的选择，但是一体化与契约在不完全契约理论中并不是可以相互替代的选择，不完全契约理论仅仅是在思考契约的双方或多方谁应该拥有专用性资产。在交易成本理论中，当专有性投资增加时，总存在着一体化替代契约的偏好；此外不确定性和复杂性也降低了契约（相对于一体化）的吸引力。

（二）联系

契约理论的三个分支分别解释了契约的不同领域存在明显的不同，但可以"将之看作是

---

① BROUSSEAU E. What institutions to organize electronic commerce? Private institutions and the organization of markets [J]. economics of innovation and new technology, 2000, 9 (3): 245 - 274.

互相补充的"。关于委托代理理论和不完全契约理论，梯若尔（1999）强调，委托代理理论虽不能解释权威和产权，但不能说不完全契约理论是对其的替代。谈到交易成本和不完全契约理论时，布鲁索和法雷斯（Brousseau & Fares，2000）也指出："我们应该表明这两种理论之间的相容性和不相容性，并不说明它们之间存在优劣。"

实际上，契约理论分支已经表现出相当明显的融合趋势，研究者也不断结合不同的契约理论来研究具体的经济实践活动，如霍姆斯特罗姆和米尔格龙（Holmstrom & Milgrom，1994）就结合运用了激励理论、不完全契约理论和交易成本理论来探讨企业内部治理。学者试图将不同的契约理论分支纳入一个统一的分析框架。

本章小结

本章从不同的视角对公司治理进行研究，形成了丰富多彩的公司治理理论，其中包括了交易成本理论、产权理论、委托代理理论、利益相关者理论以及契约理论。

交易成本理论的根本论点在于对企业的本质加以解释。由于经济体系中企业的专业分工与市场价格机能之运作，产生了专业分工的现象，但是使用市场的价格机能的成本相对偏高，而形成企业机制，它是人类追求经济效率所形成的组织体。

产权理论认为，私有企业的产权人享有剩余利润占有权，产权人有较强的激励动机去不断提高企业的效益。所以在利润激励上，私有企业比传统的国有企业强。

委托代理理论是建立在非对称信息博弈论的基础上的，它的主要观点是：委托代理关系是随着生产力大发展和规模化大生产的出现而产生的。

利益相关者理论是指企业的经营管理者为综合平衡各个利益相关者的利益要求而进行的管理活动。它的中心思想是：公司治理的目标不仅仅是股东利益最大化，而应该是以股东为主体的所有利益相关者利益总和的最大化。

契约理论是研究在特定交易环境下不同合同人之间的经济行为与结果，往往需要通过假定条件在一定程度上简化交易属性，建立模型来分析并得出理论观点。由于现实交易的复杂性，很难由统一的模型来概括，从而形成包括委托代理理论、不完全契约理论以及交易成本理论三个理论分支在内的极具扩张力的理论体系。

本章思考题

1. 交易成本是如何产生的?
2. 两个产权理论有哪几个方面的不同?
3. 完全契约与不完全契约的根本区别是什么?
4. 你是如何定义利益相关者的?
5. 契约理论由哪三部分构成?

案例讨论题

新型城镇化的 "横店模式"

横店镇位于浙江省东阳市南部,它从一个只有一条不足百米的街道,发展到今天一个充满活力、初具规模的小城市,其背后的主要资金来源不是政府财政资金,而是横店集团,一个民营企业。横店集团是横店城镇基础设施和公共服务设施的主要建设者和运营商。横店企业建镇的做法对各地在新型城镇化发展进程中,拓宽城镇基础设施和公共服务设施建设融资渠道,实行"小政府、大市场"的运作等方面有积极的借鉴作用。

一、企业推动区域发展

横店集团的创始要追溯到1975年创办的横店丝厂,最初为横店社办集体企业,1984年实行政企分开,1995年成立横店集团。2013年横店集团已经发展形成60个子公司、200多家生产型企业,完成产值468亿元,实现利税58.11亿元。按照政府规划、企业实施的原则,横店集团累计为横店城镇建设投入资金达100多亿元。

从20世纪80年代中期横店集团就开始参与城镇基础设施建设,当时企业有了一定规模,基础设施条件已经成为进一步发展的制约。集团创始人徐文荣意识到如果横店环境和基础设施条件不改变,就引不进人才,工厂也很难做大,但是依赖乡镇政府来建设基础设施也不现实,因为横店仅仅是一个乡镇,没有一级独立财政,市政府也不愿把城市基础设施投到横店来。在这种背景下,要建城镇基础设施就只能依赖于企业自身投入,集团也坚定地承担起建设城镇的责任。现在来看,企业建镇是在现行城镇等级管理体制下,企业为了寻求自身发展的无奈之举。

从经营运作方式来看,横店集团为城镇发展投入大致分为以下两方面:

(1) 提供公益性基础设施。比如桥梁、道路、公园、路灯等,对这一类设施,集团进行投资,集团并不去计算投资的直接回报,主要是作为企业回报社会的一种方式。

（2）市场化方式提供部分市政公用产品和公共服务产品。对于一些可以市场化运作的市政公用产品和公共服务产品，比如自来水厂、公交、医院、学校等，集团对这些产品和服务的供给采取市场化运作模式。由集团进行投资，作为集团的资产，日常运营采取企业化管理模式，职工收入与运营的收益直接挂钩。

企业发展推动了横店城市发展转型。第一次转型是从农业向工业的转变，实现了横店农民的脱贫致富。第二次转型得益于横店集团影视文化旅游产业的发展，带动了横店人民从小康向富裕的转变。横店集团专门成立了影视城有限公司，对横店影视基地及相关旅游配套产业进行整合，不但改善了城镇面貌，而且成为带动横店发展的新引擎，也完善了城镇功能，使横店从一个工业小镇发展成为一个功能完善的城市。

政府在横店发展过程中的主要定位就是做好相关规划和协调工作，协调城镇建设过程中所涉及的各级政府部门、村和广大农民的关系，为企业建镇创造条件。政府邀请同济大学规划院等知名机构编制和修订横店规划，通过规划引导企业建镇的方向。为支持企业建镇的推进，政府在土地出让收入方面也出台了一些优惠措施，目前横店区域内的土地出让收入除上缴上级政府部分，其余全部归横店集团使用，用于横店城镇发展。

二、开创横店发展模式

从横店企业建镇的调研来看，政府可以从诸多城镇建设管理事务中摆脱出来，将精力主要用于服务，走出了一条"政府规划设计，企业投资建设"的横店发展模式。相比较而言，企业建镇可以体现出以下优势：

（1）机制灵活，提高了运作效率。相对于政府管理，企业可以不拘泥于固有的运作机制，而是采取更加灵活的运作机制，极大地提高了工作效率。比如，连接诸永高速横店出口到镇区的道路，如果由政府来修建的话，仅征地拆迁一项工作半年都不可能完成，而横店集团只用半年时间就已把路修好。

（2）管理高效，降低了建设和运营成本。将效益和工资相挂钩，在日常工作中会更加精打细算。比如水厂在扩建时，为了降低成本，设备都由水厂采购，只是将安装承包出去，极大地降低了成本，只用 2.2 亿元就完成了日供水能力 7.5 万吨的水厂和配套管网建设。为了提高管理效率，可以说企业能够把可精简的人员都精简掉，保证了在最低成本运作。

（3）共生共荣，更加注重长远发展。横店造就了横店集团，横店发展的好坏也直接关系到横店集团未来的前景，因此横店集团也愿意为横店长远发展进行投资。比如，横店南江治理，自 1994 年就已启动，经过近 10 年的治理，直接投入资金就达 2 亿元。当横店集团将影视旅游产业作为未来发展方向时，横店和横店集团的命运也更加紧密。通过治理，横店的城镇面貌有了根本的改善，实现了水绿、天蓝、景美。

（资料来源：新型城镇化的"横店模式"：中国投资［EB/OL］. http://www.chinainvest-ment.com.cn/?type_ qycz = % E6%96% B0% E5% 9E% 8B% E5% 9F% 8E% E9% 95% 87% E5% 8C% 96% E7%9A%84% E6% A8% AA% E5% BA% 97% E6% A8% A1% E5% BC%8F.)

结合上述案例，你是如何理解不完全契约理论的？

第三章 ‹股东

第一节 公司的基本类型

案例 3 – 1 ›

　　甲、乙、丙三人投资设立一公司。甲出资 30 万元，乙以价值 20 万元的地产出资，丙出资 40 万元。在设立过程中，丙出资最多，便主张设立的公司为两合公司，并认为我国的《公司法》规定的公司概念包括了两合公司、有限责任公司、无限公司和股份有限公司四种类型。

　　【问题】

　　(1) 丙对我国公司分为四种类型的主张是否正确？为什么？

　　(2) 有限责任公司和股份有限公司的各自特征是什么？

　　公司的分类，我们可以从法学理论和国内外立法等方面进行讨论。

一、法学理论上公司的基本类型

1. 人合公司和资合公司

　　人合公司、资合公司是按照公司信用标准的不同，在学理上对公司所做的分类。公司如同自然人一样，从事经营活动必须要讲信用。以股东的信用作为公司信用基础的，是人合公司；以公司的资产数额为基础的，是资合公司。

　　人合公司对外的信用实际上是以股东的人格对公司信用做担保，具有人的担保的性质。人合公司具有如下特点：第一，股东以其个人全部财产对公司承担责任。因此，人合公司不强调公司资产，而是强调股东的资产和实力，股东的信用程度则决定了公司的信用程度。第二，股东相互之间承担连带责任，因此股东之间的信用极为重要。第三，股东之间的结合、信用是公司存续的基础，因此，股东的意愿对公司的组建、运作以及公司行为是至关重要的。无限责任公司是典型的人合公司。

资合公司对外的信用实际上是以公司的财产对公司信用做担保，具有物的担保的性质。资合公司具有如下特点：第一，由公司的全部资产对公司承担责任。因此，公司资产的多少直接影响着公司的信用，公司资产的数量与公司的信用成正比，股东个人的资产对公司信用不具有决定意义。第二，股东相互之间不承担连带责任，彼此之间无须建立信用关系。第三，股东的出资是公司存续的基础，股份是股东与公司的纽带，公司的规章制度对公司的存续、运作至关重要。股份有限公司是典型的资合公司，有限责任公司也应当属于资合公司。

2. 一般法上的公司和特别法上的公司

按照管辖的法律不同，可将公司分为一般法上的公司和特别法上的公司。只受《公司法》管辖的公司，是一般法上的公司；除了受《公司法》管理还要受其他特别法管辖的公司是特别法上的公司。例如，保险公司，不仅要受《公司法》的管辖，而且要受《保险法》的管辖。

3. 母公司与子公司

母公司是指拥有另一公司一定比例以上股份，或通过协议方式能够对另一公司的经营实行实际控制的公司，也称控股公司。与其相对应，其一定比例以上股份被另一公司所拥有或通过协议受另一公司实际控制的公司即为子公司。两者之间法律关系特点是：

（1）子公司受母公司的实际控制，即母公司对子公司的重大事项有决定权，尤其是能够决定子公司董事会的组成。

（2）母公司与子公司之间的控制关系主要是基于股权的占有，而不是直接依靠行政权力控制公司。

（3）母公司、子公司各为独立的法人。

4. 总公司与分公司

这是按公司内部管辖关系进行的分类。许多大型公司的业务分布于各地，甚至不同国家。直接从事这些业务的大多都是公司内部所设置的分支机构或附属机构，它们就是所谓的分公司，而公司本身则成为本公司或总公司。

（1）分公司没有独立的法人地位或资格，其名称应反映其与总公司的隶属关系。

（2）分公司没有自己的独立财产，其业务、资金、人事均受总公司的统一管辖与安排。

（3）分公司的设立无须经过一般公司设立的许多法律程序，只需在当地履行简单的登记和管理手续。分公司实际上不是法律意义上的公司，只是本公司的组成部分或业务活动机构。

案例 3-2

原顺捷建材厂是河海公司的下属企业，后改名为顺捷公司。2006年4月顺捷公司未经批准，擅自占用某乡王沟村规划建设用地范围内集体农用地新建厂房，实际占地面积13.05

亩，建筑占地面积455平方米。县国土局在开展查处土地违法违规案件专项行动中，对该案依法立案查处，顺捷公司提供了河海公司营业执照，并提供河海公司出具的一份证明，证明顺捷公司是河海公司的子公司。经调查证实，该公司属非法占地行为。2006年11月22日，该局依法对河海公司进行了行政处罚：没收河海公司在非法占地上新建的建筑物和其他设施，并处罚款8 700元，按照有关规定将相关责任人移交纪检、监察部门处理。

〔资料来源：祖益康，岳喜涛. 公司、分公司、子公司谁应承担法律责任呢？——这起非法占地案件应如何认定违法主体〔EB/OL〕.（2008 - 10 - 30）〔2019 - 10 - 10〕. http://china. findlaw. cn/gongsifalv/falvzeren/6478. html.〕

【问题】

（1）公司、分公司、子公司谁应承担法律责任呢？

（2）这起非法占地案件应如何认定违法主体？

5. 本国公司和外国公司

按公司国籍的不同，可将公司分为本国公司、外国公司。对公司国籍的确定标准，各国立法并不统一，有的采用准据法国籍主义，以公司登记注册地以及适用的法律为公司的国籍；有的采用设立行为地国籍主义，以发起设立行为地为公司的国籍；有的采用股东国籍主义，以多数股东的国籍或占多数股份股东的国籍为公司的国籍；有的采用住所地国籍主义，以公司的住所为公司的国籍。由于公司住所认定的标准不同，公司国籍的确定标准又因此分为或以公司管理机构所在地为公司的国籍，或以公司营业中心地为公司的国籍。我国《公司法》采用设立准据法国籍主义和设立行为地国籍主义的双重标准，在第一百九十一条规定，"外国公司是指依照外国法律在中国境外设立的公司"。

本国公司是指一国按照其所确定的公司国籍标准，具有该国国籍的公司。本国公司受该国法律的保护，并受该国法律管辖。

案例3 - 3

某中韩合资企业在签订合资合同时，韩方坚持：在双方发生纠纷时，适用韩国法律。那么，该主张能成立吗？外国公司是与本国公司相对应的一个概念，是指经东道国（本国公司所在国）许可在该国从事经营活动的、不具有东道国国籍而具有其他国家国籍的公司。一般来说，外国公司在东道国从事经营活动的只是该公司的一个分支机构或分公司。由于外国公司在东道国进行经营活动涉及东道国主权问题，因此，各国公司法均对在本国境内的外国公司的分支机构或分公司的活动做出专门的规定。

6. 封闭式公司和开放式公司

根据公司的开放程度不同，公司可分为封闭式公司和开放式公司。决定公司开放程度的要素包括公司股东有无最高人数限制、公司能否以发行股票的方式筹集资本、公司的出资或者股份能否自由转让、公司的财务状况和经营状况是否公开。如果股东没有最高人数的限制，通俗地说，也就是任何人出了钱都可以成为公司的股东，而且股份可以自由转让，使股东处于不断变动的状态，这就是开放式公司，即对任何人都开放。作为有限责任公司，法律规定股东是 50 人以下，就是说最高不能超过 50 人，所以它就是封闭式的公司。有限责任公司不能通过向社会发行股票来筹集资本，不是谁想成为有限责任公司的股东都可以，在公司成立以后，股东转让他自己的出资还有一定的限制，即法律规定必须由公司全体股东过半数同意，也就是说股东的身份还不能随便变化，并且公司的财务状况和经营状况不需要公开。所以有限责任公司是封闭式公司，相反，股份有限公司是开放式公司。

二、我国《公司法》中公司的基本类型

（一）有限责任公司

案例 3-4 ▷ **有限责任公司欠货款案**

A 有限责任公司自 2008 年以来一直向 B 公司购买变压器。2010 年 2 月 10 日，双方对买卖业务进行对账结算，确认 A 公司尚欠 B 公司货款 345 288.50 元。2011 年 2 月 10 日、8 月 10 日，A 公司分两次共偿还 B 公司 200 000 元，至 2012 年 2 月，尚欠货款 145 288.50 元。后 B 公司因债权未能得到清偿，将 A 公司和其股东黎某、李某、肖某起诉到法院。

【问题】

（1）黎某、李某、肖某能否成为该案的被告？

（2）黎某、李某、肖某对 A 公司的债务承担何种责任？

1. 有限责任公司概述

有限责任公司是指由符合法定人数的股东出资设立的，股东以其出资额为限对公司承担责任，公司以其全部资产对公司债务承担责任的依公司法设立的企业法人。有限责任公司的特征包括：

（1）股东人数有限制。根据我国《公司法》规定，有限责任公司设立时股东人数没有最低限制，股东人数的最高限制为 50 人。国有独资公司可以由国家授权投资的机构或国家授权的部门单独投资设立；一人也可以成立有限责任公司。具体见《公司法》第 58、59、60、61、62 条对一人有限责任公司的规定。

（2）股东承担有限责任。即股东仅以其出资额为限对公司承担责任。当公司债务超过其全部资产时，有限责任公司对超过其全部资产的那部分债务不予清偿，即不承担责任。这是有限责任公司与无限公司的根本区别所在。

（3）具有非公开性。有限责任公司的股东人数有限，股东对外转让出资受到严格限制，其经营状况基本不涉及社会上其他公众的利益，故无须公开。

（4）设立简便。有限责任公司的设立程序相对股份有限公司而言更简单。

（5）公司募集资本和出资转让受限制。有限责任公司资本具有封闭性，且最低出资额较少。各国公司法普遍规定其资本只能由其他股东认缴，不得公开募集公司资本，也不得发行股票。

2. 设立有限责任公司的条件

（1）股东人数有法定限制。我国《公司法》第二十四条规定，有限责任公司由 50 个以下股东出资设立，没有下限。

（2）根据 2018 年《公司法》已取消最低注册资本限额的要求。

（3）股东共同制定公司章程，因为有限责任公司的股东数量是确定的，所以公司章程应当由全体股东共同制定。

（4）有固定的生产经营场所和必要的生产经营条件。

（5）有公司名称，建立符合要求的组织机构。名称是公司登记的必备要件。另外必须建立符合公司法要求的组织机构，即股东会、董事会、监事会。

（6）对于一些特殊公司，如投资公司、外商投资企业以及经营特殊产品属于特定行业的公司，要符合法律规定的其他条件。

3. 国有独资公司

案例 3-5 ▷ 某国有独资公司案例

A 企业为国家授权投资的机构出资设立的有限责任公司。公司因无股东会，由董事会行使股东会的部分职权。董事会成员有 4 人，全部是国家授权投资的机构任命的干部，无一职工代表，董事长宁某还兼任另一有限公司的负责人。

【问题】

（1）国有独资公司的法律特征是什么？

（2）该国有独资公司董事会的组成在哪些方面违反了《公司法》的规定？

国有独资公司是指国家单独出资、由国务院或者地方人民政府委托本级人民政府国有资产监督管理机构履行出资人职责的有限责任公司。

国有独资公司是我国国有企业改革的产物和法律形式。由于有限公司和股份有限公司形式在国有企业中普遍推行尚需一定条件和过程，因此，作为一种特殊的公司形式，《公司法》创立了国有独资公司的概念。

国有独资公司特别适用于国家垄断经营的领域和行业。依照《公司法》有关规定，国务院确定的生产特殊产品的公司或者属于特定行业的公司，应当采取国有独资公司的形式。

国有独资公司的特征包括：①国有独资公司是特殊的一人公司。根据《公司法》规定，国有独资公司的股东只有一个，即国家授权投资的机构或国家授权投资的部门。国有独资公司不设股东会，由国有资产监督管理机构行使股东会职权。②国有独资公司是特殊的有限责任公司，它不同于一般的国有企业（见表 3-1）。

表 3 - 1　国有独资公司与一般国有企业的区别

比较项	国有独资公司	国有企业
设立依据	依照《公司法》设立，受《公司法》调整	依《中华人民共和国全民所有制工业企业法》设立并受其调整
产权性质	国有独资公司对公司财产拥有所有权	国家享有企业财产所有权，企业享有经营管理权
管理体制	设立董事会，由其聘任、解聘经理，董事长是公司法定代表人	厂长（经理）负责制，厂长（经理）为企业的法定代表人

案例 3 - 6 　**某国有企业改制**

　　某国有企业拟改制为公司。除 5 个法人股东作为发起人外，拟将企业的 190 名员工都作为改制后公司的股东，上述法人股东和自然人股东作为公司设立后的全部股东。由于法律规定有限责任公司的股东最多不超过 50 人，故该国有企业不能以此方式改制为有限责任公司，但可以将企业改制为股份有限公司，由上述法人股东和自然人股东以发起方式设立。

4. 一人有限公司

案例 3 - 7 　**隐性的一人公司**

　　2006 年 6 月 22 日，范某个人筹资 50 万元，以另一自然人郭某为挂名股东，向工商部门申请设立 A 有限责任公司，公司注册资金为 50 万元，公司章程记载范某享有 60% 的股份，郭某享有 40% 的股份。A 公司成立后，在对外经营过程中欠 B 公司货款 60 万元，B 公司经多次索要无望，遂向法院提起诉讼，要求 A 公司归还欠款 60 万元。在诉讼过程中，B 公司经调查取证，发现 A 公司实际系范某一人出资设立，且分红也全部属范某，郭某是虚设股东，于是变更诉讼请求，要求法院否认 A 公司为一普通有限责任公司，确认 A 公司为一人公司，并请求范某对 A 公司所欠 B 公司的债务以其个人财产承担无限责任。

　　【问题】一人可否设立公司？《公司法》对"一人公司"是怎样规定的？

　　一人有限公司是指只有一个自然人股东或者一个法人股东的有限责任公司，一人有限公司的注册资本最低限额为人民币 10 万元，股东应当一次足额缴纳公司章程规定的出资额。《公司法》允许成立一人公司，将其纳入了公司法的监管范围，从而也增加了老百姓就业、创业的机会。

　　由于一人有限公司存在股东利用有限责任逃避债务的风险，我国《公司法》设立了 5 项风险防范制度：①对一人公司实行严格的资本确定原则，一人公司的注册资本不得低于 10 万元而且必须一次缴足；②一人公司必须在公司营业执照中载明自然人独资或者法人独资，予以公示；③一个自然人只能设立一个一人公司，该自然人不能再设立新的一人公司；④一人公司应当编制年度财务会计报告，并经依法设立的会计师事务所审计；⑤在发生债务纠纷时，一人公司的股东有责任证明公司的财产与股东自己的财产是相互独立的，如果股东不能证明公司的财产独立于股东个人的财产，股东即丧失只以其对公司的出资承担有限责任的权利，而必须对公司的债务承担无限的连带清偿责任。

案例3-8 ▷ 王某的一人公司

王某依《公司法》设立了以其一人为股东的有限责任公司。公司存续期间，王某实施了下列行为：①决定由其本人担任公司执行董事兼公司经理；②决定公司不设立监事会，仅由其亲戚张某担任公司监事；③决定用公司资本的一部分投资另一公司，但未作书面记载；④未召开任何会议，自作主张制订公司经营计划。

《公司法》第六十二条规定，一人有限责任公司不设股东会。股东做出本法第三十七条第一款所列决定时，应当采用书面形式，并由股东签名后置备于公司。因此，除第三条外，王某的其他的行为都符合公司法的规定。

（二）股份有限公司

案例3-9 ▷ 设立股份有限公司

甲公司等6家发起人拟通过募集方式设立以高新技术产业为主的A股份有限公司，公司拟募集股本总额10亿元，并决定由发起人认购部分股份和向社会公开发行部分股份。依据《公司法》的规定，甲公司作为发起人和第一股东，准备以厂房、机器设备、专利技术和土地使用权出资。6家发起人为筹办A股份有限公司，履行了必要的手续，最终领得营业执照，公司正式成立。

【问题】

（1）甲公司等6家发起人设立A股份有限公司的方式是什么？

（2）设立股份有限公司应当具备哪些条件？

1. 股份有限公司概述

股份有限公司是指公司的全部资本划分为等额股份，股东以其所持股份为限对公司承担责任，公司以其全部资产对公司债务承担责任并依《公司法》设立企业法人。其特征为：全部资本划分为等额股份；股东没有最高人数的限制；股东承担有限责任；是典型的资合性公司。具体表现为：

（1）股东人数具有广泛性。根据《公司法》第七十八条的要求，设立股份有限公司，应当有二人以上二百人以下为发起人，其中须有半数以上的发起人在中国境内有住所。

（2）股东的出资具有股份性。股份有限公司的全部资本划分为金额相等的股份，股份是构成公司资本的最小单位。

案例 3 - 10 **用友的案例**

北京用友软件股份有限公司，原是北京用友软件（集团）有限公司的5名股东，以发起设立的方式于1999年6月成立，经评估净资产7 500万元，折合7 500万股，按原持股比例分配给各股东。2001年经批准发行2 500万股，每股面值1元，发行价36元。发行后的注册资本10 000万元。

（3）股东责任具有有限性。股东对公司债务仅以其认购的股份为限承担责任，公司的债权人不得直接向公司股东提出清偿债务的要求。

（4）股份发行和转让的公开性、自由性。股份有限公司通常以发行股票的方式公开募集资金，且股票具有较高程度流通性，能自由转让和交易，此外还可申请在证券交易所挂牌上市交易。

（5）公司经营状况的公开性。公司的经营状况不仅要向股东公开，还必须向社会公开，以最大限度保护股东、债权人及社会公众利益。

（6）公司信用基础的资合性。股份有限公司的信用基础在于其公司资本和资产。股东只能以货币、实物出资，而不能以信用或劳务出资。

股份有限公司的设立方式分为发起设立和募集设立。发起设立是指由发起人认购公司应发行的全部股份而设立公司；募集设立是指由发起人认购公司应发行股份的一部分，其余部分向社会公开募集而设立公司。

根据《公司法》第七十六条规定设立股份有限公司必须具下列条件：

（1）发起人符合法定人数；

（2）有符合公司章程规定的全体发起人认购的股本总额或者募集的实收股本总额；

（3）股份发行、筹办事项符合法律规定；

（4）发动人制订公司章程，采用募集方式设立的经创立大会通过；

（5）有公司名称，建立符合股份有限公司要求的组织机构；

（6）有公司住所。

2. 上市公司

案例 3 - 11 **股份有限公司上市**

宏达网络股份有限公司是一家IT业的著名企业，发起设立注册资本4 000万元。公司开业1年来经营业绩节节攀升，为抓住机遇，扩大公司规模，公司董事会决定，向国务院授权部门及证券管理部门申请公司上市发行新股，拟发行新股总额为6 000万元，每股面额2元。

【问题】宏达网络股份有限公司申请公司上市及发行新股，能否获得批准，为什么？

所谓上市公司，是指所发行的股票经批准在证券交易所公开上市交易的股份有限公司。上市公司具有以下特征：①上市公司是股份有限公司的一种，集中体现在其很强的公开性；②上市公司的股票上市必须符合法定条件并经有关机关批准；③上市公司的股票在证券交易所上市交易。公开交易不等于上市，公开交易有不同的市场范围和交易方式，如证券市场有一级市场、二级市场、场外交易市场。

《中华人民共和国证券法》第五十条规定上市公司应具备的条件：①股票经国务院证券监督管理机构核准已公开发行；②公司股本总额不少于人民币 3 千万元；③公开发行的股份达公司股份总数的 25% 以上；公司股本总额超过人民币 4 亿元的，公开发行股份的比例为 10% 以上；④公司在最近 3 年内无重大违法行为，财务会计报告无虚假记载。

（三） 外国公司分支机构

案例 3－12 外国公司分支机构案

某国 A 电器公司依法在我国某省设立了一个商务办事处，指定中国公民杨某为该办事处负责人。办事处在经营过程中，由杨某经手，A 电器公司与我国 C 贸易公司签订一份购销合同。合同签订后，A 电器公司支付了部分预付款，C 贸易公司交货后，A 电器公司又支付了部分货款，但尚欠部分货款未清偿。后因 A 电器公司在其本土有违法行为，被其本国政府强制关闭，故在我国的办事处也不得不撤销。C 贸易公司得知 A 电器公司着手变卖办事处财产的情况后，立即向法院起诉，要求以办事处的财产偿还欠 C 贸易公司的货款，若办事处的财产不足以清偿债务，就由杨某承担连带责任。

【问题】本案中，C 贸易公司的主张是否能够得到法院的支持？

外国公司是指依外国法律在中国境外设立的公司，外国公司分支机构是外国公司依照中国法律在中国境内设立的分支机构。

外国公司在中国境内设立分支机构，必须向中国机关提出申请，提交其公司章程、所属国籍的公司登记证书等有关文件，领取中国公司登记机关发给的营业执照。外国公司分支机构是以营利为目的的经营机构，外国公司必须指定代表人或者代理人管理其在中国境内设立的分支机构，同时要拨付与其经营活动相适应的资金，其经营资金所属的最低限额由国务院另行规定。外国公司分支机构的名称应当标明其所属公司的国籍及责任形式，同时要将其公司章程置备于外国公司分支机构内。

外国公司分支机构是依中国法律设立的，其权益受中国法律保护，但是外国公司分支机构是外国公司在中国境内设立的分公司，它不同于外国投资者在中国境内设立的外商独资企业，外国公司分支机构不具有中国法人资格，而外商投资企业肯定是中国的法人，因此，外国公司分支机构在中国境内不能独立承担民事责任，因为它没有自己独立支配的财产，其经营活动所产生的民事责任由其所属的公司承担。

外国公司分支机构解散后未清偿全部债务之前，不得将财产转移至中国境外。

第二节　股东角色

案例 3 - 13 **保千里的财务危机**

保千里公司的主营业务为安防监控设备、夜视仪、商用液晶屏等高端视像产品的研发、生产和销售。

借壳 ST 中达上市后，ST 保千里开始了大规模的生态布局，通过大量对外投资、收购，向 VR、机器人、人工智能方向转型。2015 年 9 月，该公司披露了定增方案，计划融资 19.98 亿元，资金用于布局手机、汽车、云端大数据等在内的五个"智能硬件生态圈"项目。2016 年 7 月，该定增完成。此后，ST 保千里就在圈钱的路上狂奔。

2015 年该公司分两期实施员工持股计划，向包括总裁在内的 100 余名员工授予 4 984 万余股，合计融资约 4 亿元。2016 年，该公司又发行了 12 亿元公司债。此外，ST 保千里还通过贷款获得大量现金，只有 2017 年上半年借款渠道现金为负数。而对子公司担保，也是 ST 保千里一项重要的资金来源。在危机完全爆发前，ST 保千里共计融资达 100 亿元左右。这些资金的相当部分，被用于"生态"投资、对外收购。2017 年上半年，对外股权投资额达 19.9 亿元，合计金额近 42 亿元。

2017 年 10 月，保千里收到《股权司法冻结及司法划转通知》，通知显示，庄敏持有保千里的限售股 8.54 亿股（占保千里总股本的 35.07%）被司法冻结。庄敏股份被司法冻结源于一起股权转让合同纠纷，而这揭开了庄敏代持股份的内幕。

据保千里公告：2014 年 6 月，李绿华与庄敏签订《股权转让及代持协议》，协议约定，李绿华出资 9 000 万元收购保千里电子有限公司 6% 股权并委托庄敏代持；保千里借壳上市后，李绿华应持有保千里总股本的 3.68%。

"但原告（李绿华）发现，被告（庄敏）在未获得原告同意（甚至从未告知过原告）的情况下，将其持有的股票质押。截至目前，被告已质押的股份总数 84 548 万股，仅剩 9 386 093 股尚未质押。该行为使原告的权益受到严重损害，使得合同面临无法继续履行的巨大风险。"

汇丰银行深圳分行以"有权随时单方面取消借款人的授信、有权随时要求借款人立即偿还相关贷款"等理由，单方面冻结了保千里存放在平安银行深圳分行的非公开增发募集资金 7 272.8 万元。

汇丰银行冻结了保千里的增发募集资金之后，平安银行也有所反应，平安银行深圳分行出于控制自身的风险的考虑，被迫连带冻结了保千里部分资金及房产。

【问题】

（1）查阅相关资料，探讨保千里陷入危机的原因是什么。

（2）庄敏的做法侵犯了股东的什么权利？

一、股东权的本质

股东是对公司投资或基于继承、接受赠予等其他合法原因而拥有公司股权的利益主体。

关于股东权本质的争论由来已久，公司法传统理论几乎都是从传统民事权利范畴来解释股东权的本质。影响较大的主要学说有所有权说、债权说和社员权说。

所有权说认为股东权具有所有权的性质，即股东权是股东对公司享有的所有权。依该学说，公司是由全体股东共同出资设立的，所以股东对公司财产当然享有所有权，而股东会或股东大会是股东行使所有权的方法。[①]

债权说认为，从股东出资后，出资财产的所有权实际上已经转移到了公司。而股东持有股东权的最终目的是获取股利分配，股东权是一种请求权，其实质为民法中的债权，股票即是债权债务关系的凭证。[②]

社员权说由德国学者雷纳德首创，在德国、日本和我国有一定影响。该学说认为，股东出资创办社团法人的公司，成为该法人成员，因而取得社员权。因此，股东权是股东基于其在公司中的身份而享有的权利，因而属于社员权的一种，包括财产权和管理参与权。[③]

股东至上（shareholder perspective）是指公司的主要目标是实现股东财富最大化。这意味着从股东立场来看，公司的治理措施应当追求管理层与股东利益一致，从而减少代理成本，增加股东价值。

这一观点把公司治理问题过于简单化，由于股东本身并非是一个同质体，在构建公司治理结构方面，股东之间是存在分歧的。例如长期投资者与短期投资的股东是不同的。长期投资者比较能容忍收益的波动，而短期投资者会对收益和股价的最大化比较敏感。同时，股东的目标也会存在差异。有的股东关注公司的经济绩效，有的可能会关注特定的人群利益。

另外，股东也分为消极投资者（passive investors）和积极投资者（active investors），消极投资者对个体公司绩效与治理的关注较少。另一类是积极投资者，这些投资者在上市公司的证券交易中表现积极，关注特定公司的绩效。因此，积极管理者对于公司的管理会更为积极，如会关注管理层薪酬方案以及董事会成员。

正是因为股东群体的异质性问题，带来了股东之间的协调的困难。特别在影响管理层和董事会的问题上，不同投资期限、投资目标、积极程度等都会导致股东之间的观点难以达成一致。协调困境中还会因为"搭便车问题"（free rider problem）变得更为复杂。例如，机构投资者对损害公司经济利益的反收购保护等，股东都会分享这个行为带来的积极收益，但是只有激进的机构投资者承担了这些行为的成本。成本和收益的不对等导致了投资者缺乏投资热情，对改善公司治理方面的投入不足。

---

①②③　赵万一. 商法［M］. 北京：中国人民大学出版社，2006：92.

股东的类型具有多样性，类型不同则其行为和追求的内容不同。了解这一点很重要，它是公司治理制度安排和行为选择的定位基础。

二、股东的分类

　　按不同的标准，公司股东可以分类如下。

　　1. 隐名股东和显名股东

　　按出资的实际情况与登记记载是否一致，把公司股东分为隐名股东和显名股东。隐名股东是指虽然实际出资认缴、认购公司出资额或股份，但在公司章程、股东名册和工商登记等材料中却记载为他人的投资者，隐名股东又称为隐名投资人、实际出资人。显名股东是指正常状态下，出资情况与登记状态一致的股东。有时也指不实际出资，但接受隐名股东的委托，为隐名股东谋利益，在工商部门登记为股东的受托人。

　　2. 个人股东和机构股东

　　按股东主体身份不同，可分为机构股东和个人股东。机构股东指享有股东权的法人和其他组织。机构股东包括各类公司、各类全民和集体所有制企业、各类非营利法人和基金等机构和组织。个人股东是指一般的自然人股东。

　　3. 创始股东与一般股东

　　按获得股东资格时间和条件等不同，可分为创始股东与一般股东。创始股东是指为组织、设立公司、签署设立协议或者在公司章程上签字盖章，认缴出资，并对公司设立承担相应责任的人。创始股东也叫原始股东。 一般股东指因出资、继承、接受赠予而取得公司出资或者股权，并因而享有股东权利、承担股东义务的人。

　　4. 控股股东与非控股股东

　　以股东持股的数量与影响力来分，可分为控股股东与非控股股东。控股股东是公司治理的重要行为客体，由于它的存在，剥夺型公司治理问题凸显出来。关于控股股东，我国《公司法》第二百一十六条中的规定是：其出资额占有限责任公司资本总额50%以上或者其持有的股份占股份有限公司股本总额50%以上的股东；出资额或者持有股份的比例虽然不足50%，但依其出资额或者持有的股份所享有的表决权已足以对股东会、股东大会的决议产生重大影响的股东。与控股股东相关的有大股东、实际控制人和一致行动人。

　　大股东，一般指的是持有公司最大比例股本的股东，有的情况下也指任何持有较高比例（一般界限定为10%）股本的股东。

　　实际控制人，就是虽不一定是公司的控股股东，但通过投资关系、协议或者其他安排，能够实际支配公司行为的人。实际控制人是真正的控制公司的人，真正产生剥夺问题的往往是实际控制人。本书讨论剥夺型治理问题时，将治理对象称为控制股东，不产生混淆时并不区分控制股东与实际控制人。

　　一致行动人是指通过协议、合作、关联方关系等合法途径扩大其对一个上市公司股份的控制比例，或者巩固其对上市公司的控制地位，在行使上市公司表决权时采取相同意思表示的两个以上的自然人、法人或者其他组织。

5. 自然人股东和法人股东

自然人和法人对公司投资后，就对应有了自然人股东和法人股东的概念。

前者指符合国家法律的本国公民和具有外国国籍的个人。后者在我国包括企业法人（包括外资企业）、社团法人及各类投资基金组织和代表国家的投资机构。但不是所有的自然人和法人都可以成为股东，在中国的相关法律框架下有这些规定：国家公务人员不能成为有限责任公司的股东，不能成为股份有限公司的发起股东；企业法定代表人不得成为所任职企业投资设立的有限责任公司的股东；公司及其子公司不能成为自己公司的股东；会计师事务所、审计事务所、律师事务所和资产评估机构不得作为投资主体向其他行业投资设立公司；各类国家机关被禁止经商、办企业的，不能成为公司的发起人和股东；除经授权的专门机构外的国家党政机关不得投资设立公司。此外，商业银行也有严格的投资限制。世界范围看主要包括三大类法人股东：一是工商业公司法人股东，二是商业银行，三是非银行金融机构。在德国和日本模式中，三类法人股东并存但以前两类更多。在美国模式中，法人股东基本专指第三类。

6. 创始股东与非创始股东

前者为组织设立公司，在公司章程上签字盖章、缴纳出资，并对公司承担相应责任的股东。后者指在公司设立阶段和公司成立后认购或者受让公司股份的股东。参与公司创立活动的首批股东，是创始股东。非创始股东包括从创始股东手中通过转让、赠予、继承、法院强制执行等原因获得股份的继受股东，也包括因公司增资而认购新股成为的新股东。

创始股东间的冲突处理，是由合伙创业而来的公司，尤其是家族公司的重要治理课题。对于非创始股东，一个重要的治理课题是公司内部人的持股激励问题，以及公司再融资活动前后频发的掏空和支持问题。

7. 积极股东和消极股东

前者指以获得投资的长期收益为目的的投资者，因此这些投资者会关心公司的长期发展；后者指仅关注股票市场收益的交易者，他们只在乎短期投资收益，仅关注公司股价变动。

在20世纪30年代以后很长一段时间里，所有权和经营权分离程度很大，机构投资者公司治理参与的积极性不足。20世纪后期，随着机构投资者的迅速发展和更多股东对公司控制过程进行积极参与，公司治理压力在很大程度上得到缓解。

8. 流通股东与非流通股东

股权分置，将我国上市公司的股份分为两类，一类是可以上市流通的流通股，另一类是暂不上市流通的非流通股。

2004年开启的股权分置改革将中国股市向全流通方向引领。然而，股权分置所遗留下来的问题要清除还有待时日。特别是，股权分置形成的制度惯性和行为惯性、思维惯性，成为当前中国公司治理的重要前提条件，也是完善公司治理环境系统的核心任务。

无论如何划分，股东都具有资合性、有限责任性、平等性三点基本特征。公司制企业相对古典企业的人合的特点是，股东是因对公司的投资关系获得股权而建立起法律、经济上的关系。而股东资合的基础是由于有限责任制度对股东风险的降低。有限责任应该对应着有限权力，股东间的同股同权的平等性要求说明，应该对那些天然占据优势地位的股东加强制衡。

案例 3-14 ▶ 格力 2017 年不分红惹争议

2018 年 4 月 25 日晚间，格力电器发布 2017 年财报，同时发布了一份不分红的利润分配方案。此前市场曾预期格力电器有可能推出特别分红方案，但等来的却是一份不分红的方案，这是格力电器时隔 11 年来首次不派发现金红利，令投资者深感意外。

消息一出，格力电器便在二级市场遭遇重挫，盘中一度距离跌停只差 1 分钱，截至当日收盘，市值蒸发近 300 亿元。股价一向平稳的格力上一次跌停还要追溯至 2016 年 12 月 5 日，当时是由于前海人寿大举建仓，遭董明珠怒斥。最近 3 年，格力跌幅超过 5% 的交易日只有20 次，超过 8% 只有 8 次。

业绩这么好为什么不分红？格力在年报中解释称，公司预计未来在产能扩充及多元化拓展方面的资本性支出较大，为谋求公司长远发展及股东长期利益，公司需做好相应的资金储备。公司留存资金将用于生产基地建设、智慧工厂升级，以及智能装备、智能家电、集成电路等新产业的技术研发和市场推广。

格力电器零分红方案与投资者的预期大相径庭，股价遭遇重挫，并引发深交所的关注。4 月 26 日午间，深交所向格力电器发送了关注函，要求格力电器说明 2017 年度未进行现金分红的具体原因及合理性，是否符合公司章程规定的利润分配政策。关注函还要求格力电器说明 2017 年度及 2018 年至今投资者关系管理工作的开展情况，是否切实保护了中小投资者的利益。对此，格力深夜给深交所做出回复，称将尽快明确资金需求和现金流测算，充分考虑投资者诉求，进行 2018 年度中期分红，分红金额届时依据公司资金情况确定。

格力像此番没有分红计划实属少见，从 1996 年上市算起，这是 22 年以来第三次未分红，之前两次发生在 1998 年和 2007 年。

2016 年时，格力曾派发了 108.28 亿元的现金红包，创下历史新高，翻看往年的财报发现，格力电器 22 年来分红 19 次，累计 417.92 亿元，分红率高达 40.96%。

尤其是 2015 年和 2016 年，均拿出了属于上市公司股东的超 70% 净利润进行分红。所以，突然间毫无预警的不分红，股民一时难以接受。

【问题】

(1) 查阅相关资料，分析格力股利政策变化的原因是什么？

(2) 查阅相关资料，思考格力不分红会给股东带来什么影响？

(3) 从公司治理的角度看，你认为格力电器应该怎样做？

第三节　股东的权利与义务

公司治理是维护股东利益的制度安排；股东权益是分析公司治理的逻辑起点。在有关公司治理的争论当中，处于主导地位的是股东理论和利益相关者理论。不管这两个争论最终走向何方，来自股东的压力从来都是改善公司治理的动力。股东及其权力的保障，是公司治理的基本目标之一。股东权益是通过股东大会制度和股东诉讼权制度来实现的。

（1）股东可通过股东大会的议事、表决制度维护自己权益；

（2）当股东尤其是中小股东权益受到侵害时，股东可提起诉讼，实施事后救济措施。

一、股东的权利

（一）股东权利的定义

股东权利（shareholders rights），是指在按《公司法》注册的企业中，企业财产的一个或多个权益所有者拥有哪些权利和按什么方式、程序来行使权利。相对于所有权、产权、出资人权利，股东权利是最清楚、明确的权利。股权是基于股东出资而享有的权利，主要包括股份转让权、优先认股权、投资收益权、出资股东会和投票表决权、质询权、选举权、知情和检查权、投诉权以及分配剩余财产权等几个方面内容。

股东权利是股东个人财产权中分离出法人财产权后剩余的权利。当个人财产变为股本后，它就与公司其他资本共同成了法人资产。因而，股东的投资活动就是一项产权分割或称产权分离活动，大体上，股东保留了价值形态上的用益权，法人获得了对资产实物的占有权、使用权和处分权。股东获得投资收益的权利，是产权分割后留给股东的产权内容。由于契约的不完备性，这样的分割也不可能是完备的，在对资本的使用和处分的权利中，股东仍会保留一定的剩余控制权。所以，股东对其收益保护的权利的本质是产权分割后留给股东的剩余控制权。

股东权益：权益是当事人依法享有的权力和利益。权益的存在要以向公司提供资产为基础。投入公司的资产与公司原有的资本融为一体，形成公司的法人资本，由公司占有和使用。投资者将资产投入公司之后，就成为公司的股东，随之也就不再拥有原来意义上的财产所有权，而代之以不能将资本撤回的投资者所有权，也就是股东权益。

（二）股东权利的分类

股东权利是由法律规定的，所以在不同的国家，股东权利可能会有所差别；即使在同一个国家，不同类型公司的股东权利也不一样。在中国，法律规定股份有限公司的股东可通过股东大会"决定公司的经营方针和投资计划"；而在美国，法律规定开放型公司（相当于中国的股份有限公司）的股东权利基本上限于投票选举董事和调整资本结构等事项。采用不同的分类方式，股东权利分为不同的类型。

1. **按照其行使的目的，可以分为自益权和共益权**

这也是公司法理论对股东权最基本的分类。自益权：不需要借助他人就可以实现的，比如分红权、盈余分配权等，属于法定权力；共益权：权利的行使需要借助于其他人的意志来实现，比如选举董事的权利，参与公司决策的权利、知悉权等，属于章定权益。

自益权是指股东以从公司获取经济利益为目的的权利或者股东以自己的利益为目的而行使的权利。自益权包括股利分配请求权、剩余财产分配请求权、新股认购优先权、股份买取请求权、股份转换请求权、股份转让权、股票交付请求权、股东名义更换请求权和无记名股份向记名股份的转换请求权等。

共益权是指股东以参与公司的经营为目的的权利或者股东为自己利益的同时兼为公司利益而行使的权利。共益权包括表决权、代表诉讼提起权、股东大会召集请求权和召集权、提案权、质询权、股东大会决议撤销诉权、股东大会决议无效确认诉权、累积投票权、新股发行停止请求权、新股发行无效诉权、公司设立无效诉权、公司合并无效诉权、会计文件查阅权、会计账簿查阅权、检查入选人请求权、董事监事和清算人解任请求权、董事会违法行为制止请求权、公司解散请求和公司重整请求权等。

自益权主要是财产权，共益权主要是参与公司经营管理的权利。

2. **按照股东权益来源，可以分为固有权和非固有权，也可称为法定股东权益与章定股东权益**

（1）法定股东权益：公司法等法律、法规明确授予股东的，公司章程不得剥夺的权益，体现来自国家的保护；指除非得到股东的同意，不得以章程或者股东会决议予以剥夺或者限制的权利，它又叫不可剥夺权。

（2）章定股东权益：由公司章程和股东会议规定的股东权益，是公司的自我保护机制。公司股东可以通过公司章程来规定股东所享有的权益。

非固有权是指可以依照章程或者股东会决议予以限制或者剥夺的权利，又称为可剥夺权。固有权往往是和股东的基本权益相关的权利，如对股份和出资的所有权，普通股的表决权，因而，这类权利常常由公司法或者商法加以明确规定，以强行法形式赋予股东。

3. **按照股东权的行使方式，可以分为单独股东权和少数股东权**

单独股东权是指股东自己就可以行使的权利，自益权和共益权的表决权都是单独股东权。少数股东权是指须持有公司一定比例的股份才可以行使的权利，《公司法》第三十九条规定只有持有公司股份十分之一以上有表决权的股东才享有临时股东会召集的请求权。行使少数股东权的，既可以是股东一人亦可以是数人共同去做。法律设置少数股东权的目的在于防止股份多数决的滥用，保护中小股东。

4. **按照行使的主体，可以分为一般股东权和特别股东权**

一般股东权是指普通股股东的权利，特别股东权是指专属于特定股东的权利，比如发起人股东和优先股股东等。

（1）普通股股东的权利。

普通股股东权益包括：一是剩余收益请求权和剩余财产清偿权；二是监督决策权；三是优先认股权；四是股票转让权。

普通股是股份公司发行的无特别权利的股份，也是基本的、标准的股份。一般情况下，股份公司只发行一种普通股，所有的普通股股东都享有同样的权利和义务。普通股股票的票面价值是股票票面表明的金额，其大小通常由公司章程规定。票面价值的主要作用是确定每股股票占公司股本总额的比例。我国法律规定，股票必须有票面金额，不允许公司发行无面额股票。

①剩余收益请求权和剩余财产清偿权。剩余收益请求权亦称剩余求偿权，即在公司持续经营的条件下，公司投资者按照其出资比例从公司获得投资收益的权利。须在所有其他生产要素提供者（包括公司的供应商、债权人、员工、经营者等）的收益请求权以及国家的税收要求得到满足之后才能实现，是公司经营收益被所有其他利益相关者分割完毕后剩余的部分。

在公司因故解散清算的条件下，普通股股东有权按照其出资比例分得公司的剩余财产。同样，这种清偿权也是要在所有其他有关人员的清偿要求得到满足之后才能实现，故称为剩余财产清偿权。正是由于普通股股东的剩余收益请求权和剩余财产清偿权的特征，加大了投资的风险，普通股股东必然要求较高的报酬率。所以，普通股的资本成本一般是高的。

②监督决策权。由于普通股股东享有公司剩余收益请求权，其投资收益的高低完全取决于公司经营业绩的好坏，是公司经营风险的主要承担者。因此，他们必然要拥有对公司重大经济行为的监督权和决策参与权。这种监督权和决策参与权是多方面的，包括对选举公司董事、公司利润分配、公司合并分立等重大事项依其持有的股份行使表决权，是普通股股东"用手投票"的途径和体现。

③优先认股权。这方面的权利主要体现为在公司增发新股时，普通股股东有权按其持股比例优先认购一定比例的新股。普通股股东的这种优先认股权，主要是为了在公司扩股时使他们有机会保持自己对公司的控股比例不受侵害，即不稀释控制权。当然，普通股股东可以根据自己的意愿转让甚至放弃这一权利。

④股票转让权。公司的股东有权按照自己的意愿随时转让手中的公司股票。其中，上市公司的普通股股东可以在证券交易所进行转让，而非上市公司的股东只能在场外交易市场上转让手中的股票。转让股票是普通股股东"用脚投票"的途径和体现。

有限责任公司中股东之间可以相互转让股权，章程有规定的从其规定。股东向股东以外的转让股权，应当经其他股东过半数同意。接到转让的书面通知后30日内未答复的，视为同意转让。其他股东半数以上不同意转让的，不同意的股东应当购买该转让的股权；不购买的视为同意转让。经股东同意转让的股权，在同等条件下其他股东有优先购买权。两个以上股东主张行使优先购买权的，协商不成则按转让时各自的出资比例行使优先购买权。章程有规定的从其规定。因强制执行引起的股权转让，应当通知公司及全体股东，其他股东在同等条件下有优先购买权，但自法院通知之日起20日不行使则视为放弃优先购买权。

（2）优先股股东的权利。

优先股股东权益的根本特征在于优先股股东在公司收益分配和财产清算方面比普通股股东享有优先权。与这种优先权相伴随的是，优先股股东一般不享有股东大会投票权。

我国各公司发行的都是不可赎回的、记名的、有面值的普通股，只有少数公司过去按照当时规定发行了一些优先股。优先股这种融资工具在我国证券市场上还有很大的发展空间。优先股是不同于普通股的一种股票类型。优先股制度是有关优先股的一系列规范安排。一方面，优先股的根本特征在于优先股股东在公司收益分配和财产清算方面比普通股股东享有优先权。与这种优先权相伴随的是，优先股股东一般不享有股东大会投票权。从公司资本结构上看，优先股属于公司的权益资本，是介于公司债和普通股之间的一种筹资工具。优先股股东对公司的投资在公司成立后不得抽回，其投资收益从公司的税后利润中提取，在公司清算时其公司财产的要求权也排在公司债权人之后，这些都表现出了优先股的股票性质。另一方面，与普通股相比，优先股股东在利润分配和财产清算方面又优于普通股股东。在利润分配方面，公司要在支付了优先股股利之后才能向普通股股东支付股利。当公司因故解散清算时，在偿清全部债务和清算费用之后，优先股股东按照股票面值先于普通股股东分配公司的剩余财产。这些优于普通股的权利使优先股又具有一定的公司债的性质。优先股的权利主要包括以下几个方面：

①利润分配权。优先股股东在利润分配上有优于普通股股东的权利。在利润分配方面，公司要在支付了优先股股利之后才能向普通股股东支付股利。其中，优先股股利通常是按照面值的固定比例支付的，无特殊情况不随公司的经营业绩的波动而波动。一些国家的股份公司章程规定，在公司未发放优先股股利之前，不得发放普通股股利。有时，为了保护优先股股东的权利，公司还规定某些特殊情况下不得发放普通股股利。例如，有些公司规定，当流动比率低于某一临界水平时，不得发放普通股股利，以使公司保留较多的经营资金。

②剩余财产清偿权。当公司因经营不善而破产时，在偿还全部债务和清理费用之后，如有剩余财产，优先股股东有权按票面价值优先于普通股股东得到清偿。

③管理权。优先股股东的管理权是有严格限制的。通常，在公司的股东大会上，优先股股东没有表决权。但是，当公司研究与优先股有关的问题时有权参加表决。当然，有表决权的优先股股东有权参与公司的管理，能够参加股东大会并选举董事，但是这种优先股在实践中并不多见。

二、股东的义务

权利和义务总是相对的，股东享有权利，也要承担义务。股东的义务主要包括缴纳股款、对公司承担有限责任这两方面的内容。

（一）出资义务

股东应当按期足额缴纳公司章程中规定的各自所认缴的出资额。股东以货币出资的，应当将货币出资足额存入有限责任公司在银行开设的账户；以非货币财产出资的，应当依法办理其财产权的转移手续。股东不按照前款规定缴纳出资的，除应当向公司足额缴纳外，还应当向已按期足额缴纳出资的股东承担违约责任。公司成立后，股东不得抽逃出资。

（二）权利不得滥用

公司股东应当遵守法律、行政法规和公司章程，依法行使股东权利，不得滥用股东权利损害公司或者其他股东的利益；不得滥用公司法人独立地位和股东有限责任损害公司债权人的利益。公司的控股股东、实际控制人、董事、监事、高级治理人员不得利用其关联关系损害公司利益，否则，可以"揭开公司的面纱"。其中公司面纱（corporate veil）即公司作为法人必须以其全部财产独立地对其法律行为和债务承担责任，公司的股东以其出资额为限对公司承担有限责任。公司与其股东具有相互独立的人格，当公司资产不足偿付其债务时，法律不能透过公司这层"面纱"要求股东承担责任。

第四节 股东会（股东大会）

一、股东会（股东大会）的定义和特征

股东会（股东大会）是指由全体股东组成的、行使股东权利的组织，是公司的权力机构，行使决定公司重大问题的权力，决定公司关于合并、分立、解散、年度决算、利润分配、董事会成员等重大事项。

（1）股东会（股东大会）由全体股东组成：公司的股东是公司股东会（股东大会）的当然成员，任何一名股东都有权出席股东大会会议。

（2）股东会（股东大会）是公司的最高权力机构：股东大会是股东发表意见、争取自己权利实施的一个主要渠道。但股东大会不对外代表公司进行活动。

（3）股东会（股东大会）是公司必设机构：只有在特殊情况下，才可以不设股东会（股东大会），如我国国有独资公司不设立股东会，由国有资产监督管理机构行使股东会职权。

（4）股东会（股东大会）是非常设机构：只是年度定期或在公司有重大问题时才召集，无常设必要。

股东会（股东大会）是股东争取自身权利、发表个人意见、听取公司经营状况报告等信息的主要渠道，也是公司治理的重要组成部分。股东会（股东大会）的基本形式和运作机制在公司间存在着一定的差别，但是从总体上看却存在着很多共性，都必须遵守《公司法》的

相应规定。

股东会（股东大会）是公司的权力机构，股东会（股东大会）按照股东持有的股份进行表决。公司设立的董事会是公司的决策机构。

二、股东会（股东大会）的会议制度

（一）会议方式

由于股东会（股东大会）是由全体股东组成的，而股东会（股东大会）作为最高权力机构必须形成自己的意志，所以股东会（股东大会）只能通过会议的方式来形成决议，以此行使股东对于公司的控制权。但股东会与股东会会议是不同的两个概念，股东会是指公司的组织机构，而股东会会议是指股东会的工作方式，是股东会为了解决公司的问题，依据《公司法》或者公司的章程而召开的会议。股东会（股东大会）的会议方式一般分为定期会议和临时会议两类。

1. 定期会议

定期会议，有的也称为普通会议、股东会议、股东年会，是指依据法律或者公司章程的规定，在一定时间内必须召开的股东会议。定期会议每两次会议之间有最长的时间期限，各国对此的规定有所不同。

我国现行的《公司法》对于有限责任公司和股份有限公司的股东会定期会议分别做出了规定，第三十九条规定有限责任公司的股东会会议分为定期会议和临时会议，定期会议应当按照公司章程的规定按时召开；第一百条规定股份有限公司股东大会应当每年召开一次年会。

2. 临时会议

股东临时会议，也称为特别会议，是指在必要的时候，根据法定事由或者根据有权人员的提议而临时召开的股东会会议，是相对于定期会议而言的。

我国现行《公司法》第三十九条规定以下的情况下，要召开临时股东会会议：代表十分之一以上表决权的股东，三分之一以上的董事，监事会或者不设监事会的公司的监事提议召开临时会议的，应当召开临时会议。第一百条规定了六种情形之一的，应当在两个月内召开临时股东大会。

（二）股东会（股东大会）的召集

1. 会议的召集人

股东会（股东大会）是由所有股东组成的，当股东会要开会时需要有人来进行召集，我国现行《公司法》第四十条规定：有限责任公司设立董事会的，股东会会议由董事会召集，董事长主持；董事长不能履行职务或者不履行职务的，由副董事长主持；副董事长不能履行职务或者不履行职务的,由半数以上董事共同推举一名董事主持。不设董事会的,股东会会议由执行董事召集和主持。董事会或者执行董事不能履行或者不履行召集股东会会议职责的,由监事会或者不设监事会的公司的监事召集和主持;监事会或者监事不召集和主持的,代表十分之一以上表决权的股东可以自行召集和主持。

对于股份有限责任公司,我国现行《公司法》第一百零一条规定:股东大会会议由董事会召集,董事长主持;董事长不能履行职务或者不履行职务的,由副董事长主持;副董事长不能履行职务或者不履行职务的,由半数以上董事共同推举一名董事主持。董事会不能履行或者不履行召集股东大会会议职责的,监事会应当及时召集和主持;监事会不召集和主持的,连续九十日以上单独或者合计持有公司百分之十以上股份的股东可以自行召集和主持。

2. 召集通知和时间

股东会(股东大会)是由全体股东组成的,所以召开股东会时,要进行通知,这样才可能保证股东知情并来参加会议。我国现行《公司法》第四十一条规定:召开股东会会议,应当于会议召开十五日以前通知全体股东;但是,公司章程另有规定或者全体股东另有约定的除外。第九十条规定,发起人应当在创立大会召开十五日前将会议日期通知各认股人或者予以公告。

(三) 股东会 (股东大会) 的议事规则

股东会(股东大会)作为公司的最高权力机构,其行使权利是通过股东会会议来行使的,股东会会议对于公司来说是很重要的,股东会会议的召开要有一定的议事规则,主要包括:

1. 股东的出席率

股东的出席率就是指出席股东会会议的股东占全体股东的百分比。法律为了保护广大小股东的利益,避免大的股东运用自己对公司的控制优势来损害中小股东的利益,规定股东会会议必须有一定比例的股东出席才能召开,通过的决议才能合法有效。对于股东出席率,我国现有的《公司法》第九十条规定,创立大会应有代表股份总数过半数的发起人、认股人出席,方可举行。

2. 表决要求

一项决议的通过要经过股东会会议的表决,而在表决时一般都要求经过出席会议的多数表决权通过,学界称此为"多数决规则"。多数决规则又可以分为简单多数和绝对多数。简单多数是指一项事件的通过只需要简单的多数,即二分之一通过就可;而绝对多数是指一项事件在表决通过时,要求绝对多数(三分之二)同意才能通过。我国现行《公司法》中对此有明确的规定。

我国现行《公司法》第四十三条第二款规定:股东会会议做出修改公司章程、增加或者减少注册资本的决议,以及公司合并、分立、解散或者变更公司形式的决议,必须经代表三分之二以上表决权的股东通过。该条第一款的规定是:股东会的议事方式和表决程序,除本法有规定的外,由公司章程规定。由此可以看出我国的《公司法》对一般决议的表决要求的规定不是很严格,给予公司自己去解决的自由。

中国证监会 2006 年 8 月在对甲上市公司（以下简称"甲公司"）进行例行检查中，发现以下事实：（1）2006 年 2 月，甲公司拟为控股股东 A 企业 2 000 万元的银行贷款提供担保。甲公司股东大会对该项担保进行表决时，出席股东大会的股东所持的表决权总数为 15 000 万股，其中包括 A 企业所持的 6 000 万股。A 企业未参与表决，其他股东的赞成票为 5 000 万股，反对票为 4 000 万股。（2）2006 年 3 月，甲公司拟为乙公司 2 亿元的银行贷款提供担保，该担保数额达到了甲公司资产总额的 35%。甲公司股东大会对该项担保进行表决时，出席股东大会的股东所持的表决权总数为 15 000 万股，表决结果为赞成票 9 000 万股，反对票 6 000 万股。

对于事实（1），甲公司股东大会可以通过该担保事项。根据《公司法》规定，上市公司股东大会在审议为股东提供的担保议案时，该股东不得参与该项表决，该项表决由出席股东大会的其他股东所持表决权的半数以上通过。在该项中，接受担保的 A 企业未参与该项表决，该项表决由出席股东大会的其他股东所持表决权（9 000 万股）的半数以上通过。

对于事实（2），甲公司股东大会不能通过该担保事项。根据《公司法》规定，上市公司在 1 年内购买、出售重大资产或者担保金额超过公司资产总额 30% 的，应当由股东大会做出决议，并经出席会议的股东所持表决权的三分之二以上通过。在该项中，该项担保未经出席会议的股东所持表决权（15 000 万股）的三分之二以上通过。

现行《公司法》的第一百零三条规定，股东大会做出决议，必须经出席会议的股东所持表决权过半数通过。但是，股东大会做出修改公司章程、增加或者减少注册资本的决议，以及公司合并、分立、解散或者变更公司形式的决议，必须经出席会议的股东所持表决权的三分之二以上通过。

3. 表决方式

根据我国现行《公司法》第四十二条的规定：股东会会议由股东按照出资比例行使表决权；但是，公司章程另有规定的除外。对于表决方式，我国现行的《公司法》对表决方式的规定较为灵活，给予了充分自由。股东表决权行使的方式有：①本人投票制与委托投票制；②现场投票制与通讯投票制；③直接投票制与累积投票制。

累积投票制是股东可将所有的票数累积，合并投到某候选人名下，以得票数额决定当选与否。如：某公司股东甲和乙，分别持有股份 2 600 万和 7 400 万，现在要选举 3 名董事组成董事会，如以直接投票法投票，可能的结果是，甲推选的候选人（a/b/c）分别得票 2600万，乙推选的候选人（d/e/f），分别得票 7 400 万。乙的候选人当选。如累积投票，则甲可将其票数累积（3×2 600），集中在一个候选人（a）身上，（a）可得到一席。

对于股份有限公司，我国现行《公司法》第一百零三条规定，股东出席股东大会会议，所持每一股份有一表决权。但是，公司持有的本公司股份没有表决权。第一百零五条规定，股东大会选举董事、监事，可以依照公司章程的规定或者股东大会的决议，实行累积投票制。第一百零六条规定股东可以委托代理人出席股东大会会议，代理人在授权范围内行使表决权。

4. 会议记录

现行《公司法》第四十一条第二款规定，有限责任公司的股东会应当对所议事项的决定作成会议记录，出席会议的股东应当在会议记录上签名。

现行《公司法》第一百零七条规定，股份有限公司的股东大会应当对所议事项的决定作成会议记录，主持人、出席会议的董事应当在会议记录上签名。会议记录应当与出席股东的签名册及代理出席的委托书一并保存。

（四） 股东会 （股东大会） 的权利

1. 决定审议和批准报告的事项

股东会（股东大会）要对董事和监事提交的报告进行审议和批准，包括：董事在公司亏损额达资本总额的三分之一时所做的报告、对于公司债券的募集原因和募集结果所做的报告；监事对财务表册的核对报告、对公司清算的检查报告等。

2. 法定做出决议的事项

第一，关于一般事项：对于董事、监事、清算人的选任、解聘及报酬的决议；对于董事所编制的会计表册、清算人所提交的各项表册是否通过的决议；对于分配盈余及股利、补选改选董事、监事的决议。

第二，关于特别事项：关于缔结、终止、变更有关出租、委托经营和联营的合同；公司财产的转让、受让；发行新股；变更公司章程或增减公司资本；公司的解散合并和分立等对公司有重大影响的事项。

我国《公司法》规定，公司在出现以下法定事由时应当在 2 个月内召开股东大会：①董事人数不足本法规定或章程规定的人数的三分之二；②持股 10% 以上股东要求；③未弥补的亏损达实收股本总额三分之一；④董事会认为必要时；⑤监事会提议召开。

股东大会由董事会召集、董事长主持；董事会不能或不履行召集股东大会职责的，由监事会召集；监事会不能或不履行召集职责的，可由连续 90 日以上单独或合计持有公司 10% 以上股份的股东自行召集和主持（见表 3 - 2）。

表 3 - 2　股东大会类型比较

股东大会类型	普通股东会议	非常股东会议
召开频度	一次/日历年度（有一定弹性，通常不超过 15 个月）	非定期；临时急需
召开条件	法定	董事会认为必要时召开； 监事会提议召开； 单独或合计持有 10% 以上股份股东请求召开； 法院主持召开或介入
会议议题	公司的年度财务预算、决算；公布股息；听取和审议董事、监事的年度报告；重新任命监事，讨论决定监事的年薪；补充或罢免董事等	普通股东会议以外的

（五）股东会议的表决制度

股东会议的决议是通过一定的表决制度形成的，所以，某种决议能否获得通过以及通过的决议是否科学、正确，关键取决于股东会议表决制度的选择与安排。股东会议的表决制度通常有三种：

1. 举手表决制

股东会议议案的表决在多数情况下是采用一人一票的举手表决制，获多数票的议案得以通过。举手表决制又称按人头表决，与股权的占有状态没有联系，就是说不论股本的持有量是多少，一律一人一票。采用这一表决制度，委托投票的受托人不论其受托的票数有多少，也只能投一票。举手表决制将股权的多少与议案的表决割裂开来，弱化了大股东的表决权限，加之受从众心理的影响，其表决结果一方面有悖于公平、公正、公开的投资原则，另一方面也未必能够准确地反映广大股东们的真正意向。举手表决制的优点是操作简便、节省时间，所以，只适用于那些无关宏旨的象征性表决，或比较琐碎，不大容易引起争议的议案。但是，有些议案看似简单，在付诸表决时却极易引起争议。有争议的举手表决议案经某些股东提议后，可以通过投票表决方式重新审议。如果董事会所提议案被举手表决制否决，董事会成员或会议执行主席可以要求以投票表决方式重新议定。采用举手表决制值得注意的一个倾向是，在多数情况下，对某项议案持反对意见的股东往往容易亲身莅会，因而采用举手表决制议案被否决的可能性不可低估。所以，随举手表决制而来的另一个很重要的问题，就是如何确定以投票表决方式复议业已被举手表决通过或否决的议案。一般说来，会议执行主席所提出的复议要求是具备法律效力的。这主要是突出董事会在股东会议决策过程中的作用，使董事们能有更多的机会按自己的意愿以投票表决的方式，充分行使投票表决权。一般股东提出的复议要求，一方面要求复议的人（仅限于有表决权的股东）不能太少，另一方面要求复议的股东股本比例也不能太低。这样做一方面是为了保护少数持不同意见股东的投资权益，使他们有机会充分行使投票表决权；另一方面也会遏制大股东的控股位势。譬如为简化起见，假设某公司只有 5 个股东，采用举手表决制表决时，4 个持股量仅为一股的股东纷纷举手附议，唯有持股量为 96 股的、绝对控股的大股东持反对意见，这样，尽管大股东持不同意见并提出以投票表决重新复议的要求，但是，他的复议要求（因为附议股东只有 1 人）是无效的，而举手通过的决议仍然是有效的。但是，应当再强调一遍，会议执行主席所提出的复议要求往往是有效的。复议要求生效后由会议执行主席决定在何时、何地再进行投票表决。在有些情况下投票复议是当即进行，但投票结果的统计和验证要占用一些时间，因而会期会略有延长；在有些情况下，会议执行主席也可以宣布投票表决向后顺延进行；在多数情况下是投票表决如期进行，但投票结果却在休会后的某一日公之于众。

2. 投票表决制

投票表决制可细划为两种，一种是法定表决制度，一种是累加表决制度。法定表决制度是指当股东行使投票表决权力时，必须将与持股数目相对应的表决票数等额地投向他所同意或否决的议案。譬如某股东的持股量为 100 股，表决的议题是选举 5 个董事。法定表决制度规定，一股股票享有一票表决权，有效表决票数等于持股数目与法定董事人选的乘积，这样，该股东的有效表决票数就等于 500（100×5），该股东必须将有效表决总票数分成 5 份等额地投向他所选定的每一董事，即他所选定的每一董事都从他那里获得 100 张选票。这种表决制度对控股的大股东绝对有利。头号股东的持股比例一旦达到 50% 以上，便可绝对操纵董事人选，便可绝对控制某项议案的通过和否决权，其他股东不论其持股比例高低都只能任由头号股东摆布。当然，在股本分散的条件下持股比例低于 50% 也可形成控股位势。正是因为这一点有人提出，我国在构造现代股份公司过程中可适当降低国有资产构成比重。降低国有资产构成比重在我国目前的股份公司改造中已经不乏可操作的实例。虽然在实践中具有一定的可行性，但是在理论上将立足点建立在法定表决制度基础之上，却会产生许多问题。第一，国有资产构成比重反映的是所有制性质，而控股位势反映的是参与管理的程度，二者不能混为一谈。第二，随股权易手，各产权主体的持股比例必将发生变化，持股价位势如水上浮萍。当然，解决这一问题也可采取限制持股比例或交易的措施，但随之而来的问题是，股票市场竞争不充分，股价扭曲，以致影响证券市场的正常运作。第三，法定表决制度对大股东有利，对中小股东不利，因而以此为立足点试图降低国有资产构成比重只会强化国家对股份公司的控制作用，越发难以实现"政企分离"和"两权分离"。

累加表决制度与法定表决制度既有相同之处，也有不同之处。相同之处在于，二者都规定：一股股票享有一票表决权；有效表决总票数等于持股数目与法定董事人选的乘积。不同之处在于，在累加表决制度中，股东可以将有效表决总票数以任何组合方式投向他所同意或否决的议案。仍以在法定表决制度中选举董事的数据为例，在累加表决制度中，该股东的有效表决总票数也是 500，但他可以任何组合方式将有效表决总票数投向他所选定的董事，譬如将 500 票一并投在一个董事的名下，以 400 票和 100 票的组合方式投在两个董事的名下，以 300、50、50、50、50 票的组合方式投在五个董事的名下等等。与法定表决制度相比，累加表决制度既可以充分调动中小股东行使投票表决权的积极性，并在董事会中谋得一个或几个董事席位，借以提高自己在公司决策过程中的影响力，提高公司决策民主化的程度，同时也可以降低大股东的控股位势，弱化其在股东会议决策过程中的控制和干预作用。

在欧洲，法定表决制度占主导地位。在北美，法定表决制度和累加表决制度并存，但大公司多半采取累加表决制度，累加表决制度呈渐次流行的趋势，有些股票交易所甚至规定，采用法定表决制度公司的股票不得公开上市交易。对我国而言，一方面，累加表决制度确有许多长处，代表着股东会议表决制度未来的发展方向；另一方面，在我国的股份公司中个人股所占比重低、股本比较分散，而国有股持股比例高，呈绝对控股的位势，所以，我国股份公司的股东会议应采用累加表决制度。

3. 代理投票制

代理投票制是现代股份公司会议表决的一个重要组成部分。按常规，参加会议或投票表决必须本人亲自完成，但是，由股东委托代理人代为投票，长期以来在全世界范围内一直是各公司所认定和遵从的投票表决习惯。早期的代理投票大多是股东间相互委托，而且许多公司的章程中都规定，这种委托只能发生在本公司的股东间，就是说代理人也必须是本公司的股东。股东间的相互委托有两个局限性：第一，早期的公司股本比较集中，股东人数少，加之股本的分布带有明显的地域色彩，所以就活动空间范围而言并不存在相互间的委托障碍。但是，随着生产集中程度的不断提高，公司的规模越来越大，股本越来越分散，股东也越来越多，股东间的相互委托已经越来越困难。第二，当大多数股东对会议议案持赞同态度时，少数持反对意见的股东很难找到"志同道合"的代理人。所以，股东间的相互委托逐步地落在了时代的后面，而董事会却逐渐成为不愿莅会的股东们行使投票表决权的委托代理人。股东们委托董事会行使表决权的凭证是委托书。委托书通常由董事会连同会议通知书一并寄出，上面附有回复的地址并加盖邮资已付的邮戳，其费用由公司支付。西欧国家召开股东会议的日期刚性较大，所以委托书必须于会议召开之前寄回，以便确认委托书的有效性。而在美国，召开股东会议的日期具有一定的弹性，在很多情形下董事会为了获得足够多的委托支持票，常常将股东会议拖延几日召开。代理投票制貌似民主、公允，但在实际操作过程中一方面存在着许多欺诈现象，另一方面也会强化董事会的独裁作用。有鉴于此，英国许多股票交易所规定，上市公司寄发的委托书必须采取双项选择制。所谓"双项选择"制是指股东既可以委托董事会对某项议案投赞成票，也可以对该项议案投反对票，而不是像最初的代理投票制那样实行"单项选择"，即只有当股东们附议董事会的提议时才委托董事会行使投票表决权。双项选择制限制了董事会在股东会议决议形成过程中的控制作用，使股东会议的终极控制权限有所加强，对于调动中小股东积极行使投票表决权具有重要作用。但是，双项选择制对于削弱董事会的控制位势只能起到一部分作用。原因是会议通知、会议说明等准备文件均出自于董事之手，他们处于"先发制人"的有利地位。尽管委托书采用双项选择制，但股东们都是在看了会议准备文件，即接受了董事们的影响甚至是"蛊惑"以后，才确定选择意向和填写委托书的，因而，往往是附议董事提议的人多，反对董事提议的人少。另外，先入为主，容易形成一种定势，持反对意见的股东即使观点正确，但由于孤掌难鸣也难成"大器"。

第五节　股东结构

所谓股权结构（ownership stucture）是指公司股份总额的内部构成，即构成股份公司中各主体股份的多少、占公司股份总体的比例及股份的性质等股权特征。

股权结构是公司治理机制的基础，它决定了股东结构、股权集中程度以及大股东身份，股权结构的不同导致股东行使权力的方式和效果有较大的区别，进而对公司治理模式的形成、运作及绩效有较大影响，换句话说股权结构对公司治理中的内部治理机制直接发生作用；同时，股权结构一方面在很大程度上受公司外部治理机制的影响，反过来，股权结构也对外部治理机制产生间接作用。

在控制权可竞争的股权结构模式中，剩余控制权和剩余索取权相互匹配，大股东就有动力去向经理层施加压力，促使其为实现公司价值最大化而努力；而在控制权不可竞争的股权结构模式中，剩余控制权和剩余索取权不相匹配，控股股东手中掌握的是廉价投标，它既无压力也无动力去实施监控，而只会利用手中的权力去实现自己的私利。所以对一个股份制公司而言，不同的股权结构决定着股东是否能够积极主动地去实施其权利和承担其义务。

一、股权集中度

如前所述，委托代理模型的局限性在于假设的上市公司所有权与控制权相互分离。这种假设的结果导致委托代理模型重点研究的是经理人与股东之间的利益冲突。相对于经理人与股东之间的利益冲突，大股东与小股东之间的利益冲突更加常见。

股权集中度（concentration ratio of share，CR）是指第一大股东所持有的股份与后面几个股东（$n = 1 \sim 5$）的持有股份之和的比值关系：$CR = \dfrac{第一大股东持有的股份}{后面几个股东的持有股份之和}$。若 CR > 1，股份集中，证明第一大股东具有控制权；CR < 1，股份较为分散，证明第一大股东的控制权不稳定，有可能遭到其他股东的联合抵制。股权集中度是指因持股比例的不同所表现出来的股权集中于少数股东的数量化指标。常常被用于专指股权集中于第一大股东的程度。

当专注于股东的分散和"寡头"性情况时，也用 CR_n 指数来计量，如 CR5、CR10 分别表示公司前 5 大股东和前 10 大股东持股总数占公司总股份的比重。

赫芬达尔指数（Herfindahl-Hirschman Index，HHIn）常用来反映股东持股比例与分布情况，常见的有 Herfindahl–5 指数和 Herfindahl–10 指数。HHIn 指公司前 n 位大股东持股比例的平方和。HHIn 指数相对来说 CR_n 指数来说，更突出了股权的集中化程度，不只局限于第一大股东。

1. 数量

根据我国《公司法》第二十四条规定，有限责任公司由五十个以下股东出资设立。第七十八条规定，设立股份有限公司，应当有二人以上二百人以下为发起人。

股份有限公司通过向社会公众广泛地发行股票筹集资本，任何投资者只要认购股票和支付股款，都可成为股份有限公司的股东。

2. 股东类型

不同类型的股东持有股票的目的同样是不同的，有的关心长期收益，有的关心短期收益。股东的目标也存在差异，大型的共同基金机构可能只关心公司的经济绩效，代表特定人群利益的机构投资者更可能关注实现经济利益的方式及其对不同利益相关者的影响。

不同股东所表现的积极程度也有所差异。股东大概分成三类，一类是消极投资者，这些投资者希望能够获得既定的市场指数回报。消极投资者对个体公司绩效与治理的关注较少。第二类是积极的投资者，这些投资者在上市公司的证券交易中积极表现，关注特定公司的绩效。此外，第三类是激进投资者，他们试图影响公司事务（会见管理层，关注管理层薪酬方案等），试图影响公司治理相关事宜。

3. 股东大小

大股东是指拥有大量公司普通股股权的投资者。尽管研发人员通常将大股东定义为持有公司股份1% ~5%的任何股东，但监管法规并没有对大股东进行明确的定义。

股东大会是权力机构，因此，如果法律没有保护小股东的特别条款，拥有绝对控制权的大股东便可以在任何时候任何条件下绝对地控制公司。即在大股东的绝对控制之下，董事会与股东大会的效果是完全等价的，董事会完全按照大股东的意愿履行决策职能，小股东通常只能听任，股东大会自然成为大股东履行法定手续的"橡皮图章"。

二、股权集中与分散的利与弊

（一）股权集中的利与弊

大股东能解决股东间的集体选择问题，并有动力和能力监管住经理。然而，随后发现的大股东凭借其控制权获得额外私人收益的现象，说明了股权集中所滋生的剥夺问题。此外，股权集中结构降低了股票流动性，也降低控制权市场治理的效用。因此，在股权集中的公司，大股东通过董事会直接对公司进行监管，股东大会只是可以利用的法律工具。在资本市场不完善的状况下，为了保护小股东的利益，并维护市场的健康成长，国家需要借助于法律的手段。在小股东无法通过股东大会表达意愿的情况下，市场的有效性也就无法维护小股东的利益，当小股东利益受到大股东侵害时，小股东可以借助于法律来维护其合法权益。因此，在健全的法律制度下（包括立法和司法制度），对于小股东而言，股东大会也没有经济上的实际意义，而只有法律手续上的意义。

鉴于股权集中与股权分散的明显优缺点，学术界开始关注介乎于它们之间的股权制衡模式。而事实上，多个大股东并存的现象在世界各地广泛存在，一度被认为是具有平衡监督经理职责和保护小股东职责的双重效能。然而，进一步的挖掘发现，多个大股东之间还存在"串谋"以攫取公司利益的行为。

可见，股权的集中、分散以及制衡程度，具有不同的治理功效，也引发不同的治理问题。

（二）股权分散的利与弊

对于不存在控制股东的股权分散结构，一般情况下，自然避免了控制股东剥夺的发生。但是，也要注意实际控制人的隐蔽存在，这种情况下是一种"假"的股东分散。

1. 股权分散的利

股权分散的结构更多地依靠外部治理手段的发挥。反过来理解，在一个外部治理为主的环境下，股权的分散持有会更有利于外部治理力量的发挥。上市公司股权结构分散在理论上能够形成良好的制衡作用，防止大股东侵害中小股东利益行为的发生。例如从万科十几年间的表现也折射出这一优点。虽然这有华润主观上的原因，但从客观上，股权分散的公司，持股比例高的股东想要利用股权优势为自身谋私利，从而侵占到中小股东利益，分散的中小股东只要联合起来，就能制止这一行为的发生。另外，股权分散相较于股权集中公司的财务数据更加真实可靠。由于大股东没有动力为公司虚增利润，也没有能力在隐瞒其他股东的情况下侵占公司利润。从这一点上，股权分散公司只能规矩做事，有利于财务数据的真实可靠性。

2. 股份分散的弊

股权分散的缺陷是一目了然的，一方面股东自己没有治理公司的动机，持股更多的原因可能是获取投机性收益；另一方面也没有监管经理的能力和条件，这就极易诱发内部人控制问题，容易造成股权争夺事件的发生，引起管理层动荡，员工军心不稳等。股权分散非常容易引起股权的争夺，同时股权分散引发的股权争夺事件可能损害到公司的声誉，影响公司业绩等。除此之外，股权分散的公司在应对紧急事件时，往往不能迅速反应。因为股权分散公司缺乏可以一锤定音的控股股东，在制定紧急方案时往往要经过比较复杂的程序，经历比较长的时间，这种情况下公司可能会错失处理问题的良机，降低公司效率，从而造成公司损失。

三、终极控制股东

（一）终极控制股东的定义

终极控制人是指在公司中具有最终控制权且不被任何人所控制的股东。这种股权结构往往会造成终极控制人与上市公司之间存在一定的控制层级。

传统上，公司治理的研究主题仅是代理型治理问题。这与公司治理的研究起点有关，在伯利—米恩斯的研究范式下，公司治理问题的产生前提是股权分散，后果表现是经理的卸责。终极控制人的概念，首先出现在拉波尔塔等（LaPorta, et al., 1999）的一篇研究全球的所有权结构问题的经典文献中。在分析上市公司所有权特征过程中，为揭示不同国家大股东的主体类型和所有权分布状况，他通过追溯控股股东的终极控制人（ultimate controller），进而分析其对公司的所有权也即终极所有权（ultimate ownership）。同时，考虑到控制权杠杆效应，终极所有权还被进一步分解为控制权（即投票表决权）与现金流量权（实际权益投资）两个概念。

在2000年前后，LLVS等学者的大量研究发现，控制股东的存在也是真实世界的常态，对应着的控制股东剥夺现象也是公司治理必须处置的问题。进而，公司治理问题二维化了，其一是对应伯利—米恩斯范式的代理型公司治理问题，其二是对应LLVS范式的剥夺型公司治理问题。

终极控制人是以拥有其他公司的多数股权为基础，因而可将其定义为通过持有其他公司绝对多数或者相对多数表决权的股份，从而实现对其实际控制，以实现利益最大化的最终股权持有者。终极控制人按照以下程序进行确认：首先确认上市公司是否存在达到一定持股比例的第一层级（即直接的控制人），如果存在一个或者一个以上的控制人，再向上追溯第一层控制人的控制人——即上市公司的第二层级的控制人，依此类推，至某一层级的控制人不再为其他股东所控制即为上市公司的终极控制人，终极控制人通过控制链条来实施对上市公司的控制。追溯终极控制人遵循"最大股东的最大股东"原则，在识别终极控制人的控制性股权时，要求终极控制人在每条控制链的每一层级都必须掌握超过5%的股权关。由于终极控制人对于上市公司控制强度难以量化，实证研究通常采用某个临界值来衡量终极控制人对公司的控制强度，本书以10%控制权的临界值来确认终极控制人。

（二）终极控制股东的掏空行为

假设某股东持有A、B两家公司股份，分别为50%和30%，并均成为实际控制人。假如在该股东的控制下，A、B公司完成一项非市场化的关联交易，交易中一方损失10万元，一方得利10万元。这时，应该谁赢谁亏呢？显然，持有股份高的A公司得利对控制股东有利。因为如此交易后，控制股东有可能净赚2万元。当然，在制衡中控制股东还会花去一定的成本 X。

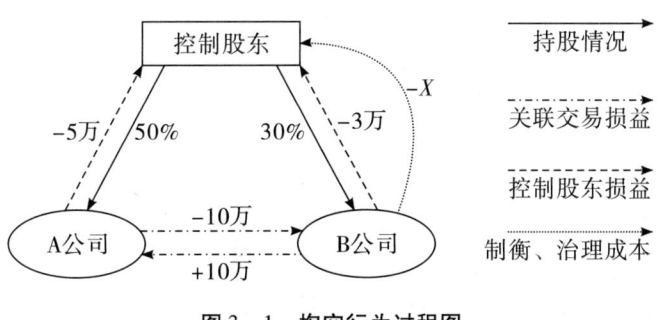

图 3-1 掏空行为过程图

在这个简单的例子中，可以见到掏空形成的几点条件：控制股东对其行为承担的责任是有限的，进而损失是有限的；控制股东具有获得私人收益的渠道。A 公司的存在就是控制股东为自己设置的提款机；控制股东能够控制公司的行为；控制股东抗衡对其治理所付出的成本低。即例子中的制衡成本 X 比较低。基于权利和责任不匹配的本质诱因，可以挖掘出诱发掏空行为的观测条件：控制权与现金流权的分离度。

根据 LLVS（1999）定义，金字塔股权结构指拥有下述特征的股权结构：①一个不直接持有公司股票的最终控制人；②至少在控制链中间拥有一家上市公司；③通过股权在内部公司进行联合。

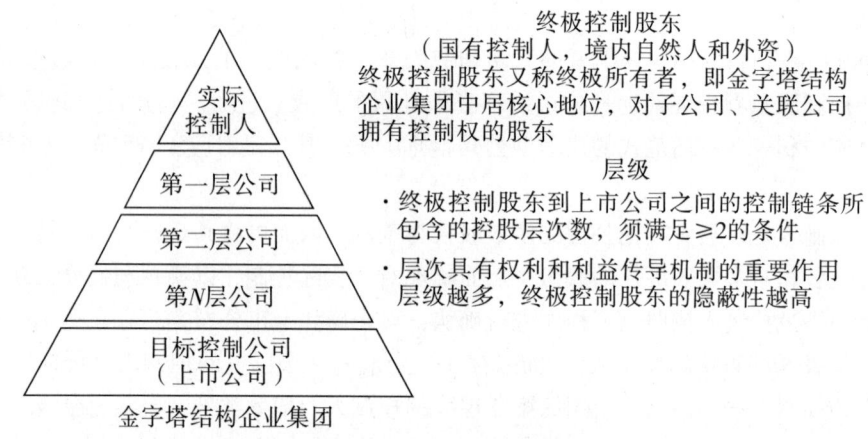

终极控制股东
（国有控制人，境内自然人和外资）
终极控制股东又称终极所有者，即金字塔结构企业集团中居核心地位，对子公司、关联公司拥有控制权的股东

层级
· 终极控制股东到上市公司之间的控制链条所包含的控股层次数，须满足≥2的条件
· 层次具有权利和利益传导机制的重要作用层级越多，终极控制股东的隐蔽性越高

金字塔结构企业集团

图 3 - 2　金字塔结构例图

这里的控制权是对控制股东的权利的度量，现金流权是对控制股东的责任的度量，分离度体现的就是权利和责任的不匹配程度。

控制权，又被称为表决权、投票权，反映的是控制股东实际支配公司资源的程度。在计算中，指的是控制链条上最薄弱环节的投票权。

现金流权是股东在股利分配中能收到的现金流的比例，以其实际出资额来衡量。现金流权不仅是收到利润的权力，更重要的是承担负的利润，即损失的责任。

以现金流权与控制权的比值来度量，即 CF/V。

其中：

控制权：指所有者所持有的股票所代表的投票权。

终极控制权：控制链条中各级层级投票权的最小值。

总投票权：各控制链条中终极控制权之和。

$$V = \sum_{k=1}^{n} Min_k(I_{k1}, I_{k2}, I_{k3}, \cdots, I_{kt}), (1 < t \leq m)$$

其中，V：总投票权；n：间接控制链个数；m：某一控制链条中层级的个数；Ikt：第 k 控制链上第 t 各层级控股比例。

现金流权：指所有者所持有的股票所代表的收益权。

终极现金流权：控制链条中各层级现金流权比例的乘积。

总现金流权：各控制链条中终极现金流权之和。

$$CF = \sum_{k=1}^{n} \prod_{t=1}^{m} I_{kt}, (m > 1)$$

其中，CF：总现金流权；n：间接控制链个数；m：某一控制链条中层级的个数；I_{kt}：第 k 控制链上第 t 各层级控股比例。

终极控制股东借助金字塔持股，以少量现金流权获取了更大的控制权，背离了"一股一票"原则。

小结：

对于其成因，目前存在两种假说。一种是金字塔股权结构的"内部资本市场假说"，另一种是"利益侵占假说"。

第一，现金流权与控制权的分离度越大，掏空的可能性越大。或者从根本上说是，权力与责任的不匹配越严重，剥夺越严重。

第二，掏空中，利益会从现金流权低的地方流向现金流权高的地方。现金流权低意味着损失小，现金流权高意味着获利大。

第三，金字塔结构因为多层级性，实现现金流权与控制权的分离。又因为多链性，具有掏空的隐蔽性。

第四，在掏空中，控制股东得利了，受损失的是被掏空公司的非控制股东，往往就是人微言轻的广大中小股东。所以，掏空的本质是控制股东对非控制股东的剥夺。

关于金字塔股权结构的经济后果方面研究主要从终极股东控制权现金流权及其偏离研发对企业价值、公司绩效进行了相关研究。

（三）治理机制

大股东"剥夺"行为会导致公司市场价值下降；也会使管理层的经营努力得不到反映和认可，从而丧失勤勉尽责以提高公司业绩的积极性。剥夺问题的解决有利于资本市场的可持续发展，对整个证券市场而言，如果大股东"剥夺"中小股东的现象非常普遍，就会使投资者对整个市场失去信心，离场而去，投资者群体萎缩。如图 3 - 3 所示。

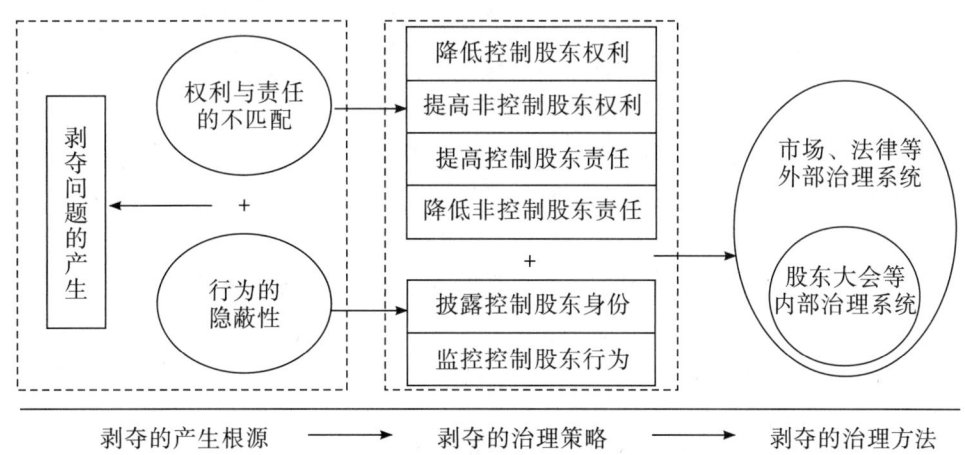

图 3 - 3　剥夺治理问题

针对权责不匹配问题，治理对策依剥夺主体和客体划分为：在控制权方面，或者降低控制股东的权利，或者提高非控制股东的权利；在责任、风险承担方面，或者提高控制股东责任，或者降低非控制股东风险；针对行为隐蔽性方面，既要控制股东身份，又要时刻监控控制股东行为。所有的这些治理策略均运行于完整的公司治理内外系统之中。当然，公司治理各子系统在承担具体任务时有不同的侧重。具体来说，有以下方法。

1. 信息披露，增加信息透明度

信息透明有利于建立起一个社会所必需的声誉记录和评价体系，有利于对控制股东进行约束。这是对控制股东应尽的说明责任的要求。所谓"阳光是最好的防腐剂"，信息披露是众多治理手段发挥的前提，尤其对于资源占用类剥夺，即掏空行为，起到积极的控制作用。正如此前所说，掏空的诱发条件之一就是行为及其主体的隐蔽性。关于控制股东的信息披露，主要包括两方面：一是必须披露公司的实际控制股东的身份；二是必须披露控制股东的关联交易行为。

2. 建立声誉机制

调动社会多方面的力量建立一个比较有效的声誉机制，让声誉在个人和公司追求盈利的过程中发挥作用。

3. 增加对小股东的法律保护

小股东保护的机制越到位，越是少见以剥夺为目标的股权结构。亚洲金融危机和安然事件之后，各国加大了对小股东的保护力度。

4. "揭开面纱制度"

"揭开公司面纱"原则是指，控制股东滥用公司法人独立地位或股东有限责任，而致使公司债权人等利益相关者的利益严重受损时，控制股东直接承担赔偿和连带责任。"揭开面纱制度"始于美国。1809年，美国最高法院为了维护联邦法院的司法审判权而采用"揭开法人面纱"的办法来确定公司背后的股东的个人身份。这是"揭开面纱制度"的萌芽。

"揭开公司面纱"又称公司人格否认、公司法人资格否认、股东有限责任待遇之例外、股东直索责任。当公司的控制股东利用有限责任制度的保护而掏空公司、逃避债务，为自己谋取控制权私人收益时，法院或仲裁机构有权否认公司的独立人格，进而把隐蔽在幕后的控制股东拉到前台，让这个控制股东承担"无限责任"。

如果说，法人独立是一层面纱保护着股东的有限责任的话，那么，揭开面纱就是在一定条件下否认法人的人格而取消股东的有限责任。

我国在2018年修正的《公司法》第二十条就体现了有关的精神：公司股东不得滥用股东权利损害公司或者其他股东的利益；不得滥用公司法人独立地位和股东有限责任损害公司债权人的利益，否则应当依法承担赔偿或连带责任。

5. 股东退出机制

所谓降低非控制股东责任，就是降低非控制股东对公司不良经营绩效所承担的责任，降低非控制股东的投资风险，降低其受掠夺的程度。当在资本多数决原则下，作为少数派的非控制股东无法实现其诉求时，退出就成了非控制股东降低风险的最后退路。股东退出机制包括两类方式，一是转股，二是退股。

转股，是指股东将股份转让给他人从而实现退出公司的目的，常被称为"用脚投票"。

退股，是指在特定条件下股东要求公司以公平合理价格回购其股份从而退出公司，来源于异议股东股份回购请求权制度。异议股东股份回购请求权，是指公司股东会基于资本多数决就有关公司的重大行动做出决议后，少数股东有权表示异议，并享有请求公司以公平价格回赎其股份从而退出公司的权利。基于异议股东股份回购请求权的股东退出机制，对于有限责任公司的制度设计更为重要，如何在公司章程中实现股东之间的制衡，维护公司和全体利益相关者的利益，需要考虑每家公司的具体情况而定。

案例3-17 > 宝万之争

"宝万之争"是2015—2017年中国资本市场上发生的一个具有重要意义的事件。

2015年7月10日起，宝能旗下前海人寿及其一致行动人钜盛华通过多种融资手段，在二级市场上大举买入万科股份，并于2015年8月26日一跃超过华润成为其最大股东。但随后于9月4日华润再次夺回了大股东之位。经过一番激烈的股权争斗，在2015年12月17日，大股东之位最终落到宝能系手中。但宝能系这一举动遭到了王石为代表的万科管理层的强烈反对。王石在宝能系成为大股东的当天的内部会议上就高调宣称自己因为认为宝能信用不足、能力不够等问题不欢迎宝能。宝万的收购与反收购的斗争由此激烈展开。2016年3月，消息传出万科将引入深圳地铁进行重组。6月17日，万科召开董事会审议发行股份购买深圳地铁资产的预案。进行表决过程中，由于独立董事张利平的规避决策，使得在董事会占三席位的华润方面的董事全部反对的情况下，该事项仍通过。此事发生之后，华润于6月18日质疑万科决策的会议通过的合法性。这一举动也表明了万科华润阵营的破裂。6月24日华润重新得回大股东之位。2017年6月21日，万科公告新一届董事会候选名单，王石宣布将接力棒交给郁亮。历时近两年的万科股权之争在深圳地铁公布新一届董事会提名之后，或已尘埃落定，落下帷幕。

作为这些年中国最成功的房企之一，万科以其"工厂化"的高标准、高质量的产品获得了广大客户的青睐，实现了快速发展。但在资本市场，万科股价长期处于被低估状态，其市盈率和市净率指标长期低于地产股平均值，没能让中小股东得到实实在在的回报。天津"8·12"爆炸事件后，管理层曾许诺回购100亿元股票以提振快速下滑的股价，最终仅仅落实1.6亿元，使投资者大失所望，也给了收购者低点布局的机会；而宝能、安邦等大举进入，万科股价快速上涨，让长期持有万科股票的广大投资者看到股价上涨收益的诱惑。

现代公司是广大投资者的公司，投资者才是公司的真正"主人"。在我国资本市场中长期无法表达自己诉求的中小股东，只能"用脚投票"而无法"用手投票"，诸如万科这样股权高度分散的公司，常年股东大会投票率只有35%左右，使得投资者日趋短期化、投机化。

【问题】

（1）万科遭遇宝能集团收购的原因是什么？

（2）中小股东在当中充当了什么角色？

（3）请思考万科股权之争带来的启示。

高度集中的股权结构、相对控股大股东的存在被学者们认为是中国公司治理的顽疾。自2007年中国完成股权分置改革起，"全流通"下股票流动性增强，在技术层面使得股权分散成为可能，而2010年以来保险资金等机构投资者在二级市场频繁举牌更是加速了中国上市公司股权结构分散化的进程。就在中国逐渐走向股权分散时代的同时，以万科控制权争夺为代表的恶意收购在资本市场上集中爆发，使市场意识到传说中的"门外的野蛮人"已近在咫尺。宝能系血洗南玻A董事会以及提案免去万科高管的董事职位等事件的发生使得无论是股东还是管理层，甚至监管机构都深陷公司治理对策空白的惊慌之中。集中爆发的控制权争夺乱象表明，在股权分散时代中国传统公司治理存在缺陷，控制权争夺背后，是应当墨守"股权至上"的逻辑，还是该鼓励对创新型管理层的专用性人力资本投入给予足够激励？在控制权争夺发生时中小股东的话语权及其权益应该由谁来保障？独立董事应发挥什么作用？这些问题都成为争论的热点。从公司治理的角度看，这些问题正是由于中国资本市场仓促进入了股权分散化时代，而传统公司治理的观念和模式并未及时转变所产生的困境。

图3-4显示，近十几年来中国资本市场股权结构由一股独大模式逐渐转向分散的结构。这种分散的股权结构变化，一方面源自于国有资本的改革，如目前在实施的混合所有制改革。以2017年8月联通混改为例，联通集团通过引入百度、中国人寿等具有较高资质的投资者，对中国联通的持股比例从混改前的63.7%降至36.7%。另一方面源自于机构投资者增多。随着中国A股市场的不断放开，机构投资者开始大量进入中国资本市场，在持股规模

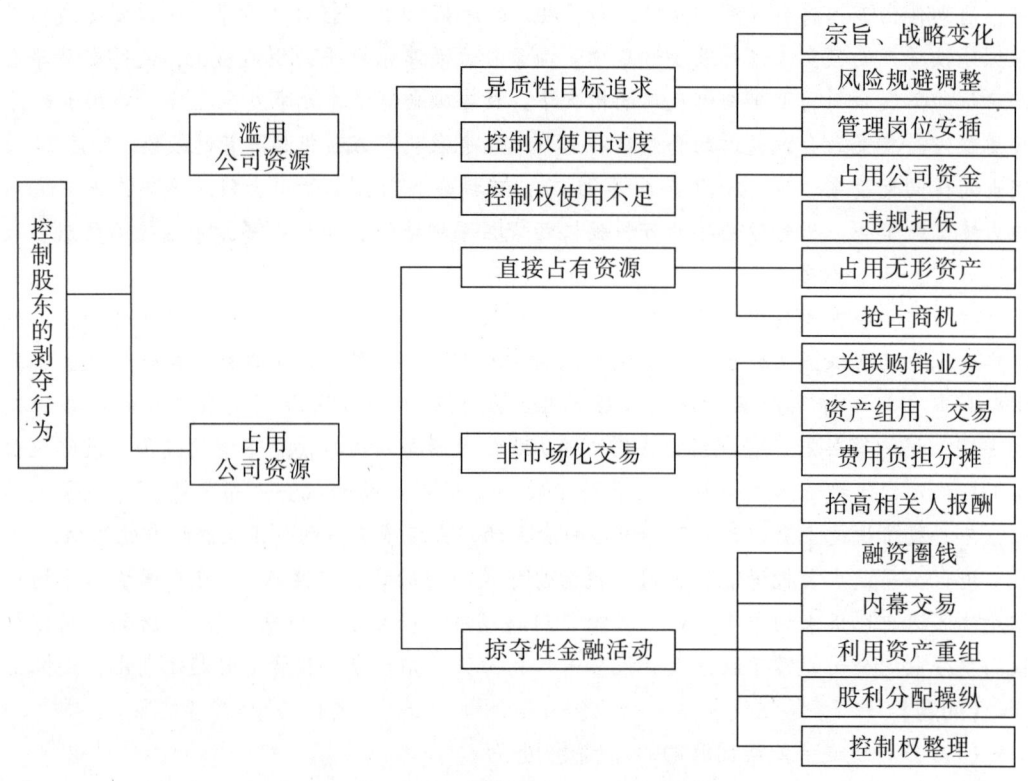

图3-4 股权分散背景下传统公司治理困境

上，据统计境内专业投资机构持股市值比重在 2016 年末持续提升至 16.3%。对于境外的机构投资者，早在 2002 年中国便落实了合格境外投资者（QFII）制度，2014 年沪港通落地实施，2016 年深港通也正式开启。机构投资者的积极入市使得上市公司的股权结构呈现分散化的趋势。另外 2013 年起保险产品投资范围的扩大，尤其是以万能险为代表的投资产品的快速发展提升了保险机构在 A 股市场的影响力。大量险资的举牌加速了股权结构的分散。

1. 东家之争

分散的股权结构导致公司治理在静态层面形成股权制衡，动态上面临外部潜在股东的机会主义行为威胁。传统的社会文化容易产生"一山不容二虎"的问题，引起股东间的利益冲突。在面对外部潜在股东时，由于缺乏信任的基础和法律保护的不完善，股东间容易产生较强的对抗性，爆发激烈争夺控制权事件。中国长期以来一股独大背景下形成的治理模式无法及时适应股权分散情况下所要求的股东间权力共享与制衡。

自 2015 年起，资本市场上险资举牌屡见不鲜，而股权分散的公司则成了备受青睐的举牌对象，这也引起了资本市场上的控制权争夺大战，上海家化、西藏药业、天目药业、绿城集团、东方银星、万科、南玻 A 等众多公司陷入控制权争夺泥潭之中。在过去一股独大的背景下，大股东拥有绝对控制权，进而形成了与之相适应的治理模式，具有控制力的大股东往往将企业视为自己的江山，具有强烈的领域意识，不愿分享控制权，阻碍其他股东的权利行使进而导致冲突。

2. 东家与管家之争

资本市场控制权之争本应存在于股东之间，但是在分散的股权结构下，管理层作为"管家"也成了控制权之争的重要一方，在宝万之争与南玻 A 等案例中我们都观察到管理层与股东之间发生控制权争夺。管理层在企业长期经营过程中掌握公司的实际控制权，形成内部人控制，当外部股东介入动摇管理层的控制时，导致双方产生冲突。

理论研究认为，财务资源（股权）、关键性知识资源和关系性资源是获取和维持控制权的资源基础。管理层的"管家"身份决定了其股权控制链不足以保证控制的实现，所以管理层对公司控制权的实现更多地依赖于个人关键性知识资源和关系性资源。而管理层个人关键性知识资源和关系性资源对企业发展往往具有历史性贡献，企业经营过程中个人的社会连接与企业组织的社会资本高度重合，极易催化管理层"心理所有权"，当面对缺乏信任基础的"野蛮人"时，管理层为了维护控制权会表现出极强的对抗性。

观察现实中管理层与股东控制权之争的案例，管理层通常采用两种路径。其中之一是依赖于管理层的道德优势以及焦点事件，通过第三方诸如媒体、政府监管部门等向控制权争夺方施压；路径之二是寻求支持性股东，游说现有股东或利用个人关系资源引入新的股东，稀释原有股东份额。

3. 争夺的经济后果

不论是股东之争还是"管家"与东家之争，最终受伤的往往是企业，冲突撕裂股东间的关系、内部派系斗争、严重的内耗，使企业处于高度不确定的状态，原有大股东与管理层的隐性合约变得不稳定，管理层与新晋大股东和潜在的股东不存在信任基础，形成新的隐性合约存在巨大的合约成本。

（四） 员工持股计划与管理层收购

员工持股计划（Employee Stock Ownership Plans，ESOP），是通过一定的方式让公司员工持有一定比例的企业股份，从而成为企业的所有者并分享企业的剩余索取权的一种企业制度安排。

企业以股票作为支付部分劳动报酬的方式，或者让本公司员工以一定形式出资购买公司股票，或者由公司将一部分新增加的利润用来购买公司股票赠予员工等各种方式，使员工拥公司的所有权，成为公司的股东。

员工持股计划可分为福利型、风险型和集资型三大类：福利型的目的在于为企业员工谋取福利，增加企业的凝聚力；风险型的目的在于提高企业的效率，特别是资本效率；集资型的目的在于使企业能够得到生产和发展所需要的各种资金。

管理层收购（Management Buy-Outs，MBO），是目标公司经理层利用所融资本购买本公司资产或股份，从而改变公司股权结构、控制权结构和资产结构，实现管理者以所有者和经营者合一的身份主导重组公司，进而获得产权预期收益的一种收购行为。比较通行的做法是由经理层先控股一家旧公司或注册新设一个"壳公司"，再由这个收购主体去募集资金，然后利用所融资金去收购目标公司。MBO 的实质是公司的剩余控制权从原来股东手中转移到经理手中，实现所有权与控制权的两权合一。MBO 的本质是资产重组，是杠杆收购方式，MBO后的公司具有高负债的特点。

那么内部人持股到底利弊如何？特别对于经理人持股来看，一般认为，经理持股主要有两种效应，即协同效应和堑壕效应。即协同效应来自激励相容的正向作用，而堑壕效应是经理持股的副作用。所谓堑壕效应，是指随着经理持股比例的提高，与外部股东抗衡的能力不断增强，经理可以安全地控制公司，并在更大范围内追求其个人目标，但这导致代理成本的增加和企业价值的下降。

可见，经理持股具有区间性，当经理持股较少和较多时，协同效应大于堑壕效应，利大于弊。一篇文献发现，管理层持有 5%~25% 的股份时，堑壕效应起主导作用，弊大于利。经理持股在中间区间时，并没有解决经理代理问题，反而更激发了它，更具危害的是这个"堑壕"屏蔽了控制权市场等外部治理手段。

本章小结

　　股东结构决定了公司内部权力的归属，也决定了公司利益的分配。大股东被认为能够有效缓解公司内股东与管理层的代理冲突，但是也引发了第二类代理问题。中国特殊的制度背景对公司股权结构产生了极大的影响，高度集中的股权结构影响了机构投资者、管理者持股所产生的经济后果。

本章思考题

1. "海底捞"股权是否符合调整？
2. 股权集中好还是股权分散好？
3. 股东享有哪些权利？

第四章 ＜董事和董事会

第一节　董事

一、董事与董事类别

案例4-1＞　希努尔的独立董事

中国证监会2010年7月26日晚间公告称，主板发审委定于7月30日召开2010年第117次工作会议，审核希努尔男装股份有限公司的首发申请。有趣的是，记者在仔细查阅该公司的招股说明书后发现，张国立的名字赫然出现在公司独立董事名单中。希努尔男装的招股说明书显示，张国立先生，本公司独立董事，正高级教授，国家一级演员。曾在成都铁路二局文工团和四川人民艺术剧院工作；曾任中国电影青年工作委员会会长，中国文联委员；现在中国铁路文工团、重庆大学美视电影学院工作，任重庆大学美视电影学院院长。

记者查阅希努尔男装的招股说明书发现，张国立在1999年至2008年8月近十年间，一直担任该公司的形象代言人。2008年9月6日，在其不再担任该公司形象代言人一个月之后，原本与希努尔男装再无关系的张国立摇身一变，在希努尔男装创立大会暨第一次股东大会上，当选为新增加的独立董事，任职期从2008年9月至2011年9月。

【问题】

（1）什么是独立董事？

（2）除了独立董事，还有什么类型的董事？

（一）董事与董事会

董事，是指由公司股东（大）会或职工民主选举产生的具有实际权力和权威的管理公司事务的人员，是公司内部治理的主要力量，对内管理公司事务，对外代表公司进行经济活动。

董事会是指由股东会选举产生的，由董事组成的行使公司经营决策权的常设机关。董事会具有以下的特点：

（1）董事会成员是由股东会选举产生，董事会要对股东会负责并执行股东会的决议，是股东会的执行机关。在董事会的成员中如果有公司职工代表，这些代表由公司职工通过民主选举产生。对于董事会中是否要有职工的代表，我国《公司法》区别了几种情形做出了必设和可设的不同规定。依据我国现行《公司法》第四十四条规定：两个以上的国有企业或者两个以上的其他国有投资主体投资设立的有限责任公司，其董事会成员中应当有公司职工代表；其他有限责任公司董事会成员中可以有公司职工代表。

（2）董事会是公司法定的常设机关。董事会会议不是常开的，但作为机构的董事会是常设的，即使董事会中有组成成员的改变，但董事会作为公司的一个机构是不受人员变动影响的。

（3）董事会是集体执行公司事务的机关。董事会的权力是董事会集体的权力，而不是某个董事的权力，任何个人都不能以个人的名义行使董事会的权力。董事会行使权力只能通过召开会议，通过一定的表决方式形成董事会集体意见，该意见是董事会集体的意见表示而绝非某个董事的意见表示，当某个董事的意见表示与集体的不一致时，要采用集体的意见表示。

（4）董事会在对公司的事项进行决策时，全体董事都有权参与，然后按一人一票的方式进行表决，最终按多数人的意志形成决议。所以，董事会的成员最好由单数组成。我国的现行《公司法》第四十四条、第一百零八条分别对有限责任公司和股份有限公司的董事会组成人员的数量做出了规定，但没有规定董事会的组成人员应当为单数，这就有可能出现董事会是由双数人员组成，表决时有可能出现不能形成多数的情况。

（二）董事类别

在现代企业制度下，由于董事会成员扮演的角色不同，个人董事往往被区分为正式董事、事实董事、影子董事、执行董事、非执行董事以及独立董事。

正式董事：指经过适当的程序被选任并载于公司章程的董事。

事实董事：指未经正式任命，但其公开的行为显示他像是经有效任命的董事。如某人虽然未经正式任命，但是他经常参加董事会议并且参与公司决策，可以被认为是事实董事。

影子董事：影子董事为英国法上的概念，指其虽然不是公司正式董事，但依靠其在公司中的"地位"却能够指挥公司行为。影子董事与事实董事相仿，但又存在区别：事实董事并不藏于"暗处"，他需要别人明白他的"董事地位"，而影子董事则必须藏于"暗处"。影子董事主要表现为两种形式：某大股东为避免承担个人责任而拒绝成为董事，但是他在幕后却履行着董事职责或操纵公司董事会的活动；另一种即是因破产或者其他原因丧失了董事资格，但仍然扮演董事角色或操纵公司董事会的人。

执行董事与非执行董事：执行董事与非执行董事是从工作职责上对董事会成员的一种划分。

执行董事是指担负执行职能、负责公司经营管理的董事，一般由公司高级经理人员担任。执行董事的特征包括：具有相关的技术背景或者管理经验，在公司服务时间较长，具有权威和领导能力，无论是临时还是例行董事会议都能准时出席，对公司做出比较突出的贡献，能够充分理解上级和下级，以及股东、消费者、管理伙伴的重要性及态度。

非执行董事则是董事会中不担负执行职能，不涉及公司日常经营管理业务的成员。他们来自于公司外部，通常有两种情况：一是作为股东的代表，监督执行董事和高级经理人员的行为，防止其滥用权力而损害股东的利益。二是作为外部独立人士，为公司遵守法则、利益均衡而参与公司决策。非执行董事的特征包括：在公司外部、具有一定独立性、有广泛的背景和任职经历，一般在董事会中发挥监督检查、决策咨询及权力制衡作用，是决定董事会监督效果的关键因素。

独立董事：指不在公司担任除董事外的其他职务，并与其所受聘的上市公司及其主要股东不存在可能妨碍其进行独立客观判断的关系的董事。上市公司设立独立董事。

二、董事的任职资格与任免机制

案例4－2 **天阳新任董事**

根据《公司法》及公司章程的有关规定，天阳宏业科技股份有限公司（以下简称"公司"）2017年第一次临时股东大会于2017年3月6日审议并通过任命曹志鹏先生为公司新任董事，任期自公司股东大会审议通过之日起至公司第一届董事会任期届满之日为止。

本次会议召开15日前以公告方式通知全体股东，实际到会股东8人，持有公司股份137 019 636股，占公司股份总数的88.24%，会议由董事长欧阳建平主持。

会议表决情况：同意股数137 019 636股，占出席本次股东大会有表决权股份总数的100.00%；反对股数0股，占出席本次股东大会有表决权股份总数的0.00%；弃权股数0股，占出席本次股东大会有表决权股份总数的0.00%。

（资料来源：天眼查．天阳宏业科技股份有限公司董事任免公告．［EB/OL］：https://ji-lin. tianyancha. com/announcement/9c3b2f021f0d1ca7541093de5a48c36f. ）

【问题】董事任免的程序是怎样的？结合案例实际谈谈。

（一）董事的任职资格

董事与股东不同，不是任何人都可以成为公司的董事，而对于股东来说任何持有公司股份的人都是公司的股东。董事是由股东会或者由职工民主选举产生的，当选为董事后就成为董事会成员，就要参与公司的经营决策，所以作为董事对公司的发展具有重要的作用，各国公司法对董事任职资格均做出了一定限制。

公司法规定的董事任职资格一般包括积极资格和消极资格两种。前者是对担任者必须具备的条件的规定，如国籍、资格股和年龄等；后者指一旦具有则不能担任董事的限制性条件，如品行条件、特定身份、兼职禁止等。

1. 积极任职资格

各国对公司董事积极资格的规定主要体现在年龄、资格股和国籍三个方面。首先，基本上各国都要求董事应当具有完全行为能力。其次在资格股问题上，持肯定说的包括英国早期公司法；持否定说的如日本，要求法律和章程均不得强行规定董事必须为公司股东；另外德国和美国则取折中态度，将此项规定的自主权交给公司，允许公司通过章程约定董事须为公司股东，但法律不作强行要求。最后，在国籍上仅瑞典、瑞士等少数国家对此有规定。学界通常认为：董事是否必须是股东，我国公司法没有做出具体规定，应理解为允许非股东担任董事。我国公司法未对经理任职的积极条件做出规定，可以理解为董事会有权确定合适的人选。在国籍条件上，我国公司法也未有限制，中外合资公司则明确可以由外方担任董事甚至董事长。实际上，新《公司法》对积极任职资格的规定仍未改变，仅是对自然人行为能力的规定。从各国公司发展的所有权与经营权分离的总体趋势来看，我国公司法不要求董事的股东身份是符合时代要求的，也对独立董事等新引进制度具有更强的包容性。在国籍要求上，要求董事具有本国国籍不仅便于在其失职时追究其法律责任，也有利于本国经济独立性和经营人才的培养，尤其是在某些国民经济重要领域，保持高管人员的本土化有利于保护本土知识产权和经济发展命脉。因此，《公司法》规定公司董事、监事、高级管理人员一般应具有中国国籍，或至少以专门的行政法规等形式在某些国民经济重要领域限制非中国国籍董事、监事、高级管理人员的人数比例，但中外合资企业和中外合作企业可以例外。另外，为保持公司高层管理人员的必要更新速度与年轻化，可借鉴如英国、法国等规定的董事任职年龄上限，并允许公司根据实际情况在一定范围内通过章程予以变更。这一规定尤其对国有投资公司中领导班子的顺利换届、保持公司竞争力具有重大意义。

2. 消极任职资格

在消极任职资格方面，新《公司法》规定了兼职禁止、品行条件和国有独资公司专门规定三个方面的限制，基本与大多数国家公司法的做法相同，但对在不同公司担任董事的数量上限（除国有独资公司和与已任职公司同类的营业以外的）没有相应限制。在这方面，《德国股份公司法》的规定应对我们有所启发，该法第100条第2项就不得成为监事会成员的条件做出如下规定：

（1）已经在依法可以设立监事会的十个商业公司中担任监事会成员；

（2）该公司一个从属企业的法定代表人；

（3）另一资合公司的法定代表人，而公司的一名董事会成员属于该资合公司的监事会。

我国现行《公司法》第一百四十六条规定，有下列情形之一的，不得担任公司的董事、监事、高级管理人员：①无民事行为能力或者限制民事行为能力；②因贪污、贿赂、侵占财产、挪用财产或者破坏社会主义市场经济秩序，被判处刑罚，执行期满未逾五年，或者因犯罪被剥夺政治权利，执行期满未逾五年；③担任破产清算的公司、企业的董事或者厂长、经理，对该公司、企业的破产负有个人责任的，自该公司、企业破产清算完结之日起未逾三年；④担任因违法被吊销营业执照、责令关闭的公司、企业的法定代表人，并负有个人责任的，自该公司、企业被吊销营业执照之日起未逾三年；⑤个人所负数额较大的债务到期未清偿。公司违反前款规定选举、委派董事、监事或者聘任高级管理人员的，该选举、委派或者聘任无效。董事在任职期间出现上述所列情形的，公司应当解除其职务。

3. 董事的任期

董事的任期各国的规定不同，我国现行《公司法》规定，董事的任期由公司章程规定，但每届的任期不得超过三年。

4. 董事的任免

董事一般由股东会任免，当董事会中需要有职工代表时，作为职工代表的董事应由职工通过民主选举的方式产生，对此，我国现行《公司法》第三十七条、第四十四条、第九十九条、第一百零八条第二款都作了明确的规定。

5. 董事会会议

董事会是通过集体决议的形式来行使职权的，集体决议是通过召开董事会会议的方式得到的，董事会会议也区分为定期会议和临时会议。

定期会议，我国现行《公司法》对有限责任公司没有做出这方面的规定，对股份有限责任公司我国现行《公司法》第一百一十条规定，董事会每年度至少召开两次会议，并规定要在会议召开十日前通知全体董事和监事。

临时会议，现行《公司法》第一百一十条规定，代表十分之一以上表决权的股东、三分之一以上董事或者监事会，可以提议召开董事会临时会议。董事长应当自接到提议后十日内，召集和主持董事会会议。董事会召开临时会议，可以另定召集董事会的通知方式和通知时限。董事会会议的方式及表决形式都可以在公司章程里做出规定，所以关于什么情形下召开董事会可以在公司章程中予以规定。

案例4-3 **不具资格的董事**

甲公司与乙公司共同设立一有限责任公司——甲公司。甲公司于2005年4月登记成立，并指派丁某做公司董事长。乙公司的某一董事王某称，有证据证明丁某原是研究所下属公司的承包人，承包期因贪污行为曾受到刑事处罚，1993年3月刑满释放，且于1年前向朋友借钱5万元炒股，被套牢，借款仍未还清。在这个案例中丁某不具备做董事长的资格。公司于2005年4月成立，此时丁某刑满释放已超过5年，任职资格不受法律限制。但是，个人所负到期债务数额较大，未予清偿，不符合董事长的任职资格。

董事会会议的表决，实行一人一票制；董事会会议应当由董事本人出席，董事因故不能出席，可以书面委托其他董事代为出席。我国现行《公司法》对股份有限公司做出了该规定，对有限责任公司则没有规定。董事会会议所议事项的决定应当做成会议记录，并由出席会议的董事在会议记录上签名。我国现行《公司法》第四十八条、第一百一十二条都对此做出了规定。对于出席率，我国现行《公司法》第一百一十一条规定，董事会会议应有过半数的董事出席方可举行。董事会做出决议，必须经全体董事的过半数通过。

（二） 董事的任免机制

1. 公司法对董事任免机制的规定

《公司法》规定有限责任公司的董事成员为3～13人。股份有限公司的董事会成员为5～19人。董事会成员中可以有公司职工代表。董事会中的职工代表由公司职工通过职工代表大会、职工大会或者其他形式民主选举产生。非职工代表董事由股东（大）会选举或更换，任期由公司章程规定，但每届任期不得超过3年。董事任期从股东（大）会决议通过之日起计算，至本届董事会任期届满时止。董事任期届满，连选可以连任。

案例4－4 ▷ 某股份有限公司的董事会

某股份有限公司（以下简称"股份公司"）是一家于2000年8月在上海证券交易所上市的上市公司。该公司董事会于2006年3月28日召开会议，该次会议召开的情况以及讨论的有关问题如下：（1）股份公司董事会由7名董事组成。出席该次会议的董事有董事A、董事B、董事C、董事D；董事E因出国考察不能出席会议；董事F因参加人民代表大会不能出席会议，电话委托董事A代为出席并表决；董事G因病不能出席会议，委托董事会秘书H代为出席并表决。（2）出席本次董事会会议的董事讨论并一致做出决定，于2006年4月8日举行股份公司2005年年度股东大会年会，除例行提交有关事项由该次股东大会年会审议通过外，还将就下列事项提交该次会议以普通决议审议通过，即：增加2名独立董事；修改公司章程。（3）根据总经理的提名，出席本次董事会会议的董事讨论并一致同意，聘任张某为公司财务负责人，并决定给予张某年薪10万元；董事会会议讨论通过了公司内部机构设置的方案，表决时，除董事B反对外，其他均表示同意。

在这个案例中，对于（1）出席该次董事会会议的董事人数符合规定，董事F电话委托董事A代为出席董事会会议不符合规定，应该书面委托其他董事代为出席；董事G委托董事会秘书H出席董事会会议不符合规定，只能委托其他董事出席，而不能委托董事之外的人代为出席。

对于（2）股东大会的会议通知时间不符合规定，应于会议召开20日前通知各股东；修改公司章程应由股东大会以普通决议通过不符合规定，该事项应当以特别决议通过。

对于（3）出席本次董事会会议的董事讨论并一致通过的聘任财务负责人并决定其报酬的决议符合规定；批准公司内部机构设置的方案不符合规定，董事B反对该事项后，实际只有3名董事同意，未超过全体董事7人的半数。

董事的提名办法一般由公司章程或相关办法规定。董事选任程序应规范，保证董事选任公平、公正、独立。上市公司会要求董事候选人在股东大会召开之前做出书面承诺，同意接受提名，承诺披露的董事候选人的资料真实、完整，并保证当选后切实履行董事职责。

董事任期届满未及时改选，或者董事在任期内辞职导致董事会成员低于法定人数的，在改选出的董事就任前，原董事仍应当依照法律、行政法规和公司章程的规定，履行董事职务。董事辞职应当向董事会提交书面辞职报告。董事提出辞职或者任期届满，其对公司和股东负有的义务在其辞职报告尚未生效或者生效后的合理期间内，以及任期结束后的合理期间内，并不当然解除，其应当按照与公司签订的保密协议等，对公司商业秘密承担保密的义务。其他义务的持续期间应当根据公平的原则决定，视事件发生与离任之间时间的长短，以及与公司的关系在何种情况和条件下结束而定。任职尚未结束的董事，对因其擅自离职使公司造成的损失，应当承担赔偿责任。

2. 董事的选任制度

董事选任的第一项关键制度是提名制度。我国《公司法》并未对董事的提名工作做出规定，因而设计董事提名制度就是公司章程制定的一项重要工作。董事会内常设的一个专门委员会是提名委员会，由其主要负责董事的提名管理。但是，提名委员会的设置本身就是一项制度的选择。在制度设计中要考虑的主要事项有：①提名股东的持股资格；②提名人数的限制；③小股东的提名资格。

在现实世界里，经理积极提名董事也是常见情况。这其实是一个两难问题。从积极的角度看，经理是最了解公司需要怎样的决策参谋和怎样的资源渠道的；从消极的角度看，经理提名董事是经理反过来控制董事会、恶化代理问题的常见手段。提名制度还要加强提名的过程管理，而其中的重点是提名信息披露制度。

董事选任的第二项关键制度是选举表决制度。董事选举的表决权归股东所有，这在公司法中被明确规定，而且公司法还对表决中的选票计算规则做出建议。累积投票制度是一种提高小股东权益的制度安排，被广泛推荐。

3. 董事的离任

董事有任期的限制，设置任期有利于保持董事会中"新鲜血液"的流动。《公司法》第四十五条规定"董事任期由公司章程规定，但每届任期不得超过三年。董事任期届满，连选可以连任。"连任的次数没有限制，但是对于独立董事而言，持续任职难免会影响其独立性。

任期的存在，就引发了换届的问题。在换届制度中，有一种交错任期的制度安排。它指的是全部董事的任期是错开的，每年届满的董事只占一部分。可见，交错任期的好处是在促进更新和保持稳定间创造了平衡。然而，交错更替的问题是董事会更易被控制股东或经理所控制，对公司并购也起到一定的阻碍作用。

如果董事没有尽到应尽的职责，那么在任期届满前就应该主动地对其免职。既然存在免职，就应该有补选的规定。一般无论临时补缺的规定是如何，下一次的股东大会上都要正式选举。

三、董事的职责

董事、高管的竞业禁止义务

　　原告鑫波食品（上海）有限公司（以下简称"鑫波公司"）诉称：其系一家外商投资企业，主营加工、销售肉制品（熏煮香肠火腿制品）等。2011年初，鑫波公司聘请宋海某担任总经理，负责鑫波公司的经营管理。根据鑫波公司章程规定，公司高级管理人员不得参与其他经济组织对本公司的商业竞争行为。经营过程中，鑫波公司拟注册"皇家歌诗堡 SINCE 1823 GRZEGORZ HOUSE"作为产品商标使用。2011年8月，宋海某擅自委托上海漫趣网络科技有限公司（以下简称"漫趣公司"）代为办理商标注册事宜。但漫趣公司取得商标后却据为己有。宋海某作为鑫波公司总经理，因其操作不当（或故意），致使案外人取得上述商标。另外，2012年6月7日，宋海某与案外人宋成某、樊海某共同投资设立了申根贸易（上海）有限公司（以下简称"申根公司"）。而宋成某系宋海某的父亲，樊海某系漫趣公司的董事长。申根公司的经营范围包括了食品行业（香肠、火腿等肉产品），与鑫波公司经营范围相同。2013年10月23日，因宋海某严重违反我国《公司法》等规定，鑫波公司依法解除其总经理职务。2014年3月31日，鑫波公司为防止损失扩大，单方为宋海某办理了退工手续。宋海某作为鑫波公司高级管理人员，违背法律规定的忠实和勤勉义务，在任职期间设立与鑫波公司经营范围相同的公司，严重侵害了鑫波公司的合法权益。故鑫波公司诉至原审法院，请求判令：宋海某在职期间（2012年6月7日至2014年3月31日）从申根公司取得的收入人民币20万元（暂估）归鑫波公司所有。

　　｜资料来源：法务部观察. 董事、高管的竞业禁止义务｜经典案例［EB/OL］.（2017－08－07）［2019－10－10］. http://www.sohu.com/a/162927292_290358｜

　　【问题】

　　（1）鑫波食品诉讼事件说明了什么？

　　（2）公司董事应怎样履行其义务？

（一）董事职责概述

　　董事的职责就是对公司的基本义务和为完成义务所使用的权力。董事是管理公司运作的具体执行人，其权力由股东协议授予，是股东商业利益的捍卫者。因此，董事应当把赢得最大利益作为公司合理运作的前提。同时，股东应该授予董事全权负责策划企业的经营模式，与其他公司进行商业交易。从这个意义上讲，需要一份协议监督股东和董事之间的关系，同时，这种关系需要由协议中的具体条款来实现。董事的基本职责就是依照协议来行使权力。

董事的职责很大程度上是通过他个人的领导素质和能力实现的。总体来说，在挑选董事的过程中，公司会考虑他的教育背景、资历条件和公司管理经验。这种经验包括把握市场趋势和大局的洞察力、分销策略和计划以及具体的决策能力等。具体来说，公司是否能得到尽可能多的利益、有没有更大的发展空间和市场机遇，是检验一个董事能否推动公司走向成功的标准。一个眼光敏锐的董事的素质和能力对实现这个目标十分重要。此外，以董事为核心建立一个思维活跃、专业能干的团队也十分重要。为了使团队给公司带来最大利益，成为高效、进取、有竞争力的组织，董事需要建立和完善规章制度，例如任命和辞职程序。这个体制最好能合理管理员工，推动各项事务顺利进行。从这个角度看，推动公司成功的责任与组织的建立和规章制度的完善息息相关。

（二） 董事的责任

董事责任有行政责任、民事责任与刑事责任。我国《公司法》第一百四十八、一百四十九条规定：董事、高级管理人员不得有违背忠实义务的八条行为，并规定董事、高级管理人员违反相关规定所得的收入应当归公司所有；如果给公司造成损失的，应承担赔偿责任。《证券法》《禁止证券欺诈办法》以及相关的部门规章制度均做出了相应的规定。

《刑法》还规定了董事可能承担的刑事责任，如虚报注册资本罪；虚假出资、抽逃出资罪；欺诈发行股票、债券罪；擅自发行股票和债券罪；提供虚假财务报告罪；妨害清算罪；公司、企业人员受贿罪；非法经营同类企业罪；为亲友非法牟利罪；签订、履行合同失职被骗罪；徇私舞弊造成的破产亏损罪；内幕交易、泄露内幕信息罪；编造并传播证券、期货虚假信息罪；诱骗投资者买卖证券、期货合约罪；操纵证券、期货交易罪等。

除了上述规定之外，我国《公司法》还规定：董事应对董事会的决议承担责任。董事会的决议违反法律、行政法规或者公司章程、股东大会决议，致使公司遭受严重损失的，参与决议的董事对公司承担赔偿责任。

（三） 董事的权力

对于董事会职权的规定，各国公司法规定方式有所不同，有的国家采取列举式的方式将董事会的职权明确地列举出来；有的国家采取排除式，规定必须由股东会行使的重要职权，除此之外的职权则由董事会来行使；而有的国家立法未对董事会职权做出具体规定，而将其赋予公司章程规定。但是，为了提高公司经营运作的效率，各国公司法都赋予了董事会广泛的职权。[①]

我国现行的《公司法》对董事会的职权采取了列举式的规定，根据现行《公司法》第四十六条、第一百零八条的规定，董事会对股东会负责，行使下列职权：

（1）召集股东会会议，并向股东会报告工作；

（2）执行股东会的决议；

（3）决定公司的经营计划和投资方案；

---

① 赵旭东. 商法学教程［M］. 北京，中国政法大学出版社，2004：238.

（4）制订公司的年度财务预算方案、决算方案；

（5）制订公司的利润分配方案和弥补亏损方案；

（6）制订公司增加或者减少注册资本以及发行公司债券的方案；

（7）制订公司合并、分立、解散或者变更公司形式方案；

（8）决定公司内部管理机构的设置；

（9）决定聘任或者解聘公司经理及其报酬事项，并根据经理的提名决定聘任或者解聘公司副经理、财务负责人及其报酬事项；

（10）制定公司的基本管理制度；

（11）公司章程规定的其他职权。

现行《公司法》与我国 1994 年修订的《公司法》相比，最重要的区别是多了最后一项规定，即多了"公司章程规定的其他职权"。这样公司就可以根据自身的性质和需要在公司章程中规定董事会其余的职权，使公司董事会的职权更加具有弹性和灵活性，更能适应不同情况之下公司的实际需要。

董事履行责任与义务必须赋予相应的职权。通常意义上的职权有两种含义：一是作为董事的权力（如参加董事会、行使决策权等）；二是享有的权利（如董事报酬等）。董事的基本权力是参加董事会，行使其表决权；董事的特别权力是根据董事会授权而独立行使的，如董事长的特别职权等。

为了确保董事有效履职，董事享有如下权力：

（1）召集主持权。《公司法》第一百零九条规定，董事具有召集或主持股东大会会议与董事会会议的权力：股东（大）会会议由董事召集，董事长主持；董事长不履行或不能履行职务的，由副董事长主持；副董事长不履行或不能履行职务的，由半数以上董事推举一名董事主持。董事会会议由董事长召集和主持；董事长不履行或不能履行职务的，由副董事长主持；副董事长不履行或不能履行职务的，由半数以上董事推举一名董事主持。

（2）出席董事会会议权与表决权。《公司法》规定：董事会每年度至少召开两次会议，每次会议应当于会议召开 10 日前通知全体董事和监事；董事会会议应有超过半数的董事出席方可举行；董事会做出决议，必须经全体董事的过半数通过；董事会决议的表决，实行一人一票。

（3）选举权和被选举权。《公司法》规定：股份有限公司董事会设董事长 1 人，可以设副董事长。董事长和副董事长由董事会以全体董事过半数选举方式产生。可见董事具有选举或者被选举为董事长或者副董事长的权利。

（4）召开临时董事会的提议权。《公司法》规定：代表十分之一以上表决权的股东，三分之一以上董事或者监事会，可以提议召开董事会临时会议；代表十分之一以上表决权的股东，三分之一以上的董事、监事会或者不设监事会公司的监事提议召开股东临时会议的，应当召开临时会议；董事长应当自接到提议后的 10 日内，召集和主持董事会会议。

（5）签字权和免责权。按照《公司法》规定，董事会应当对会议所议事项的决定作成会议记录，出席会议的董事应当在会议记录上签名。董事应当对董事会的决议承担责任，但经证明在表决时曾表明异议并记载于会议记录的，该董事可以免除责任。

(6) 委托和受托权。《公司法》规定：董事会会议应由董事本人出席，董事因故不能出席，可以书面委托其他董事代为出席，委托书中应载明授权范围。

董事除拥有上述权力之外，还拥有知情权、监督权、报酬请求权以及诉讼权等职权。

（四） 董事的义务

董事对公司的义务，是基于董事和公司之间的委任关系。基于这一关系，股东将财产交给董事经营，董事在享有对公司财产的经营管理权的同时，须对公司承担忠实义务和注意义务。这一义务的精神显然也弥漫于董事和股东之间，例如董事对股东负有依法分配股息和红利的义务等。董事对公司之外的第三人的义务，主要是对公司债权人应承担的义务。董事对公司债权人承担义务，主要是基于公司的有限责任而产生，其目的是保护公司债权人的合法权益不致因董事的不当行为而遭损害。但董事对第三人的义务，是就该等义务的实质来说。在制定法上，这些义务仍然表现为董事对公司的义务。董事的义务主要由忠实义务、注意义务以及其他义务组成。

董事的忠实义务（duty of loyalty）指董事应受人之托，忠人之事，应忠于公司利益，并在个人利益与公司利益相互冲突时，以公司利益为重，服从公司利益。具体来说，董事的忠实义务包括以下内容：（1）非经法定程序不得同公司进行交易的义务；（2）不得要求公司贷与金钱或提供担保的义务；（3）不得利用公司机会的义务；（4）竞业禁止义务。

董事除应对公司承担忠实义务外，尚应对公司承担注意义务（duty of care）。所谓注意义务，乃是指董事在管理公司事务时，应以理性人的标准来行事。他的每一个决定，从社会一般标准和公司的利益来看，应是合理的，可行的。有人认为，董事的注意义务，较之忠实义务，是一种较轻的义务。但这种义务有时被看作是董事对公司所承担的受信托义务。

董事的其他义务与上述董事的忠实义务和注意义务的不同在于它们是英美法系制定法上的义务，而忠实义务和注意义务是英美判例法上的义务。但是在大陆法系国家，公司法一般都表现为制定法，不存在判例法和制定法的区别。而它们在公司法中所规定的董事的义务，实际上也包含了英美法系董事的忠实义务和注意义务的内容：（1）董事不得违法分派股息或红利的义务；（2）董事不得在公司最低法定注册资本缴付前以公司名义从事商事活动的义务；（3）董事在公司招股说明书中不得有虚假或误导性陈述的义务；（4）董事在公司清算时有做出法定声明、使公司及时进行清算的义务；（5）董事不得从事欺诈性交易的义务。

董事对以上义务的违反，除存在法定的或公司章程规定的豁免情形，或股东大会或董事会或监事会决定豁免其责任外，均会带来董事对公司承担相应责任的后果。

四、董事的激励方法

案例4-6 **日本的董事激励方法**

日本在战后经历了经济高速发展的时期，并成为亚洲经济乃至世界经济强国。但从20世纪80年代后期开始，日本经济泡沫开始破裂，至90年代旷日持久的"平成不景气"更是雪上加霜。在委托代理理论的引导下，同时也是迫于外界的压力（如日益增多的外国股东对公司经营以及董事会的要求等），日本公司重新明确了董事会及董事的任务（即受股东之托负责公司的监管，以实现股东利益的最大化），并改革了董事会制度，改变了以往一直实行的内部董事会制度，引入外部董事、外部审计等机制，并重视董事会自身精锐性与专业化委员的结合，在此基础上推行对董事的激励制度，以此改善公司治理结构，提高公司治理水平，以实现其经济新的突破。日本公司比较注重对董事进行激励，其激励董事的机制种类多并且灵活。日本的董事激励机制主要包括认股权激励和退职金激励，二者并非是各自独立的，常结合采用。认股权激励是为激励公司董事以及高层领导使其努力工作以提高公司价值而创设的。在设计中对认股数量、认股价格以及认股程序等均有具体的规定。由于认股权激励能够保证认股购买者得益，对于董事的激励是很有效的。因为在公司经营效益与股票市值一致的情况下，董事工作的努力程度、公司的经济效益、公司股票的价格以及董事的得益会形成良性循环，最终使公司的价值极大化。退职金是日本公司给予退职员工的补偿。一般地，公司会在董事退职金中设计激励的方式，用以激励董事。董事退职金由一般退职金、功劳金和特别功劳金三部分组成。后二者即是公司为激励董事而设计的。

【问题】

1. 结合上述案例谈谈什么是董事激励。

2. 你认为日本的董事认股权激励和退职金激励方法对我国的董事激励有何启示？

赋予董事责任的同时，还必须给予一定的激励。由于信息的不对称，作为代理人的董事也存在着道德风险。詹森认为可以利用两种方式使董事承担风险：一是要求新提名的董事利用自己的资金去投资公司股票；二是以权益为基础的报酬形式替代现金支付年薪；1999年6月经济合作与发展组织（OECD）指出良好的公司治理须对董事会及管理者提供适当的激励因子，以有效达成公司及股东利益的目标，并使得公司资源运用更具效率。

良好的股权激励机制能充分调动经营者的积极性，将股东利益、公司利益和经营者个人利益结合在一起，从而减少管理者的短期行为，使其更加关心企业的长远发展。全美教师保险及年金协会（TIAA－CREF）和加州公共雇员退休系统也认为董事应该持有在一定限额水平以上的本公司股份；全美公司董事协会蓝带委员会（Blue Ribbon Commission）下设的董事报酬委员会推荐的六点"最佳实践"中也包括了为每名董事设置大量持股权的目标，并通过使用股票期权和其他以权益为基础的报酬来达到这一目标。由于"固守效应"的作用，董事持股过多，可能会影响其独立性，并导致公司价值的减少。目前我国上市公司以货币激励为主，持股激励较少，相对于主板上市公司，中小企业板董事持股比例相对较高。

中国证监会《上市公司股权激励规范意见》对实施股权激励的董事和高级管理人员的业绩条件作了强制性的规定，并规定了董事和高级管理人员所获授权的股票禁售期，要求在本届任职期内和离职后一个完整的会计年度内不得转让，以鼓励董事和高级管理人员长期持股，将个人收益与公司业绩挂钩，克服任职期内的短期行为。

董事薪酬安排在实践应用中是否具有激励性，是人们设计激励制度的基本起点。提高董事津贴单元中的基本聘用金，是否有利于激励董事恪尽职守，并没有定论，甚至可能是经理拉董事"下水"的手段。而且即便发现了董事津贴与公司业绩间的相关性，其因果关系也很难确定。对于"计件"性质的参会津贴，具有怎样的激励作用也有不同意见。一种观点认为，董事并不在乎参会津贴的物质刺激，如果参会津贴会促使董事不缺席会议，董事更多的是基于个人声誉的考虑和对公司要求的响应。公司发放参会津贴的作用，是发放了一种公司意愿的"信号"。还有一种观点认为，如果参会津贴发放的力度不够，不如不发，因为它会成为董事逃避职责的价格。对于理论上认为具有激励相容作用的股权激励，多数的实证检验是支持的，但是其激励强度，即薪酬—业绩敏感度相对于经理而言要低得多。

如果不能把薪酬计划作为董事激励制度的唯一主体，需要综合地调动声誉激励、控制权激励等多种手段。而且，完全从代理人的角度定义董事也需要反思，如何激发董事的"管家"精神，需要进一步探索。此外，从行为科学的双因素理论理解，董事的薪酬计划更可能是一种保健性因素而不是激励性因素，做好对董事的薪酬管理的作用是避免董事的不满情绪和随之而来的卸责行为。

第二节　董事会

一、董事会制度起源与演化

有公司必有董事会。这一问题在世界范围内的一致性，要远远超过大多数法律中的问题。和纷纭芜杂的公司理论及其延伸命题——公司特性究竟包括哪些因素——的持久争论相比，董事会在规范意义上作为公司的最高权力行使者，集体决策、合议和共管的行为模式，几乎没有例外。

（一）董事会起源

首先，在公司制度的萌芽期，出现了调停各方利益的机构。在欧洲的中世纪时代，在资本主义兴盛之前，意大利等国出现了称作索塞特斯和康孟达的一类合伙商业形态，被认为具有了公司现代公司特征的某些制度安排，比如，某些出资人的有限责任，以及负责经营的专职经理等。那时的这些"公司"多数类似于今天的行会。合伙商人组合在一起，通过"公司"对外获取相关业务的特许权和垄断权，对内的职责是解决相互之间的纠纷。这个"公司"具有了董事会的功能。

随后，在经济社会的发展中公司制度被接受，各国出台公司法对公司制度的设立和运行做出规则要求，包括有关董事会的条款。英国 1856 年颁布的《合股公司法》是第一个成型的公司法，对董事制度进行了初步的规制。在这段时间，董事会的设立不是被强制要求的，对其认识也在不断探索和发展。在 1808 年的《法国商法典》（也在德国被使用）中，公司的成立要经国家许可，董事会也要在国家的监督机构——监察会的监督下行使职能。但是，到了 1897 年的《德国商法典》，对董事会提出独立性要求，确认董事会对公司的领导不再受股东及国家监督组织的影响，要独立指挥公司运行。

最后，董事会作为公司必设机构的要求，其实是较近的事件。在英国，直到 1947 年的公司法才规定董事会是公司必设机关。在美国，1943 年的《示范公司法》也才规定，"除另有股东协议外，每个公司必须有董事会"。如果说公司法是有关公司制度的一套"通用"契约（公司章程属于特殊契约），反映了人们对公司运行的某些环节的共同认识，那么，董事会存在的必要性、董事会制度设计的标准化要求，也是当代才达成共识，甚至是妥协。

（二） 董事会角色的演进

根据以上有关董事会起源、演进的分析，可以发现董事会在其出现的早期，其功能与基于公司治理视角对现代董事会的认识有较大出入：第一，董事会最初不是以监管者而是以决策者的身份出现的。以第一家设立了董事会雏形机构的弗吉尼亚公司为例，其设立在英国本土的理事会由 13 人组成，负责的是公司最高管理和指导。它对于发生在殖民地美国的公司业务，不仅是进行监督，更重要的是直接决策。第二，董事会最初的另一重身份不是保护者而是仲裁者。在早于东印度公司等合股公司之前的具有行会属性的"公司"中，董事会性质的机构并不保护公司的独立性，因为那时的法人地位尚在建立中。董事会主要负责确定和履行商人成员间的行为规则，解决商人成员间的内部纠纷。

董事会制度的发展变迁历程中，一共存在着四项角色：决策者、监管者、仲裁者和保护者，这四项角色构成了董事会的功能区间。决策者角色反映了董事会在公司经营管理活动中的任务，董事会要负责公司的战略性决策活动；监管者角色体现了董事会对经理的管治作用，董事会要对经理及其行为履行监督职责；仲裁者角色认为董事会要平衡好公司各方投资者的利益，董事会作为解决股东间纠纷的处理机关；保护者角色说明董事会要代表全体股东利益，董事会成为屏蔽各方私利而确保公司独立性的保护装置。

这四项角色在董事会制度演进的不同时期，"戏份"明显不同，且具有密切联系：决策者角色和监管者角色都与公司的资产经营活动密切相关，是法人财产使用权和处分权的不同配置结果。但是，随着经理人经营管理的职业化发展，也就是在经理革命的推动下，董事会的决策者角色渐渐淡去，其监管者身份日渐重要。仲裁者角色和保护者角色都与公司的利益划分密切相关，反映了法人财产收益权的不同规制方式。但是，随着股东投资风险的减少，或者说是股东责任的有限化，即在有限责任制度和法人独立制度的推动下，董事会的仲裁者角色变得不合时宜，其保护者角色的重要性日渐凸显。

二、董事会的设置与结构类型

案例4－7 华为的董事会

华为公司董事会成员共 17 名，由持股员工代表会选举产生并经股东会表决通过。2017年，部分董事辞去公司董事职务，董事会成员进行了相应调整和变更。2018 年 3 月，持股员工代表会和股东会进行了董事会换届选举，产生了新一届董事会成员和候补董事。董事缺位时，由候补董事依次递补。2017 年，董事会共举行了 12 次现场会议，就中长期发展规划、年度业务计划与预算、年度审计报告、公司治理制度建设、专业委员会运作情况、长期激励、年度利润分配、增资、融资等事项进行了审议和决策。董事会设常务委员会，常务委员会是董事会的常设执行机构，受董事会委托对重大事项进行研究酝酿，就董事会授权的事项进行决策并监督执行。图 4－1 为华为区域组织。

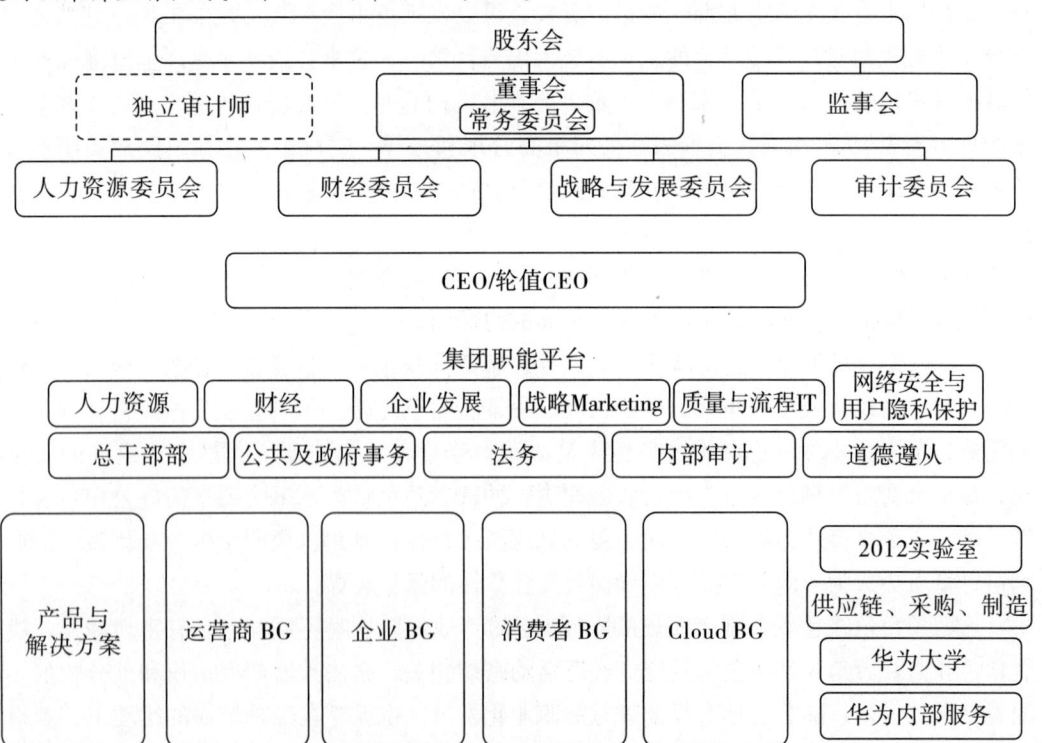

图 4－1　区域组织（地区部、代表处）

【问题】

1. 华为的董事会设置是怎样的?
2. 董事会类型有哪些?

（一） 董事会设置

中国 2006 年 1 月 1 日修订的《公司法》对不同类型企业的董事会设置做了如下规定：有限责任公司设董事会，其成员为 3 ～ 13 人；股东人数较少或者规模较小的有限责任公司，可以设 1 名执行董事，不设董事会；2 个以上的国有企业或者 2 个以上的其他国有投资主体投资设立的有限责任公司，其董事会成员中应有公司职工代表；其他有限责任公司董事会成员中可以有公司职工代表。董事会中的职工代表由职工代表大会、职工大会或者其他形式民主选举产生。董事会设董事长 1 人，可以设副董事长。董事长、副董事长的产生办法由公司章程规定。

国有独资企业应设置董事会，董事每届任期不得超过 3 年；董事会成员中应有公司职工代表；董事会成员由国有资产监督管理机构委派；但董事会成员中的职工代表由公司职工代表大会选举产生；国有独资公司的董事会设董事长 1 人，可以设副董事长。董事长、副董事长由国有资产监督管理机构从董事会成员指定。

股份有限公司应设置董事会，其成员为 5 ～ 19 人；董事会成员中可以有公司职工代表；职工代表通过职工代表大会、职工大会或者其他形式民主选举产生；董事会设董事长 1 人，可以设副董事长。董事长和副董事长由董事会以全体董事的过半数选举产生。

（二） 董事会的结构类型

由于各国经济、政治、历史文化、公司法系和资本市场的发达程度等因素的制约，董事会制度的选择有所不同，一般认为，董事会类型有单层董事会制、纵向双会制以及平行双会制三种。

单层董事会制：执行和非执行董事均由股东直接选举产生，二者被纳入单一结构里，以确保所有董事都有平等的地位，共享集体决策的责任。由于设置了强有力的非执行董事，这一类型董事会可以负起广泛的职责。这一模式存在于英国及其他受英国传统影响的国家。

纵向双会制：监督功能和管理功能分设。监督董事会或者说"上层"，由股东选举产生，全部是非执行人员，一般主要关注于督导公司管理层。"下层"或者说管理董事会，由执行人员组成，由上层的监督董事会选聘。该模式可以在欧洲国家找到，如德国和荷兰。在德国，资金提供者代表如银行，和劳工代表在监督董事会中拥有席位。法国公司分为两种模式，大型公司多采用纵向双会制，中小型公司多采用单层董事会制。纵向双会制的一个关键特征是上层的监督董事会拥有任命和撤换下层的管理董事会成员的权力，这使其与独立董事日益增多的单层董事会制之间在功能上是明显趋同的。

平行双会制：监督功能和管理功能分设。董事会主要执行管理功能，同时负有对经理层的监控职能，与董事会地位平等的监事会没有管理功能，只是执行对董事会和经理层进行监督的功能。虽然这种平行双会制和上面的纵向双会制都可以归为双会制，但是二者之间有着本质性的不同。这里的监事会和董事会成员均由股东选举产生，地位平等，中国大陆以及台湾省都属于这种类型。

（三） 董事会成员

本节所介绍的董事会成员与前文所介绍的董事不同，主要针对董事内部的各重要工作职位进行介绍。主要包括董事长、副董事长与首席董事以及董事会秘书。

（1）董事长，或者称董事会主席，由董事担任，是董事会的统领人、召集人和代表人。作为统领人，董事长负责领导和监督董事会的运作；作为召集人，董事长要负责召集和主持董事会会议，检查董事会决议的实施情况，并主持股东大会；作为代表人，董事长对外代表董事会甚至整个公司。董事长可以在董事会闭会期间行使董事会的部分权利。中国的法定代表人制度将董事长的代表人身份推向极致。由于董事会毕竟是会议体机关，工作强度并不高，而如果董事长又仅作为统领人、召集人和代表人身份，那么，他工作起来还是比较超脱的。

（2）副董事长和首席董事。公司法规定公司还可以设副董事长。副董事长可以作为董事长的副手，但其核心价值不在于助手作用，而是替代作用。《公司法》规定，当董事长在某些特殊情况下不能履行职务或不履行职务时，副董事长将代行董事长职务。在公司处于变动的情况下，董事长事实上缺位的时候，副董事长的作用就更体现出来了。英美国家的董事会中常常会设置 Leading Director，即首席董事，基本由独立董事担任。一般当董事长兼任经理或 CEO 时，在某些议题上会要求内部董事回避，这个首席董事就临时起到统领董事会的作用，甚至在某类活动中，决策、监督等活动均由首席董事控制。

（3）董事会秘书。董事会秘书是公司的关键人物，由董事会任命、领导并对其负责。我国《公司法》所称高级管理人员，除了公司的经理、副经理、财务负责人，还包括上市公司董事会秘书。董事会秘书是公司董事、经理和股东之间的联络人，是董事会、经理层和股东大会之间的中介机构。

三、董事会的功能与职责

（一） 董事会的功能

董事会的功能是董事会存在的价值所在，是董事会本身内生出的权变性功能。董事会主要有两大功能，即董事会的本质功能以及原生功能。

1. 公司治理的内涵与董事会的本质功能

公司治理本质上不是对人的治理，也不是对事的治理，而是对公司这种企业制度的治理，治理的是公司制度的先天缺憾。公司治理的功能是明确的：一是监督、管制、激励经理，降低代理成本，治理经理制度，姑且称其为监管经理功能；二是确保公司的独立性，避免剥夺行为，治理有限责任制度，姑且称其为法人独立功能。由于董事会是公司治理机构的核心枢纽，因而，可把董事会的本质功能确定为其所承担的公司治理的功能。

2. 董事会的原生功能

董事会的原生功能主要分两项。

第一项是决策制定功能，即董事会要承担制定经营决策的职责，至少要在决策制定中发挥参谋作用。决策制定功能不是公司治理的本质功能，而是赋予董事会的一种原生功能。其次，董事会执行这项功能对于已经完成经理革命的现代公司而言是不合理，经理革命导致的企业家职能的分解已将这种职责交给了经理。但对于经理革命不彻底的，进而未建立起委托—代理关系的所谓公司而言，由《公司法》既定的董事会承担某些经营决策的制定却是合理的，是符合劳动分工的效率原则的。换言之，现实中的董事会并不完全负责公司治理，它还是公司管理系统中的组织结构的一部分。

第二项是利益仲裁功能，即董事会负责处理股东间的利益纠纷，或者是大股东寻求额外风险溢价而控制公司的机关，或者是制衡股东间利益斗争的场所。严格地说，董事是全体股东的代表，而不是某些股东的代言人。董事会不应该是利益群体的讨价还价场所，不应该是某些股东控制公司的枢纽。但是，一些董事会承担原生的利益仲裁功能也具有一定的合理性。仲裁的前提是某些股东存在个人的利益诉求。在现实世界里，股东对公司的付出是不一样的，尤其是股东承担的责任和风险是不一致的，甚至某些股东单边承担不完备契约的风险。某些股东的责任相对于另外一些股东并非是真正"有限"时，公司的有限责任特征就是不完全的，这时一定个人利益维护就合理了，而围绕着个人利益维护的纠纷和仲裁就发生了。当然，如果股东完全具备有限的、平等的责任和风险后，董事会仍维护个别股东的利益，则就会出现剥夺型公司治理问题。

（二）董事会的功能外延

1. 董事会制度与公司治理制度的功能外延

现实中的董事会承担着两类四项功能：第一类是本质功能，包含监管经理功能和法人独立功能两项；第二类是原生功能，包含决策制定功能和利益仲裁功能两项。

本质功能反映出，董事会是为公司治理服务的，是公司治理功能实现的组织机构载体。这意味着，在纯粹的公司治理意义上，董事会的功能外延要小于公司治理的功能外延。

原生功能说明，董事会还承担着其他责任。对于经理任命未完成，进而代理型公司治理需求不强烈的公司而言，它是公司决策体系的一部分；而当股东承担较大风险责任且其分配不均时，公司的内部治理机构就应该是风险承担者的利益维护机构。所以，在现实中，我们往往看到的董事会的外延又大于公司治理的外延。

2. 董事会本质功能与原生功能的关系

关于董事会本质功能和原生功能的客观存在早已为人所洞悉，但在几乎所有的研究中，这两类功能被表述为一种互补性的关系，甚至将原生功能作为"公司治理功能系统的发展和更新"。

可是，从这两类功能的起源来看，两者非但不是互补的，而是替代的，甚至是互悖的关系。首先，没有经理革命就没有代理型公司治理问题，而经理革命就是让公司的决策权向经理集中，这是经济制度进化的效率要求和基本规律。既然决策是经理的职能，再让董事会制定决策，不是自相矛盾吗？其次，当公司的所有出资人的责任都是平等的"有限"，进而公司应该独立，但事实上又未独立的时候，就产生了剥夺型公司治理问题，所以董事会的法人独立功能与利益仲裁功能（背后是利益的个别维护）更是一种矛盾。

但是我们不能把董事会的功能等同于公司治理的功能。首先，董事会的设立作为一种法律既定的要求时，它既是公司治理的组织机构安排，也是公司管理的组织机构形式；其次，从公司制度演进的时序过程看，董事会的原生功能在前，本质功能在后。而所谓的公司革命，其实就是本质功能对原生功能的替代。不将决策权交给经理，就不能实现经营管理的优化分工；不实现满足独立法人资格要求的有限责任制度，就难以促进资本规模的扩大。当然，革命也有副作用，这就要求董事会发生功能上的跃变式转移，执行本质功能，从事公司治理。

（三） 董事会的职责

董事会的职责，决定了董事会应该做什么、对谁负责以及负什么责任，并由此决定了董事会的结构及业绩考核。从公司治理的发展来看，传统的公司治理所要解决的主要问题是所有权和经营权分离条件下的代理问题，通过相互制衡的制度安排来降低代理成本和代理风险，防止经营者对所有者利益的背离。因此在委托代理机制框架下，董事会的职责是任选总经理，并在授权范围内从事经营活动。为了降低由于信息不对称而可能产生的道德风险，董事会应监督总经理以缓解代理问题。但公司治理并不是为了制衡而制衡，而且制衡并不是保证各方利益最大化的最佳途径。良好的治理机制应该确保公司能够最有效地运行和各方参与者的利益得到充分的维护。因此，董事会核心职能是科学决策。在委托代理机制下，董事会还要履行其作为股东利益的代表监督高管人员的职责。董事会治理不应仅仅达到合规性的要求，而且要实现高效治理。为此，董事会应履行以下五项职责：

1. 选聘与监督总经理

董事会履行聘任和解聘经理人员、监督管理者的业绩、处理股东在关联交易与资产处置等方面的利益冲突、确定管理者的薪酬以及对管理者进行持续的审计监督等职责。除了对董事会成员、总经理的监督之外，董事会还应该监督公司的内部控制和风险管理。由于董事只是股东的委托人（尽管有些董事本身就是股东），可能存在董事偷懒或者与经理合谋损害股东利益的问题。为了强化董事会的监督职能，避免董事与总经理合谋，提升董事会的独立性是强化董事会监督职能的根本途径。

2. 审议、确定公司发展战略规划

董事会是公司的最高决策机构，董事会应负责审议和制定公司发展战略，并适时进行战略评价和分析，以保证公司发展的永续性。董事会制定战略应围绕以下内容展开：①与竞争对手相比，公司的核心竞争力何在？这一竞争优势是建立在什么因素（技术、低成本、杰出品牌等）之上的？②公司将如何发展和扩张，是否要进入新的行业或新的区域（优势、劣势

在哪里）？③公司的目标是什么（发展、顾客还是利润）？④怎样的规模、增长以及风险和收益是最优的？等等。

3. 关注公司的社会责任

公司社会责任是备受社会争议的话题，董事会常常难以在经济利益与社会利益之间取舍。关注社会责任可能会导致短期内的公司业绩下降或者股东利益受损，在自由的市场中，如果没有法律或者制度的约束，董事会尤其是以内部董事为主的董事会常常会为了短期利益而采取一切手段追求利润最大化。目前全球社会责任运动以及严峻的我国上市公司社会责任问题，对公司治理提出了新的挑战。各国实践证明履行社会责任对于员工队伍的稳定、企业形象的改善、顾客忠诚度的增强、社区环境的保护以及企业的价值增加等均有积极意义。因此，企业要实现可持续发展，董事会必须关注社会责任，否则可能会招致巨大的声誉损失甚至导致长期低迷。基于可持续发展视角，社会责任应该列入董事会的职责范围，董事会应通过其决策与监督行为，关注企业在商业道德、改善环境、维护顾客、员工利益、提升企业形象等方面的事宜。为了促使董事会关注社会责任，其人员结构安排应改变内部董事为主的局面，建设社会责任委员会。

4. 披露信息

对股东提供及时、准确、全面的信息是董事会最重要的职能之一。一般来说，信息披露是通过年中、年末报告来体现的，董事会应通过审计委员会确保公司披露的财务报告的完整性与真实性。

5. 学习与沟通

具有科学决策与有效监督能力的董事会应该是智慧的董事会，董事会成员的知识与能力是董事会成败的关键，董事的知识与经验不足，常常导致了董事会治理效率的低下甚至是失败。由于新知识不断出现，董事需要通过学习，获得新的知识与经验。为此，董事会应关注董事的学习与沟通能力的培训，并将其作为董事会评估或者董事评估的主要内容。另外，为了确保董事会治理有利于利益相关者价值的最大化，董事会应该与公司利益相关者进行沟通，实施利益相关者关系管理，以便为公司成功获取所需的关键资源。

四、董事会专门委员会

案例4-8 中国上市公司董事会专门委员会设置情况（见表4-1）

表4-1 董事会专门委员会设置情况

项目		2012 年	2011 年	2010 年
董事会专门委员会的数量分布	1~2 个（严重不足）/%	4	8	9.1
	3 个（略有不足）/%	23	24	26.3
	4 个（比较合适）/%	48	50	44.4
	5 个及以上（合适）/%	25	18	20.2
	平均数/个	4.01	3.84	3.84
审计委员会的人数/人		4.30	4.18	3.87
审计委员会的会议次数/（次/年）		4.28	3.74	—
薪酬委员会的人数/人		4.18	4.19	3.85
薪酬委员会的会议次数/（次/年）		2.23	1.73	—
提名委员会的人数/人		3.87	3.61	2.78
提名委员会的会议次数/（次/年）		2.40	1.88	—

【问题】什么是董事会专门委员会？董事会专门委员会有哪些？

（一）董事会专门委员会概述

董事会专门委员会是指由董事会设立并由董事组成的，行使董事会部分职责或者为董事会行使职责提供帮助的，内设于董事会的次一级组织机构。

表4-2 各国专门委员会情况

公司治理原则、准则	审计委员会	薪酬委员会	提名委员会	执行委员会	公司治理委员会	其他
美国商业圆桌会议	√	√	√			
美国 CalPERS	√	√	√			√

公司治理原则、准则	审计委员会	薪酬委员会	提名委员会	执行委员会	公司治理委员会	其他
美国 CII 的《核心政策》	√	√	√			
美国 TIAA – CREF	√	√	√			
美国纽约证券交易所	√	√	√			
通用汽车公司	√	√	√	√		√
英特尔公司	√	√	√	√	√	
Hample 报告	√	√	√			
澳大利亚投资总经理协会	√	√	√			
爱尔兰投资经理协会	√	√				
德国股东协会	√	√				
日本公司治理协会	√					
荷兰《比特报告》	√	√	√			
法国《维也纳特报告》	√	√				

资料来源：根据南开大学国际商学院"中国公司治理原则"课题组编译各国公司治理原则整理。参见李维安，等. 美国的公司治理：马其诺防线 [M]. 北京：中国财政经济出版社，2003：19 – 20.

常见的专门委员会有审计委员会、薪酬委员会、提名委员会和执行委员会等。

这些委员会一般都具有一些相似的特征：

（1）专门委员会的构成成员一般仅限于董事，目前越来越多地要求独立董事的加入，甚至某些特殊委员会完全由独立董事组成，而总人数比较多地集中在 3～5 人之间。

（2）同一董事兼任两个或两个以上专门委员会成员的情况并不少见。

（3）在性质上，专门委员会一般具备的是审议功能而非审定功能。它们会借助其专业知识在某些专业领域深入讨论，并出具审议报告。审议报告所列内容是否成为董事会意见，还需要董事会全体会议的裁定。

专门委员会设置的必要性来自于董事会规模扩大和职责细化的要求，也来自于董事会地位独立性的要求。

董事会在规模选择上会遇到群体决策的两难问题。一方面，董事会需要具有丰富的实战经验、多领域的专业知识、广泛的信息来源。同时在一个具有利益仲裁功能的董事会里，也需要多方利益代表的加入。另一方面，规模扩大后发生的董事个体责任感的下降，以及沟通渠道几何级数般增加而导致的沟通和协调的障碍，又限制了董事会规模的成长；专门委员会的普及，也与人们对董事独立性的呼吁有关。中国证监会规定，如果上市公司董事会下设薪酬、审计、提名等委员会的，独立董事应当在委员会成员中占有二分之一以上的比例。

（二） 主要专门委员会职责

1. 审计委员会

审计委员会是最多被设置的专门委员会。一方面，它是内部治理系统中专职监督职能的董事会构件，它通过对公司财务控制和审计程序进行检查，进而监控公司的整体运转，最终实现对经理和控制股东的监督。在内部治理方面，如果说监事会与董事会有功能重叠的话，主要发生在审计委员会上。另一方面，通过对财务报告真实性的负责，审计委员会处于公司说明责任体系的核心，也成为外部治理系统连接公司的枢纽。在形式上，各国均规定审计委员会的成员多数必须是独立董事，这确保了审计委员会的独立性，使得其监督功能和信息传递功能得以无碍展开。

2. 薪酬委员会

薪酬委员会，常常被薪酬与考核委员会的名称所替代，也是较多被设置的专门委员会。从我国《上市公司治理准则》中关于薪酬委员会职责的规定看，它的工作重点似乎仅是薪酬管理和业绩考核，对象包括董事和经理。但其实，薪酬委员会的工作重点是全面处置与经理激励约束和监督考评相关的一切事务，是专职于治理经理的委员会。而对于董事的薪酬和考评管理，并不是设置该委员会的核心目的。由于薪酬委员会的治理对象是经理，所以其成员中的独立董事占比也很高。

3. 提名委员会

提名委员会，或者名称与之相似的提名与治理委员会、治理委员会，被设置的普及率也较高。从我国《上市公司治理准则》中关于提名委员会职责的规定看，它的工作重点似乎仅是提名和选任管理，对象包括董事和经理。这同样是一个误解，其实提名委员会的"提名"主要针对的是董事。研究表明经理或控制股东控制董事会的常用手段就是控制董事的人选，而提名委员会就是掌握董事提名权力，进而把对董事会的控制权力从经理和控制股东的手中剥离出来，保证董事会的独立性。所以，提名委员会是专职于治理董事会自身的委员会。在实践中，它除了负责提名董事、调整董事结构组成外，也负责各专门委员会的设置活动，此外还有一项重要工作是负责对董事会的考评。

4. 执行委员会

执行委员会是由公司的执行董事和非董事的高级经理人员组成的执行董事会决议、负责公司日常经营决策与运营管理的机构。公司的 CEO 即执行委员会的主席。从性质上讲，执行委员会一直处于公司控制的核心。

除此之外，公司根据自身特征，还可以设置公共政策委员会、财务委员会、环境委员会等等。另外，为解决某个特殊问题还可以特设一些临时委员会，比如对于新 CEO 的提名和聘用，就可以设置一个特别委员会，而不在提名委员会中处理。

五、董事会会议

亚泰的董事会

深圳市亚泰国际建设股份有限公司（以下简称"公司"）于2018年8月10日以电话、电子邮件等方式向全体董事发出召开第二届董事会第二十八次会议的通知，会议于2018年8月16日以现场结合通信表决方式在公司四楼会议室召开。本次会议应出席董事7名，实际出席会议董事7名。本次会议由公司董事长郑忠先生主持，监事会全体成员及部分高管列席了本次会议。会议的召开符合《中华人民共和国公司法》和《公司章程》的规定。公司董事认真审议了《公司2018年半年度报告》全文及其摘要，认为公司半年度报告内容真实、准确、完整地反映了公司2018年上半年度经营状况，不存在虚假记载、误导性陈述或重大遗漏。表决结果：同意7票；反对0票；弃权0票。

【问题】

1. 董事会会议对出席董事的人员比例是否有具体要求？
2. 董事会会议召开的流程是怎样的？

（一）董事会会议类型

董事会是通过集体决议的形式来行使职权的，集体决议是通过召开董事会会议的方式得到的，董事会会议也区分为定期会议和临时会议。

定期会议，我国现行《公司法》对有限责任公司没有做出这方面的规定，对股份有限公司我国现行《公司法》第一百一十条规定，董事会每年度至少召开两次会议，并规定要在会议召开十日前通知全体董事和监事。

临时会议，现行《公司法》第一百一十条规定，代表十分之一以上表决权的股东、三分之一以上董事或者监事会，可以提议召开董事会临时会议。董事长应当自接到提议后十日内，召集和主持董事会会议。董事会召开临时会议，可以另定召集董事会的通知方式和通知时限。董事会会议的方式及表决形式都可以在公司章程里做出规定，所以关于什么情形下召开董事会可以在公司章程中予以规定。

董事会会议的表决，实行一人一票制；董事会会议应当由董事本人出席，董事因故不能出席，可以书面委托其他董事代为出席，我国现行的《公司法》对股份有限公司做出了该规定，对有限责任公司则没有规定。笔者认为有限责任公司在公司章程中应做出像股份有限公司一样的规定。董事会会议所议事项的决定应当作成会议记录，并由出席会议的董事在会议记录上签名。我国现行《公司法》第四十八条、第一百一十二条都对此做出了规定。对于出席率，我国现行的《公司法》第一百一十一条规定，董事会会议应有过半数的董事出席方可举行。董事会做出决议，必须经全体董事的过半数通过。

对于有限责任公司董事会的出席率，《公司法》则没有这方面的规定，而是把此事项交由公司章程自行规定。虽然赋予了公司章程更多的自由，但难免会存在一定的隐患，也给少数董事运用自身优势来控制董事会进而达到控制公司的目的提供了可乘之机。

对于正式的董事会会议，我国公司法对股份有限公司的规定是，每年度至少召开两次。这是法律要求的底线，根据公司经营情况和董事会职责安排，可以再多一些。

案例 4 - 10 ▶ 某股份有限公司董事会通过的事项

某股份有限公司董事会由 11 名董事组成。2005 年 5 月 10 日，公司董事长李某召集并主持召开董事会会议，出席会议的共 8 名董事，另有 3 名董事因事请假。董事会会议讨论了下列事项，经表决有 6 名董事同意而通过：（1）鉴于公司董事会成员工作任务加重，决定给每位董事涨工资 30%；（2）鉴于监事会成员中的职工代表张某生病，决定由本公司职工王某参加监事会；（3）鉴于公司的财务会计工作日益繁重，拟将财务科升级为财务部，并向社会公开招聘会计人员 3 名，招聘会计人员事宜及财务科升格为财务部的方案经股东大会通过后实施；（4）鉴于公司的净资产额已达 2 900 万元，符合有关公司发行债券的法律规定，决定发行公司债券 1 000 万元。

在该案例中公司董事会会议的召开和表决程序符合法律规定。按照《公司法》的规定，股份有限公司董事会须有 1/2 以上的董事出席方可举行，董事会会议由董事长召集并主持；董事会决议须经全体董事过半数通过。但董事会通过的事项中有不符合法律规定之处：

——董事会决议给每位董事涨工资的决定违法。按照《公司法》的规定，决定董事的报酬属于公司股东大会的职权；

——董事会决议由公司职工王某参加监事会的决议违法。根据《公司法》的规定，选举和更换由职工代表出任的监事应由公司职工民主选举；

——董事会认为将公司财务科升格为财务部的方案须经股东大会通过的观点不符合法律规定。根据《公司法》的规定，公司董事会有权决定公司内部管理机构的设置；

——董事会认为公司的净资产额达到发行公司债券的法定条件的观点不符合法律规定。根据《公司法》的规定，股份有限公司发行公司债券，其净资产额应不低于 3 000 万元。

一些公司的董事会一年召开了 30 多次，这绝不是一个好现象，它往往传递了一个消息——公司摊上大事了。良好的公司治理实践倡导董事会应制订年度的会议计划，包括一年内董事会会议的时间表以及每次会议的议题安排。董事会会议的年度计划有助于确保董事会对公司事务的持续关注和监控，也有助于董事提前做好参会准备，提高会议的出席率和参与度。

表4-3 美国销售额达 56 亿美金的某制造型企业的董事会年历

二月	四月	六月
董事会 ●年度评估 ●红利公告 ●发展战略探讨 ●战略回顾	审计委员会 ●内外审计报告 ●下一财年外部审计聘任建议 ●无形资产审查 ●外审费用审查 财务委员会 ●审查经营计划的财务状况 ●融资状况更新 ●长期借款授权 董事会 ●基金捐款授权 ●下一财年经营计划审查	薪酬委员会 ●公司激励分级 ●经理激励计划的奖励 ●经理激励计划分级指引 ●可变激励计划（401K）的变量匹配 ●股票期权存入准予 ●审批 CEO 个人目标 ●代理人信息 ●评估 CEO 公司绩效 提名委员会 ●公司治理回顾 ●信任董事候选人 董事会 ●第一商业单元的战略回顾 ●董事长个人目标的回顾 ●红利公告 ●年度会议的决议 ●下一年度的会议安排
九月	十月	十二月
董事会 ●第二商业单元的战略回顾 ●年度的组织事项（如委员会、执行层的选举） ●股利公告 ●年度股东大会	董事会 ●探讨战略计划的"闭门静修会"	审计委员会 ●内审报告和外审报告 ●风险评估/合规审查 ●管理人员及董事的开支审查 ●高级财务/高级审计人员的审查 薪酬委员会 ●股票期权的授予 董事会 ●管理层发展更新 ●红利公告 ●战略回顾

（二）董事会会议的组织

1. 在会议召集、主持和通知方面

一般由董事长召集会议，特殊情况下由副董事长或者推举出的董事召集和主持。关于临

时董事会，代表十分之一以上表决权的股东、三分之一以上董事或者监事会，有权提议召开，而董事长自接到提议后十日内，要召集和主持该次临时会议。证监会颁布的《关于在上市公司建立独立董事制度的指导意见》中另外规定，全体独立董事的二分之一以上同意的，也可提议召开董事会。要做好会议通知工作，不仅要通知会议的时间、地点和议题等，还要同时送达议题的背景资料、议案的论证信息，以及其他有助于董事提高审议质量的材料。

2. 在会议出席方面

出席率是董事会会议效力和质量的基本保障。各国都规定了董事出席率的法定比例的底线。我国《公司法》对于股份有限公司的规定是出席人数过半，会议方才有效。关于出席方式问题上，一般要求董事本人到场出席。董事因故不能出席的，可以书面委托其他董事代为出席，委托书中应载明授权范围。目前，电子通信方式日渐便捷，可否、如何采用多媒体参会方式，需要公司文件做出具体规定。对于多次不出席会议的董事，要及时予以撤换。《上市公司章程指引》规定，董事连续两次未能亲自出席，也不委托其他董事出席董事会会议，视为不能履行职责，董事会应当建议股东大会予以撤换。

3. 在会议记录方面

董事会会议记录是有关董事会全部正式活动的真实和完整记载。特别重要的是关于表决活动的记载，要准确记录下投赞同票、反对票和弃权票的董事的名字，并尽量记录董事在表决时所表明的投票意见。在董事会召开后，会议记录要经过出席董事、董事会秘书和记录人的共同签名。签名后，会议记录就成了公司正式文档，并作为重要档案妥善保存。会议记录除了文档性资料的价值外，也构成了董事责任的追溯机制。根据《公司法》规定，在需要追究董事责任的董事会议定事项上，如果某董事在表决时曾表明异议并记载于会议记录，则可免除责任。

4. 在会议支持方面

董事会秘书是董事会这个公司治理运转枢纽的润滑剂，在公司治理系统中的地位十分重要。在日常时间，董事会秘书是公司董事、经理和股东之间的联络人，是董事会、经理层和股东大会之间的中介机构。在董事会会议的准备、召开、总结活动中，董事会秘书推动了整个议事流程的进行，是董事会会议的管理者和服务者。在多数上市公司，会为董事会秘书建立专门办公室。由于信息渠道以及知识结构等原因，董事会召开时会邀请一些列席人员，他们或者是公司的高级经理和专门职能的负责人，或者是审议事项的执行者，也可能是来自公司外部的专家。

（三）董事会会议的议程设计与表决制度

董事会会议的议程设计涉及三个问题，即审议什么议题、如何安排议程和由谁确定议程：①董事会要承担受托职责、合规职责和自治理职责，这也就衍生出三类议题。对于后两类议题，建议董事会将其程序化。而对于受托职责衍生出的议题，需要董事会必须事先定位好董事会的性质和功能，做到有所为有所不为。②在议程安排方面，要考虑议题的数量、议题的排列顺序、各议题的讨论和表决时间分布等问题。③关于议程的确定者，实践中由董事长说了算的居多，在法定代表人制度下更是如此。然而，议程安排应该是一个互动和民主的过程，全体董事都要参与到议题选择的讨论和确定过程之中。理想状态下，董事会还应该开放性地听取公司经理和股东的建议。事实上，董事长强加个人意见于董事会之上的一个途径，就是对会议议程的把控，这是一个需要治理的问题。

除此之外，董事会会议的表决制度十分重要：①董事会的表决采用一人一票的民主模式，实现董事之间的人人平等。董事长并不会因为其"长"而有特殊权力，不过当全体董事一半对一半形成均势时，有的国家规定董事长可打破僵局，他所在那一边获胜；在表决方法上，通常有举手表决和记名投票两种方式。②在计票规则上，我国《公司法》规定，董事会做出决议，必须经全体董事的过半数通过。对一些重要的审议事项，公司也可以在章程上做出更为严格的规定。③需要严格执行表决权排除制度。我国《公司法》规定，上市公司董事与董事会会议决议事项所涉及的企业有关联关系的，不得对该项决议行使表决权。在实践中，不仅要排除关联交易关系董事的投票权，中途要求其退场也应该成为一种规则。

董事会常见议题的审议流程示例：①对于重大经营决策：先在经理组织下制订决策方案，提交董事会后，由董事会（或者下设的战略委员会或投资委员会）进行审议，并出具审议报告，然后董事会根据报告形成决议，最后在董事会监控下由经理组织实施。②对于高级经理的任免：先由董事会（或者下设的战略委员会或投资委员会）或经理提名，随后董事会（或者下设的战略委员会或投资委员会）以及公司人力资源部门进行评估，根据评估报告，董事会讨论并做出决议；③对于财务公告和财务预决算：先由董事会委托经理拟定报告，提交董事会后由审计委员会出具审计报告，董事会根据报告制订公告或方案，并提请股东大会审议。可见，董事会在决策分工上以决策控制为主，审议活动中充分发挥专业委员会和独立董事的专业、独立的作用，不过最后的决议仍由全体董事做出。

对于有限责任公司董事会的出席率，《公司法》则没有这方面的规定，而是把此事项交由公司章程自行规定。虽然赋予了公司章程更多的自由，但难免会存在一定的隐患，也给少数董事运用自身优势来控制董事会进而达到控制公司的目的提供了可乘之机。

第五章 ‹ 经理人

第一节　经理人与委托代理

案例5-1 ❯ **万科刘肖**

　　刘肖，1979年9月出生于安徽省固镇县。1996—2003年，就读于中国人民大学，先后获得学士、硕士学位。2003—2009年，供职于麦肯锡公司，历任商业分析员、咨询顾问、高级咨询顾问、项目经理。2007—2008年，赴美国哈佛大学商学院学习，并于2008年获得哈佛大学MBA。在此期间，担任"哈佛美中经贸论坛"联席主席，"哈佛商学院商业、工业与政府社团"主席。2014年12月，出任北京万科企业有限公司总经理。2015年3月，就任公司副总裁、北京区域本部首席执行官，兼任北京万科企业有限公司总经理。

　　2017年12月12日，由新浪财经、乐居、中房研协、上海证券报和中国企业家联合主办的"2017中国地产经理人"评选结果在北京揭晓。万科北方区域首席执行官、万科集团高级副总裁刘肖荣获"2017中国地产经理人100强"。

　　【问题】什么是经理人？经理人在公司治理中具有什么样的地位？

一、经理人释义

　　经理人，又称经理，我国现行《公司法》将公司经理确立为公司的机关，但又将其界定为公司高级管理人员的一种。

　　"经理"一词，在大陆法系国家的立法、学说与判例中含义相当复杂。采用民法和商法分立法例的国家和地区（如德、日、韩，我国澳门地区等），一般在商法典总则中对经理做出规定；而采民商合一立法例的国家和地区（如意大利、瑞士，我国台湾地区等），则一般在民法典中对经理做出规定。我国澳门地区商法典则对经理作了较清晰的解释，认为"经理系指商业企业主委任以经营企业之人，该委任得按商业习惯以任何职务名称为之"。这一解释具有独到之处，其价值在于把握了经理地位的实质意义，不因名称形式而否决具有实质经理地位的人的身份。与商法典不同的是，民法典从契约角度来解释经理的地位。如《意大利民法典》在劳动编中将经理定义为"接受企业主的委托经营商业企业的人"。我国台湾地区《民法》第五百五十三条第一款规定："称经理人者，谓由商号之授权，为其管理事务及签名之人。"商法典从人法角度试图将经理与商人区分开，带有较强烈的主体色彩；而民法典从行为法角度试图解析经理与商人的关系，以契约关系取代经理的身份关系。这种表述上的差异，隐含着不同的立法价值取向：前者对经理地位的安排更多地侧重于强制性规范，以满足经理的权力保障；而后者将经理置于契约当事人地位，侧重于任意规范，赋予经理以契约上的权利。比较而言，商法典强调了经理的自由决定权和经营判断力，从而使经营更专业、更有效率；而民法典更多地负载了安全理念，使所有者保持了营业控制力，实现所有与控制的紧密结合。① 但无论是商法典还是民法典，其关于经理的规定都仅属于一般规定，并不能完全适用于公司的经理。因此公司经理的具体职权、地位等还必须依据公司法规定处理。

英美法系国家没有专门的成文法律规定经理一词的定义，而且经理也只是众多雇员中的一种。但其司法判例，却昭示了经理不同于一般的雇员。经理享有特殊的权利，承担特殊的义务，具有相当的独立性。② 如在判例法上，"经理"一词的用语曾被表达为"Manager"，意指一个被选任用来经营、指导或管理他人或公司及其分支机构事务的人，他被授予一定的独立经营权。在英美成文法上，"经理"一词往往被包含在"Officer"（高级职员）这一概念中，对具体执行董事会的决策，并负责公司的日常经营管理的人员统称为"高级职员"等。③

结合国内外相关的立法和公司法理论，可以对经理人做出如下界定：经理人，又称经理，是由董事会聘任，在法律、公司章程和董事会的授权范围内负责组织管理公司日常生产经营活动的高级管理人员。④ 经理人一般将经营管理活动作为自己的长期职业；以企业的价值观体现自己的人生价值；具备经营管理所需要的知识、经验和能力等。

我国现行《公司法》第四十九条规定，有限责任公司可以设经理；而第一百一十三条规定，股份有限公司设经理。由此可以看出，对于有限责任公司《公司法》采取的是任意性的规定，公司是否聘任经理完全由公司自己决定；但是股份有限公司必须聘任经理，经理在股份有限公司里是必设的机构，公司不能做出不设的选择。

① 王保树，钱玉林. 经理法律地位之比较研究［J］. 法学评论，2002（2）：35－43.
② 曹巍. 公司法人治理结构研究［M］. 北京：知识产权出版社，2010：146－147.
③ 克拉克. 公司法则［M］. 胡平，等译. 北京：工商出版社，1999：84.
④ 吴春岐. 公司法［M］. 北京：中国政法大学出版社，2006：278－279.

二、经理人的法律地位

经理人的法律地位，是指经理在公司中所享有的民事权利和承担民事义务的资格，具体表现为经理与公司中其他公司机关之间的权利分配关系，以及经理的行为对于公司外第三人的法律效力如何。

对于经理的法律地位，大陆法系国家较为一致的看法是，经理是商业使用人，与公司之间是委任关系。公司有权根据自身的治理结构决定是否设置经理，法律不应干涉。英美法系国家中董事会拥有公司的经营管理权，董事会可授权高级管理雇员，即经理。从中国现行《公司法》关于公司组织机构的规定来看，经理与董事会处于同一机构类型，公司经理既可认为是独立的公司机构，也可认为是辅助董事会的执行机关。经理的法律地位主要体现为以下几个方面。

第一，经理是由董事会聘任的公司的非必设机构。我国现行《公司法》第四十九条规定，有限责任公司可以设经理，由董事会决定聘任或者解聘；而第一百一十三条规定，股份有限公司设经理，由董事会决定聘任或者解聘。这意味着经理是股份有限公司的必设机构，但不是有限责任公司的必设机构。经理享有《公司法》和公司章程规定的代理权，包括法定代理权和委托代理权。法定代理权是指根据法律直接规定的代理权，委托代理权是指代理人的代理权根据被代理人的委托授权行为而产生。委托代理可以采用书面形式或口头形式。法律规定用书面形式的代理，应当采用书面形式。书面形式的授权委托书应当写明代理人的姓名或名称、代理事项、权限和期限，并由委托人签名或者盖章。若因委托书授权不明而产生的民事纠纷，被代理人应当向第三人承担民事责任，代理人负有连带责任。

第二，经理是公司日常经营管理的总负责人。说明在公司日常经营管理过程中，经理扮演着核心的角色。但这并不意味着经理拥有一切公司日常经营管理事务的决策权，公司董事会才是最终决策机构。但在营业范围内，公司不能以对经理权力的限制来对抗善意第三人。

第三，经理可以担任公司的法定代表人。我国《公司法》第十三条规定，公司法定代表人依照公司章程的规定，由董事长、执行董事或者经理担任，并依法登记。

三、经理人的职权

公司经理的职权，在理论上又称为公司经理权，是指公司经理在法律、公司章程或契约所规定的范围内执行公司业务所享有的职权。不过严格来说，公司经理权是一个一般性、抽象化的概念，经理的职权则是一个具体的概念。①

在立法上，经理职权范围的确定有三种模式：一是法定模式，即由法律明确规定经理权的范围。此为德国、日本、韩国、意大利等国所采，如《日本商法典》第三十八条规定："经理人有代替营业主人实施有关营业的、裁判上或裁判外一切行为的权限"。二是意定模式，亦称"章定模式"，即经理权的范围由公司章程和契约确定。此以我国台湾地区为典型，如台湾地区《公司法》第三十一条规定："经理人之职权，除章程规定外，并得依契约之订定"。三是折中模式，即指经理权范围通过法定和意定两种模式确定，既有法律规定的内容，又有协商确定的因素。此以法国最为典型，如法国《商事公司法》第一百二十四条规定："经理室拥有在任何情况下以公司名义进行活动的最广泛权力。经理室在公司宗旨的范围内行使其权力，但法律明确赋予监事会和股东大会的权力除外"；该法第一百一十七条同时规定："董事会和董事长协商确定授予总经理权力的范围和期限"。②

对于公司经理的职权范围，各国大多由法律、公司章程或契约规定。我国现行《公司法》第四十九条规定：有限责任公司可以设经理，由董事会决定聘任或者解聘。经理对董事会负责，行使下列职权：

（1）主持公司的生产经营管理工作，组织实施董事会决议；

（2）组织实施公司年度经营计划和投资方案；

（3）拟订公司内部管理机构设置方案；

（4）拟订公司的基本管理制度；

（5）制定公司的具体规章；

（6）提请聘任或者解聘公司副经理、财务负责人；

（7）决定聘任或者解聘除应由董事会决定聘任或者解聘以外的负责管理人员；

（8）董事会授予的其他职权。

公司章程对经理职权另有规定的，从其规定。经理列席董事会会议。

上述有限责任公司经理职权的规定，适用于股份有限公司经理。

四、经理人的义务与责任

1. 经理人的任职资格

关于经理的任职资格，各国立法的规定不尽相同，在这里仅介绍我国对经理任职资格的具体规定。我国现行《公司法》第一百四十六条规定，有下列情形之一的，不得担任公司的经理：

（1）无民事行为能力或者限制民事行为能力；

---

① 范健，王建文. 公司法 ［M］. 2 版. 北京：法律出版社，2008：377.

② 刘细良. 两大法系公司经理法律制度基本价值探析 ［J］. 湖南社会科学，2004 (6)：172 - 175.

（2）因贪污、贿赂、侵占财产、挪用财产或者破坏社会主义市场经济秩序，被判处刑罚，执行期满未逾五年，或者因犯罪被剥夺政治权利，执行期满未逾五年；

（3）担任破产清算的公司、企业的董事或者厂长、经理，对该公司、企业的破产负有个人责任的，自该公司、企业破产清算完结之日起未逾三年；

（4）担任因违法被吊销营业执照、责令关闭的公司、企业的法定代表人，并负有个人责任的，自该公司、企业被吊销营业执照之日起未逾三年；

（5）个人所负数额较大的债务到期未清偿。

公司违反前款规定选举、委派董事、监事或者聘任高级管理人员的，该选举、委派或者聘任无效。

2．经理人的义务与责任

关于经理人义务的内容，学界有很多研究，但普遍存在着交叉和不系统的问题。2006年美国的《代理法第三次重述》（以下简称《重述三》）对于代理人义务进行了清晰的体系性界定，为经理义务的内容体系提供借鉴。《重述三》将代理人义务分为三个层次：第一层次是代理人"总的信义义务"；第二层次是忠实义务和执行义务；第三层次是忠实义务的四项和执行义务的六项具体义务内容。具体如下：

（1）"不得利用职位获得物质利益的义务"，指经理不得利用与第三人交易时从该第三人处获得物质利益，或者其他为了其自己利益的行为或者以经理的名义从事代理事务时从第三方获得物质利益。

（2）"不得为相对方利益行事的义务"，指经理应该为公司的利益行事，而不能为自己或第三人的利益行事。

（3）"不得竞业的义务"，指经理有义务克制住自己与委托人的竞争，克制住为了自己或是协助委托人竞争对手的利益而进行的行为。

（4）"不擅用委托人财产和秘密信息义务"，指经理有义务不得为了自己或是第三方的目的而去使用委托人的财产或者使用或传达委托人的秘密信息。

（5）"遵守委托合同指示的义务"，指经理有义务按照经理契约中明示和隐含的条款意思行事。

（6）"注意、技能和勤勉义务"，指经理处理公司事务时应当像通常处理在同样情形下的自己事务一般尽适当的注意、技能和勤勉。经理特殊的技术和知识有条件地被考虑，取决于经理（代理人）是否适当地注意和勤勉。

（7）"在授权范围内执行事务的义务"，指经理有义务只在实际授权范围内行事，有义务遵守来自委托人和委托人指派之人的所有关于经理为了委托人利益而行为的合法指示。

（8）"善行义务"，指经理有义务进行适当的行为，并且克制住有可能损害委托人事业的行为。

（9）"提供信息的义务"，指经理有义务尽适当努力来提供给公司及其董事会"经理知道的、有理由知道的或是应该知道的"有关事实的信息。

（10）"财产隔离和保管商业账簿的义务"，指经理不要在处理公司的财产时对外显示出是经理自己的财产，做到经理财产与公司财产的有效隔离，保持和呈递记载公司金钱和财产的收支情况的商业会计账簿。①

除了理论义务，我国现行《公司法》第一百四十八条规定了经理人员的具体义务。经理人员不得有以下行为：

（1）挪用公司资金；

（2）将公司资金以其个人名义或者以其他个人名义开立账户存储；

（3）违反公司章程的规定，未经股东会、股东大会或者董事会同意，将公司资金借贷给他人或者以公司财产为他人提供担保；

（4）违反公司章程的规定或者未经股东会、股东大会同意，与本公司订立合同或者进行交易；

（5）未经股东会或者股东大会同意，利用职务便利为自己或者他人谋取属于公司的商业机会，自营或者为他人经营与所任职公司同类的业务；

（6）接受他人与公司交易的佣金归为已有；

（7）擅自披露公司秘密；

（8）违反对公司忠实义务的其他行为。

经理人员违反前款规定所得的收入应当归公司所有。

第二节　经理人与委托代理关系

案例 5 - 2 ▷ 无效的协议

2008 年 4 月 28 日，原告马季东与被告天山食品公司签订《供货协议》，由马季东在昭通市昭阳区独家销售代理天山食品公司生产的产品。尔后，马季东从天山食品公司进货到昭通市昭阳区销售经营。2009 年 5 月，天山食品公司在昭阳区设立展销点，销售该公司产品。马季东认为天山食品公司违约，要求天山食品公司赔偿损失。2009 年 5 月 10 日，马季东与天山食品公司总经理杨绍福协商并达成协议，由天山食品公司赔偿马季东 60 000 元，分两次给付（即 2009 年 5 月 13 日前给付 30 000 元，2009 年 10 月底前给付 30 000 元），并出具了欠条。期满后，天山食品公司未按约定履行给付义务。马季东将天山食品公司告上法庭。被告天山食品公司辩称，其没有与原告马季东签订任何赔偿协议，也未委托或授权杨绍福与马季东签订赔偿协议，其不是本案适格被告。杨绍福不是公司的法定代表人，他与马季东签订的赔偿协议，属杨绍福的个人行为，与其无关。杨绍福与马季东签订的赔偿协议，因未得到其追认，故对其属无效合同。请求驳回马季东的诉讼请求。

---

① 吴伟央. 别于董事义务的公司经理义务研究［J］. 杭州师范大学学报（社会科学版），2010，32（2）：84 - 90.

〔资料来源：陈祖宣. 马季东诉永善县天山食品有限公司买卖合同纠纷案〔EB/OL〕. (2011 - 03 - 24)〔2019 - 10 - 10〕. http://ysxfy. chinacourt. org/public/detail. php?id = 1043.〕

【问题】本案中，杨绍福是不是公司的法定代表人，他与马季东签订的赔偿协议是否有效？尝试运用委托代理理论，解释该事件发生的原因。

一、两权分离产生的代理问题

现代企业的所有权和经营权发生分离，改变了传统企业中企业所有者和经营者合一的形式，产生了委托代理关系。由于企业的出资者与经营者具有不同的目标函数，经营者行为并不会自动完全服从于股东利益，这就产生了代理问题。[①]

1. 委托人与代理人的利益不一致

委托人（企业所有者）作为资本所有者拥有剩余索取权，所追求的目标是资本增值和资本收益的最大化，最终体现为股东价值最大化。但是，作为代理人的经理人，其效用包括货币效用（薪酬、奖金、津贴等）和非货币效用（办公条件、商业应酬、社会地位等）。目标不同会使两者产生利益上的冲突，如经理人办公室消费膨胀，投资风险加大等问题。

2. 信息不对称的存在，使委托人并不能有效地观察经理人的行为

作为企业经营管理者的代理人，自然比委托人拥有更多的信息，而委托人要了解全部信息又是非常昂贵的。因此，在这种情况下，代理人可能在经营过程中存在机会主义行为，使委托人承担意外风险。例如，当经营者的薪酬与短期利润联系紧密的时候，他们就倾向于追求短期利润，而相对忽视了企业的长期发展，并且隐瞒这种行为选择的真实动机。

3. 不确定性的结果

公司的业绩除了取决于代理人的能力及努力程度外，还受到许多其他外生的、难以预料的事件影响。但委托人通常只根据规定期间的公司业绩对代理人进行奖惩，这样的行为易使代理人心理失衡，进而导致代理人的短期行为。[②]

二、代理成本

在经理人和企业所有者建立委托代理关系时，往往通过契约等形式规定彼此的权利和义务。但由于契约的签订不能够详尽描述未来可能发生的所有情况及应对措施，不能够清晰界定各种不确定情况下契约各方的权力、责任与义务，因此不完全契约才是企业所面对的真实

---

① 高明华. 公司治理学〔M〕. 北京：中国经济出版社，2009：182.
② 刘彦文，张晓红. 公司治理〔M〕. 北京：清华大学出版社，2010. 有删改.

契约。① 在契约不完备的情况下，股东为避免自身利益损失，就要监督和约束管理者的行为，这势必导致代理成本的发生。代理成本包括两个方面：一是委托人与代理人之间因"道德风险"和"逆向选择"而存在非协议、非效率的剩余损失；道德风险是指在信息不对称的情况下，不完全的合同使得负有责任的经济行为主体不承担其行动的全部后果，在最大化自身效用的同时，做出不利于他人行动的现象，逆向选择也是在信息不对称情况下，其一方利用多于另一方的信息而达成的交易，从而使自己受益，而另一方受损。二是委托人为了自身的效用目标而对代理人的经济行为进行约束、激励、监督所产生的约束成本和监督成本。② 代理成本的大小与所有权和经营权分离的程度有关：所有权和经营权分离程度越大，代理成本越大。而从第三章我们已经了解到，所有权和经营权的分离程度与股权的分散程度或股权的结构有关。

事实上，很少有经理人会故意管理失当，也很少有经理人会故意滥花投资者的钱。但客观上，只要存在委托代理关系和信息不对称，经理人控制过度所造成的损害企业利益的问题就难免会发生。当然，解决经理人控制问题的方法不可能是取消委托代理关系，信息也不会绝对对称。解决该问题的途径就是确定公司主体对经理人的行为激励，对违法行为进行事前、事中和事后的有效监督的有机统一。③ 如何解决代理问题，协调股东和经理人之间的潜在利益冲突，已经成了公司治理一个重要的研究领域。

第三节　经理人的激励机制

案例 5-3 ▶ **韦尔奇的退休福利**

被誉为"20 世纪美国最伟大的职业经理人"和"全球第一 CEO"之称的美国通用电气公司 CEO 杰克·韦尔奇在退休后，陷入了离婚官司中。因为其前妻要求律师调查，让公众了解到通用电气公司给韦尔奇提供的退休福利方案。

虽然韦尔奇个人的总资产高达 9 亿美元，但是韦尔奇仍旧在很多花费上继续花着通用电气的公款——比如通用电气为韦尔奇报销 4 处住宅里的电器、汽车、卫星电视费用；各种体育赛事等娱乐活动的昂贵门票费用也在报销之列；韦尔奇还享受着位于曼哈顿隶属通用电气的豪华公寓的使用权，一套豪华办公室的使用权和相关秘书服务；甚至连日常食品、酒水、订阅报纸杂志等费用韦尔奇也不用自己掏腰包。

① 高明华. 公司治理学［M］. 北京：中国经济出版社，2009：185.
② 刘彦文，张晓红. 公司治理［M］. 北京：清华大学出版社，2010：181.
③ 中国商业联合会，中国企业联合会. 中国董监事职业资格认证培训指定教材：公司治理［M］. 上海：上海人民出版社，2006：97.

另外，文件还将韦尔奇的其他退休福利公之于众，众多通用电气的投资者震惊地发现这位前 CEO 在退休之后还能拿到的巨额的款项：韦尔奇的退休金是每年 1 000 万美元，外加 2 200 万股通用电气的普通股票。韦尔奇乘坐通用电气商务飞机的费用平均每月就高达 30 万美元。

〔资料来源：马秀琴. 杰克·韦尔奇 退休后财富隐私[EB/OL]. (2006 - 04 - 30)〔2019 - 10 - 10〕. http://www. huaxia. com/tslj/rdrw/2006/04/67312. html.〕

【问题】

1. 上述案例说明了什么问题？

2. 韦尔奇的退休福利属于哪种激励类型？你还知道其他激励类型吗？

激励机制是关于所有者和经理人如何分享经营成果的一种契约。激励的作用在于促使经理人不只是循规蹈矩地按照契约或合同行事，而且促使他们在合理范围内充分发挥自己的能力。首先，公司内部治理的直接目标是实现经理人控制的合理性，唯有如此，才能规范经理人行为，保护股东及其他利益相关者的利益，提高公司的经营绩效和增强企业的竞争力。为实现对经理人控制的合理性，必须建立完善的经理人激励机制。再者，公司治理中由委托代理和信息不对称产生的问题（如代理成本与道德风险）仅靠监督与制衡不可能解决，关键是设计有效的激励机制。根据委托代理理论，在所有者追求价值最大化的同时，有必要设计一种激励机制，赋予经营者足够的激励，使其成为企业经营剩余的分享者，把企业经营成果在所有人与经营者之间进行最优的分配，并由双方共同承担经济风险。总之，激励就是指对经营者设计周详的激励报酬合同，促使他们将个人利益最大化目标与企业价值最大化目标相结合，尽可能消除在所有权与控制权分离下所有者与经营者目标函数的背离，使高级管理人员有积极性为企业的利益而勤勉尽职。

一、激励机制的理论依据

高层管理者激励机制是解决委托人和代理人之间关系的动力问题，即委托人如何通过一套激励机制促使代理人采取适当的行为，最大限度地增加委托人的效用。激励相容性原理与信息显露性原理为设计这种激励机制提供了理论基础。

1. 激励相容性原理

由于各利益主体存在自身利益，如果公司能将各利益主体之间合作中产生的外在性内在化，克服合作成员的相互偷懒与"搭便车"的动机，就会降低每个成员的努力程度，影响经营绩效。如果委托人的监督程度会因为与代理人的利益和动机相同而降低，一种有效的安排就是在委托人和代理人之间形成利益制约关系，即使委托人的收益决定于代理人的努力程度，双方产生激励相容性。代理人利益最大化的行为也实现了委托人利益最大化。代理人越努力，委托人所得剩余收入越多，代理人薪酬也越客观，管理与监督动机也就越强，从而激励委托人加强对其他成员的监督。

财产的激励与利益的激励合理组合、相互制衡是使公司内各所有者之间实现激励相容的关键。其中财产的激励是以财产增值为目标来激励其行为。这种激励表明管理者本人即是公司财产的所有者。而利益的激励，对公司内非财产所有者的其他成员来说，激励其行为是其个人利益的实现。财产激励与利益激励相互制约，利益激励不能脱离财产激励，而财产的激励依赖于利益的激励来实现。

2. 信息显露性原理

获得代理人行为的信息是建立激励约束机制的关键。这是由于委托人与代理人之间的信息分布具有不对称性，遇到的普遍问题是当委托人向代理人了解他们所属类型的信息时，除非通过货币支付或者某种控制工具作为刺激和代价，否则代理人就不会如实相告。因此要使代理人公布其私人信息，必须确立博弈规则。依据信息显露原理，对每个引致代理人扯谎的契约，都对应着一个具有同样结果但代理人提供的信息完全属实的契约。这样不管何种机制设计把隐蔽和扯谎预计得如何充分，其效果都不会高于直接显露机制。这样，显露原理大大简化了博弈过程，使委托人通过代理人之间的博弈可获得最大的期望收益。

为使期望收益最大化，作为机制设计者的委托人需要建立满足一些基本约束条件的最佳激励约束机制。而最基本的约束条件通常有两个：首先是所谓刺激一致性约束。机制所提供的刺激必须能诱使作为契约接受者的代理人自愿地选择根据他们所属类型而设计的契约。如果委托人设计的机制所依据的有关代理人的类型信息与实际相符，那么这个机制给代理人带来的效用应该不小于其他任何根据失真的类型信息设计的机制所提供的效用。不然代理人可能拒绝接受该契约，委托人无法实现其效用最大化。其次是个人理性约束，即对代理人的行为提出一种理性化假设。它要求代理人做到接受这一契约比拒绝契约在经济上更合算，这就保证了代理人参与机制设计博弈的利益动机。如果配置满足了刺激一致性约束，那么此配置就是可操作的；如果可操作的配置满足个人理性约束，那么该配置可行，从而保证激励约束机制处于最佳状态。

二、激励机制的主要内容

公司对高层管理者激励方式主要有精神激励和物质激励。精神激励注重提升公司高层管理者的社会地位，使他们在得到社会尊重的基础上，提高业务技能和管理水平，更好地贡献自己的才智；物质激励是指高层管理者所得的工资和奖金等。激励的核心是将高层管理者对个人效用最大化的追求转化为对公司利润最大化的追求。激励机制的主要内容包括报酬激励机制、经营控制权激励机制、剩余支配权激励机制、声誉或荣誉激励机制、知识激励机制、聘用与解雇激励机制。

1. 报酬激励机制

对高层管理者的报酬激励一般由固定薪金、股票与股票期权、延迟报酬等构成。其中，固定薪金是经理人激励的最基本形式，属于短期激励，其优点在于稳定、可靠、无风险，能做基本保障，但缺乏灵活性和刺激性。奖金和股票（期权）与其经营业绩紧密相关，对经营者来讲有一定风险，也有较强激励作用，但易引发经理人员追求短期绩效的行为。延迟报酬（包括退休金计划和离职后报酬）则有助于激励经理人长期行为。从经理人的激励角度来讲，可以将广义的报酬分为两类：一类是保健性因素，如工资、固定津贴、社会福利等；另一类是激励性因素，如奖金、物质激励、股份、培训等。

在西方发达国家，高层管理者的薪酬激励较为成功和典型的是美国。为了防止各级经理只追求短期利益或局部利益，美国公司中按照长期业绩付给的激励性报酬所占比重很大，其形式采取延期支付奖金、分成、购股证和增股等。其经营班子的薪酬通常由年度薪酬、长期激励薪酬和其他薪酬三大部分构成。现代公司雇佣高中层经理，包括总经理、事业部或子公司经理，一般采取激励性合同形式，其报酬金额可达雇员平均收入的几十、几百到几千倍，总经理的固定薪金比重较小，奖金等报酬形式同公司效益挂钩的部分比重大，其年收入甚至可达到上千万美元。

股权激励是赋予公司核心技术和业务人员在一定条件下获得持有公司股权的权利。股权激励制度是企业的一种分配关系，它可以改变员工仅能获取劳动报酬的短期激励效应，使员工将自身的努力和企业的长期发展紧密联系在一起，它是一种使员工拥有公司所有者权利的长期激励机制。企业可以依靠股权激励制度来吸引人才、留住人才。股权激励包含两种形式：一种以股价为核心，包括股票期权、虚拟股票、股票增值权；一种以业绩为核心，包括限制性股票、业绩股票、延期支付。

（1）股票期权。

股票期权（stock option）一般指经理股票期权（employee stock owner，ESO），是源于美国 20 世纪 70 年代最富有成效的激励制度。ESO 是指企业在与经理人签订合同时，授予经理人未来以签订合同时约定的价格购买一定数量的公司普通股的选择权。经理人有权在一定时期后出售这些股票，获得股票市价和行权价之间的差价，但在合同期内，期权不可转让，也不能得到股息。这是公司给予高级管理人员的一种经济权利。在这种情况下，经理人的个人利益就同公司的股价表现紧密地联系起来。股票期权制度是上市公司的股东以股票期权方式来激励公司经理人员实现预定经营目标的一套制度，也是一种约束机制。

（2）虚拟股票。

虚拟股票是指公司为经理人设立了预定的业绩目标，若经理人完成了这个业绩目标，公司将给予经理人"虚拟"股票，经理人享有分红或股价升值等相应的收入。

（3）股票增值权。

股票增值权是指公司给予经理人在规定时间内获得规定数量的股票增值所带来的收益，但不拥有这些股票的所有权，不拥有表决权和配股权。

（4）限制性股票。

限制性股票是指公司对经理人预先设定了某些业务或评估目标，只有在该经理人业绩满足了这些目标的前提条件下，才可以出售限制性股票并从中获得收益。限制性股票设置了禁售期限，禁售期结束后，如果公司业绩满足预先规定的条件，被激励者取得的限制性股票可以按预先约定的计划分期解锁，被激励者可以在二级市场上出售股票以获得收益。

（5）业绩股票。

业绩股票是指公司在年初时为经理人设定了一个业绩目标，如果经理人在年末考核时达到了这个预设的业绩目标，则公司将授予该经理人一定数量的股票，或者提取一定的奖励基金用以购买公司股票。

（6）延期支付。

延期支付是指公司为经理人建立了一个延迟支付的账户，经理人的部分工资由公司按照当天的公司股票价格计算出相应的股数，然后将股数存进延期支付账户。当经理人达到实现约定的期限，例如5年、10年、退休等，公司会以股票或现金的方式支付给经理人。

案例5-4 万科的股权激励方案

第一次股权激励方案：2006—2008年，采用限制性股票激励方式，激励期限为3年。公司提取T-1年度约30%的净利润增加额作为当年的激励基金，委托信托机构购买万科在二级市场流通的A股股票。激励对象若完成股权激励方案中预先设定的业绩指标和股价指标，就可以获得信托机构之前购入的股票。激励对象约占公司员工总人数的8%，激励对象包括董事会和监事会成员、高级管理层、中级管理层、核心关键员工。本次股权激励方案所设定的业绩指标包括：年净利润增长率大于15%；全面摊薄的年净资产收益率大于12%；当年每股收益增长率大于10%。激励对象一次性获得所有激励资金所购入的股票的条件是：T+1年的股票的平均价格必须高于T年的平均价格，若股价未能达到前述要求，则可延期一年。但是，T+2年的股票平均价格必须大于T年和T+1年的股票平均价格。若以上条件未能满足，激励资金所购买的股份全部进行售卖，售卖的收入归公司所有。授予激励对象的股份，每年不能超过所获得的全部股份的25%。

第二次股权激励方案：2011—2015年激励方式是股票期权，主要采取公司定向发行股票的方式，期限为5年，激励对象是发行对象，包括高级管理层、董事和关键员工等共851人，约占公司员工总人数的4%。第一年是等待期，第一个行权期（第二年至第三年）可行权40%股票期权，第二个行权期（第三年至第四年）和第三个行权期（第四年至第五年）可行权30%股票期权。若激励对象达到业绩要求，可以被授予股票期权的可行权权利；若没有达到业绩要求或激励对象放弃行权，则股票期权归公司所有。第一个行权期（T年）的行权条件：T年净资产收益率不低于14%，T年比T-1年的净利润增长率不低于20%。第二个行权期的行权条件：T+1年的净资产收益率不低于14.5%，T+1年比T-1年的净利润增长率不低于45%。第三个行权期的行权条件：T+2年净资产收益率不低于15%，T+2年比T-1年净利润增长率不低于75%。行权价格为下列价格的高价者：①激励计划公布前一个交易日公司A股股票收盘价；②激励计划公布前30个交易日内公司A股股票平均收盘价。

其中，在根据公司效益（绩效）增加高级管理人员报酬的时候，要认真分析所增加报酬的边际价值，分析是否我们所支付的一部分报酬不仅没有发挥积极的激励约束作用，反而抑制了经理人员作为公司管家、提高公司绩效的积极性，即要考虑心理契约对高级管理人员行为的影响。

在我国公司中，建立健全高层管理者的利益激励首先应当把他们作为独立的利益主体对待，将其利益和一般职工利益区分开来，适当拉开收入差距，逐步提高收入。其次，必须改变高层管理者收入形成的方式。在国有控股的股份制公司中，董事长、总经理和董事的工资标准和奖励办法应由有关政府部门决定，其他经理人员的工资标准和奖励办法应由董事长、总经理提出方案，由董事会批准。高层管理者的收入可由三个部分组成：一是工资。工资形式既可以是月薪制，也可以是年薪制。工资要进入成本。二是奖金。它要与高层管理者的经营绩效挂钩。奖金只能从公司的利润中开支，没有利润不能发给奖金。三是股份收入。通过一定方式，高层管理者有优先认股权，可通过股份或股票升值获得收入。在普通的股份制公司中，董事、经理人员的工资标准和奖励方案应在符合现行《公司法》的基础上，结合公司章程做出具体安排。

2. 经营控制权激励机制

按照产权理论的分析框架，企业的契约性控制权可以分为经营控制权和剩余控制权。经营控制权是指那种能在事前通过契约加以明确的控制权权力，即在契约中明确规定的契约方在什么情况下具体如何使用的权力。剩余控制权则是指那种事前没在契约中明确界定如何使用的权力，是决定资产在最终契约所限定的特殊用途以外如何被使用的权利。即对初始契约没有明确规定的或然事件出现时做出相应决策的权利。剩余控制权一般由所有者的代表董事会拥有，如任命和解雇总经理、重大投资、合并和拍卖等战略性的决策权。剩余控制权决定了经营控制权的授予。

在现代企业中，特定控制权通过契约授权给了企业家，这种特定控制权就是高层经理人员的经营控制权，包括日常的生产、销售、雇佣等权力。经营控制权对高层管理者通常会产生激励作用，使其拥有职位特权享受职位消费，给高层管理者带来正规报酬激励以外的物质利益满足。因为高层管理者的效用除货币物品外，还有非货币物品，如豪华办公室、合意雇员、公务观光风景胜地等。

3. 剩余支配权激励机制

剩余支配权激励机制表现为向高层管理者大幅度转让剩余支配权。对剩余支配权的分配，表现为如何在股东和高层管理者之间分配事后剩余或利润，这影响到对高层管理者的激励。如果契约能产生最大化效率，那么这种契约无疑是一种最优化的选择。如果公司得到的剩余越接近高层管理者开创性努力，激励效果越好；如果公司缺少剩余权或剩余权很小，则意味着忽略对创造剩余的直接承担者的激励，此时最大化效率一般不能实现。

4. 声誉或荣誉激励机制

除物质激励外，在公司治理中还有精神激励。如果我们承认马斯洛的自我实现的需要是人类最高层次的需要，那声誉就是一种终极的激励手段。公司高层管理者一向格外重视自身长期职业生涯的声誉，其强烈的事业成就欲以及由事业成功而得到的良好的职业声誉是激励他们努力工作的重要原因。良好的职业声誉作为激励高层管理者努力工作的重要因素，一是因为使高层管理者获得社会赞誉及地位，能满足其成就感；二是声誉、荣誉会带来预期的货币收入，高层管理者预期货币收入和声誉之间有着替代关系。

华为创立于 1987 年,是一家生产用户交换机的香港公司的销售代理。经过三十多年的发展,华为从一个仅有 2.1 万元初始创立资金的小企业,发展到如今成为全球领先的信息与通信基础设施和智能终端的提供商。2019 年,华为拥有员工 19.4 万人,业务遍及 170 个国家和地区,服务 30 多亿人口。2018 年,华为全年销售收入达到 7 212.02 亿元,净利润达到 593.45 亿元,成为 2018 年财富世界 500 强排行榜排名第 72 位的企业。在不断发展的过程中,华为设置了很多不同主题的荣誉奖项,以激励在不同岗位不同领域做出卓越贡献的员工,例如特别贡献奖、蓝血十杰奖、金牌奖、天道酬勤奖、零起飞奖、明日之星奖以及优秀家属奖等。1997 年,华为人力资源部设立了一个荣誉部,工作职责之一就是贯彻"小改进、大奖励"的精神,建立和不断完善华为的荣誉奖励管理制度,组织推动各部门荣誉奖评比工作的开展,鼓舞员工的工作热情和创新精神,提高工作效率。在华为公司内部的网站上有一个名为"荣誉殿堂"的栏目,在这个栏目里,华为会把各类获奖信息、各种优秀事迹记录下来,供员工随时查阅和学习,这对于获奖员工和未获奖员工都是一种持续的激励。

5. 知识激励机制

培养作为经理的管理劳动需要大量的投入,而维护这种管理劳动的声誉、提高管理劳动的素质,也需要坚持不懈的投入。在知识信息快速更新、繁衍的新经济时代,不断进行充电,防止知识老化,对担负着创新职能的高层管理者变得尤其重要。因此,必须自始至终地为企业高层管理者继续提供知识更新和获取新信息的机会,以提升其业务能力,增强自信心。如定期输送他们到高校深造、提供与各类同行专家和学者教授交流学习的机会、建立高效率信息情报网络、订阅有关书报杂志等。

6. 聘用与解雇激励机制

尽管货币支付是作为用来对高层管理者行为进行激励的主要方法,但资本拥有者对高层管理者人选的决定权也是重要的激励手段。聘用和解雇是一种正面肯定、负面惩罚并行的激励,是资本所有者通过经理人市场竞争自由选择经理人才来实现的。已被聘用的经理既要承受外部经理人市场的竞争压力,又得应对公司内部下级的竞争威胁,这种竞争使已聘用的经理面临被解雇的潜在危机。为了避免被解聘,经理人员会尽力保持或提高企业的经营绩效。此外,声誉往往是经理被聘用或解雇的重要条件,高层管理者对自身声誉看得愈重,聘用和解雇的激励作用就愈大。

不同形式的激励机制对高层管理者起着不同的激励与约束作用,以保证高层管理者行为长期化和规范化。建立完善的报酬激励机制对公司治理具有重大意义。

第四节　经理人的约束机制

案例5-6 ▶ **陶玉春获刑**

　　陶玉春生于1962年3月，山东省日照市人，曾担任中国石油天然气香港有限公司部门经理，后成为中石油深圳石油实业有限公司董事长、总经理，2008年9月开始任中石油昆仑天然气利用有限公司总经理。2016年9月检察机关指控，2002年至2011年，陶玉春先后利用其担任多家国有企业总经理、法定代表人的职务便利，贪污侵吞公共财物，收受他人贿赂财物，为亲友公司非法牟利，滥用职权造成国有资产严重损失，涉案金额超过3亿元。

　　珠海市中院审理查明，被告人陶玉春作为国有公司中管理、经营公共财物的人员，利用职务便利，侵吞公共财物共计人民币4 639万元；被告人陶玉春作为国有公司青岛实业公司的实际管理者，擅自决定转让该公司持有的临沂中孚公司股权，并挪用该公司的资金给他人购买上述股权；被告人陶玉春作为深圳技开公司、青岛实业公司等国有公司的管理者，利用职务便利将本单位盈利业务交由其胞弟陶炜控制的公司经营，陶炜控制的公司借此获利2 953万余元，致使国家利益遭受特别重大损失。被告人陶玉春作为国有公司工作人员，滥用职权造成国有资产损失2.328亿元，致使国家利益遭受特别重大损失。

　　据此，法院以陶玉春犯贪污罪且数额特别巨大，判处有期徒刑15年，并处罚金人民币450万元；犯挪用公款罪，犯罪数额为900万元，判处有期徒刑8年；犯为亲友非法牟利罪，判处有期徒刑6年，并处罚金人民币300万元；犯国有公司人员滥用职权罪，判处有期徒刑6年。综上，数罪并罚执行有期徒刑23年，处罚金750万元。该判决还宣布涉案被贪污的房产、退缴的违法所得5 672万余元上缴国库；贪污赃款购买的房产以及挪用的公款726万元予以追缴并上缴国库；退缴的其余款项210万余元和被告人陶玉春的财产用于补齐追缴同案人贪污违法所得不足部分，剩余则充抵财产刑。

　　（资料来源：中石油原高管陶玉春获刑[EB/OL].http://www.xinhuanet.com/legal/2016-09/29/c_129306440.htm.）

【问题】

　　1. 案例说明了什么问题？

　　2. 应如何健全企业经理人的约束监督机制？

　　为实现对经理人控制的合理性，必须建立完善的经理人约束机制。所谓约束机制，是指公司的利益相关者针对高层管理者的经营结果、行为或决策所进行的一系列客观而及时的审核、监察与督导的行动。公司治理约束机制的内容包括所有者通过公司内部实施的监督与通过公司外部进行的监督两方面的内容，前者是公司治理内部约束机制，后者是公司治理外部约束机制。公司内部约束机制与外部约束机制分别从不同角度产生对高层管理者直接的和间接的约束力，约束机制设计应较好地将二者联系形成合力，达到有效地规范高层管理者行为的目的。

从内部约束来看，有以下几个方面：一是公司章程。公司章程是公司的宪法，章程可以约束公司高层管理者的行为。二是合同约束。任何人服务于公司，必须签订合同，合同对高层管理者的工作权限、工作内容、薪酬福利有明确的说明。三是机构约束。例如，设立监事会，在董事会中引入独立董事，对公司的经营管理进行监督。四是在激励中体现着约束。公司设计不同的激励方式激励高层管理者的行为，在激励中体现约束。

从外部约束来看，有以下几个方面：一是法律约束。《公司法》对公司的整体行为有约定，但对公司主要的利益主体没有约束，因此应该建立关于人力资本的有关法律，职业经理人、企业家是很重要的社会群体，必须有相应的法律来约定与调整。二是市场约束。要完善人力资本的市场，高层管理者的招聘选拔必须有明确的标准和界定的范围。三是道德约束。任何高层管理者都必须有高尚的职业道德。四是新闻媒介的约束。这一约束一定要选择好切入点，最终目的是保证公司的发展，而不是为求得某种新闻效应。

公司内部约束机制与外部约束机制分别从不同角度产生对高层管理者直接的和间接的约束力，约束机制设计应较好地将二者联系形成合力，达到有效地规范高层管理者行为的目的。

一、约束机制的理论依据

高层管理者约束问题是随着公司所有权与经营权的分离而逐渐突出的，成为现代企业制度条件下普遍存在的现实问题。包括发达国家的公司界和学术界，也都在不断地探索解决这一问题，并取得一些有借鉴价值的成果。为了理解公司约束机制的逻辑联系，有必要追根溯源，探索其赖以存在的理论基石。

（一）现代公司理论：委托代理中的利益冲突与非对称信息、公司产权

1. 利益冲突理论

在公司的所有权和经营权两权分离的情况下，公司的所有者通过与高层管理者签订一系列或明或暗的契约，授予高层管理者代表其从事经营活动的某些权利。这样，在公司的所有者和高层管理者之间就形成了一种委托代理关系。资本所有者必须建立对代理人的激励与约束机制，其理论基础是所有者与高层管理者追求目标的不一致性和委托代理过程中非对称信息的存在。

公司所有权与经营权的分离不可避免地产生所有者与高层管理者之间的权利冲突。公司所有者作为委托人拥有剩余索取权，即扣除其他生产要素报酬之外的公司盈余，其所追求目标是资本增值和资本收益最大化；高层管理者作为所有者的代理人，同样追求自身的利益，

其追求的是自身效用的最大化，希望拿到高工资、高奖金，能获得较高的社会地位和荣誉，且增加更多的闲暇时间又没有风险。

2. 非对称信息理论

在这种委托代理关系中，公司的所有者和高层管理者所获取的有关公司经营情况的信息是非对称的。资本所有者作为委托人在与高层管理者即代理人博弈的过程中，常常只能观测到经营的结果，而不能直接观察到高层管理者行为本身的努力程度。由于信息不对称，所有者和高层管理者之间签订的只能是一种不完全契约，因此契约无法规定未来所有情况下高层管理者应采取的行为。在契约无法完全约束的情况下，所有者的投资是否面临风险在很大程度上依赖于高层管理者的"道德自律"。然而作为理性经济人的高层管理者往往做出自身利益最大化的决策，从而使所有者面临"道德风险"（如偷懒习性、短期行为、在职消费、保守行为等）和"逆向选择"（如公费出国旅游、购买豪华汽车、公款娱乐等）。

由于信息的不对称性和两者目标的不一致，资本所有者为防止代理人背离自己目标，以实现预期效用最大化，通常会通过订立合约形式来监控代理人行为，从而产生代理成本。正是由于存在代理成本，委托人必须设计有效的激励与约束机制，使高层管理者竭尽所能，完全将所有者的利益当作其奋斗的最高目标，这既能降低代理成本，又能实现自身效用和公司效益最大化，让不是所有者的高层管理者从自身的利益出发来选择对股东最有益的行为。

3. 产权理论

该理论认为，"剩余索取权"即对公司货币收入支付的各项成本、费用之后的剩余索取权，由公司所有者拥有。与剩余索取权相对应的公司控制权包括两个部分：一部分是在公司契约中明确规定的权利，称为特指控制权；另一部分是在公司契约中没有明确规定的权利，称为剩余控制权。特指控制权通过契约委托给高层管理者行使；剩余控制权则由公司所有者拥有，以保证其利益不受侵犯。在公司所有权和经营权两权分离的情况下，所有者和高层管理者都有自己的目标效用函数，并追求各自效用的最大化。很显然，两者的利益很难趋于一致。由于在高层管理者目标效用函数的诸变量中，公司剩余索取权的分配形式是一个极其重要的变量，公司的分配体制直接影响着高层管理者的决策行为。因此公司的分配体制是否合理，能否起到有效的激励作用，关键是公司是否建立了有效的剩余索取权与控制权的配置机制。作为代理人的高层管理者拥有部分控制权（特指控制权），就理应拥有部分剩余索取权，否则公司的高层管理者就会利用掌握的特定控制权来侵蚀公司的剩余资产。

（二）公司监督机制原理：内部权力的分立与制衡

因为所有权与控制权的分离，作为财产最终所有者的股东不能直接从事公司经营管理。股东远离公司直接治理而又必须关心公司经营绩效，作为出资者表达其意志的公司权力机关——股东会的成立旨在对公司管理层进行约束与监督，确保股东利益。

现代公司股东众多，股东会又不是常设机关，这使得股东会不可能经常地直接监督和干预公司事务，所以股东会在保留重大方针政策决策权的同时，将其他决策权交由股东会选举产生的董事组成的董事会行使，于是公司治理权力出现第一次分工。董事会在公司治理结构中权力巨大，对内是决策者和指挥者，对外是公司的代表和权力象征。当董事会将公司具体经营业务和行政管理交给其聘任的经理人员负责时，董事会作为高层管理者的公司权力出现了第二次分工。董事会为保证其决策的贯彻，必然对经理人员进行约束与监督，防止其行为损害和偏离公司经营方向。

董事会虽然拥有任免经理层的权力，然而经理层的权力一旦形成，或许会事实上控制董事会甚至任命自己为董事长或 CEO。另外还可能存在董事与经理人员合谋的道德风险难题。因此有些公司成立出资者代表的专职监督机关——监事会，对公司董事会和经理层进行全面的、独立的和强有力的监督。

二、约束机制的主要内容

公司高层管理者约束机制主要内容有个人行为约束、完善的内部约束机制以及外部约束机制，其中个人约束包括责任约束、道德约束等，在此不做详细说明。

（一）公司内部约束机制

1. 结构约束

规范的公司治理结构中的股东大会、董事会和监事会制度本身就是一种约束机制。股东大会对经理人员的约束通过对董事会的信任委托间接进行。董事会通过对公司重大决策权的控制和对经理人员的任免、奖惩进行直接约束。监事会对董事、经理执行公司职务时违反法律、法规或者公司章程以及损害公司利益的行为进行监督。结构约束是公司内部约束机制的核心。

结构约束有效的关键是：董事会真正代表股东的利益；监事会具备检查公司财务的权力和能力。为此要加强组织机构建设，在合乎规范的公司体制下，由公司股东大会、董事会、监事会"三会"与经理班子组成一套分工明晰、权责明确、协调配合、互相制衡的公司领导机构，从而起到组织约束的效应。

2. 管理约束

监事会的约束多属事后的检查监督，而科学的管理制度，尤其是严格规范的财务制度则是经常性的、事前的约束，是有效防止高层管理者挥霍公款、过度在职消费、贪污转移国有资产的重要的制度保证，也是结构约束的基础。目前，不少企业内部管理混乱，且财务部门往往在经理人员的完全控制中，虚报、瞒报现象普遍。改变这种状况的办法是，在决策层与执行层职务分离的前提下，由董事会主持制定公司财务制度，并委派财务总管，使财务部门具有相对独立性，以保证公司财务报表的真实性，为所有者及时了解公司经营状况并实施监督提供依据。充分发挥财务审计部门的监督作用，增强收入的透明度，尤其要注重对企业家的职位消费进行有效的约束。

（二） 公司外部约束机制

1. 市场约束

经理人员的行为要受到来自经理人、股票市场和商品市场三个方面的约束。

第一，来自劳动力经理人市场的约束。资本所有者拥有最终控制权，可以决定经理人员的去留。这一手段的运用主要是通过劳动力市场的竞争来实现的。在这个市场上，经理个人人力资本价值的大小主要取决于他过去的工作表现，即声誉（它是未来的收入）。在职经理除面临公司外部管理劳动所有者的竞争外，同时还面临来自部下的竞争。所有这些都促使经理人员去努力工作，否则，他被解雇的机会成本将是高得惊人的，失败者的人力资本也将不再成其为资本了。当然，经理人员对自己声誉的爱惜程度还要取于声誉反映实际情况的准确程度、经理人员对自己未来的预期及其人力资本形成过程中的投入多少和人力资产的专用性水平；但这仍还不失为一种非常有效的手段：既给人以晋升的希望，又使其面临被取代的危险。经理市场的优胜劣汰机制形成对高层管理者的硬约束。

第二，来自股票资本市场的约束。股票市场是通过信息披露制度和公司的市场价值的涨跌反映经理人员的能力和努力程度的。其实质是对公司控制权的争夺，主要形式是接管。由于股票可以自由买卖，当公司在经营方面出现困难而使股票市价下跌时，惯于追求股票升值的小股东和机构投资者便会纷纷抛售各自手中的股票，使得分散的股票有可能在个别别有用心的证券投资者手里集中起足够的份额，从而接管该公司，改组其执行管理机构。

第三，来自商品市场的约束。一个公司经营的好坏，首先在商品市场上表现出来。产品在市场上的竞争情况在一定程度上反映出高层管理者的能力和努力程度。为在竞争中立于不败之地，经理人员不得不努力开发新产品，降低产品成本，提高产品质量。这就使得商品市场的竞争成为一种基本的约束力量，其他市场的约束正是在此基础上展开的。[①]

《新帕尔格雷夫经济学大辞典》将人才市场定义为"一个可以像交换任何商品一样地交换服务而无须考虑其来源的市场"。既然经理人市场是人才市场的组成部分，那么它就应该是市场参与主体（经理人和企业）交换服务的市场，市场的供给方是经理人，需求方则是企业，双方交易的实质就是经理人所具备的经营管理能力和企业提供的报酬。简单地说，经理人市场是以市场经济规律实现经理人供需双方合理流动、密切协调，以经理人人力资本交易为对象，遵循市场交易原则、市场组织原则、市场行为规则，选拔、培养、吸纳或淘汰企业经营者，为经理人自主择业、施展才华提供渠道和条件，实现经理人合理配置的一种机制和制度。[②]

经理人市场包括内部市场和外部市场。内部市场是指企业从内部依据晋升机制选拔经理人的途径。外部市场是指从企业外部聘任经理人。外部市场的运作模式主要有两种：一是政府建设的高级人才市场；二是市场化运作的猎头公司。

2. 债权人约束

债权人通过对公司偿还能力的考核和监督，以保证其按期还本付息，实现对公司的约

---

① 周荃. 完善公司治理结构中经理人约束与激励机制 [J]. 探求，2006 (5)：58－60.

② 刘彦文，张晓红. 公司治理 [M]. 北京：清华大学出版社，2010：176.

束。公司在很大程度上依赖银行，银行已是众多企业最大的债权人，可以在较大程度上监控公司的运行。面对已形成的公司负债率高、不良资产比例大的现状，实行银行监督已经开始推行的途径是：将一部分负债实行债权转股权，银行通过这部分股权可以股东身份监督公司行为。实行主办银行制度，改变企业多处开立账户、银行无法监督的混乱状况，便于关注公司资金流动情况，及时发现财务问题，并采取行动。债权人约束机制的影响因素是银行商业化进程，公司和银行都是自负盈亏的市场主体，银行才会真正关心贷款使用情况，才有动力监督公司。

3. 法律法规及媒体约束

市场经济是法制经济，完备的法律体系是市场经济正常运行的保证，以法的形式规定高层管理者的职责权利，限制经理人员滥用权力侵害国家和公司财产的行为，对违法者依法追究其责任。从强度上说，法律法规约束是最有力的约束，也是其他约束机制生效的最终保证。而政府对公司的监控主要是通过董事会及主要经理人员的任命来实施其监督管理权。此外，要强化媒体约束功能，使经理人员最大限度地接受社会公众的监督和约束。

高层管理者激励和约束机制是公司治理制度的关键所在。完善的激励机制是推进公司蓬勃持久发展的动力之源，而良好的约束机制则是确保公司健康有序运行的必要条件。建立权责统一、协调运转和有效制衡的公司治理结构和相应的公司治理机制要求：内部要健全公司治理结构和治理机制，加强对经理人的监督和激励；外部要构造一个良好的市场环境，使经理人面临强大的竞争压力。内在激励与外部约束两者不能截然分离，唯有彼此相互对称和协调一致，所形成的机制才会高效可行。如果此硬彼软，就会导致激励机制的扭曲失衡，约束机制的懦弱无力。通过激励约束机制可促使代理人——管理经营者努力工作，降低代理成本，避免偷懒、机会主义等道德风险行为。但公司治理中的代理成本与道德风险问题仅靠监督与制衡难以解决，还要设计有效的激励机制。为了避免和预防片面强调其一而忽略其二，造成权力滥用、谋求私利和消极敷衍的不良后果，以及公司资源流失、低效亏损的严重危害，必须立足公司可持续发展战略，建立健全科学合理、相互匹配的高层管理者激励约束长效机制。

本章小结

经理人是由董事会聘任的，负责公司的日常经营管理活动的执行机关，经理人对董事会负责。经理人是公司的高级管理人员，是公司日常经营的实际管理者，其对公司的发展具有重要的作用。

本章通过对经理人的概念及其委托原理进行介绍，让读者更好地了解现代公司治理中经理人的法律地位以及经理职权，同时对经理人在委托代理过程中可能出现的问题进行阐释。

此外，本章介绍了经理人（高层管理者）激励约束这一重要的内外部治理机制。经理人的激励可分为物质激励和精神激励两种类型，根据时间长短又可分为短期激励和长期激励两类。而经理人行为的约束应包括内部人控制（公司内部约束）和社会约束（公司外部约束）

两部分。强化激励约束机制是公司治理中的重要环节，需要通过经理人市场、股票资本市场和商品市场来进行，在此过程中，法律法规、公司制度安排等制度因素与社会声誉、道德伦理等非制度因素均发挥着重要的作用。激励机制与约束机制必须相匹配，相辅相成，两者并行，缺一不可。

本章思考题

1. 什么是经理人？有何法律特征？
2. 委托代理过程中易出现什么问题？这些问题要如何解决？
3. 如何认识激励机制与约束机制之间的关系？
4. 你认为我国当前对经理人的管理制度成熟吗？有何建议？

案例讨论题

惠普 CEO 卡莉辞职　全球商界最有权势女 CEO 退场

美国东部时间 2005 年 2 月 9 日上午 9 时，惠普董事会宣布该公司主席兼首席执行官 CEO 卡莉·菲奥莉娜已经辞职，她的职位暂时由 CFO 韦曼接替。至于辞职的原因，菲奥莉娜在一个声明中说，"在惠普的发展战略问题上，我与董事会有意见冲突，我对此感到遗憾，但我尊重他们的决定"。而一名消息人士称她辞职的真正原因并非如此。由于公司近期业绩不佳，惠普董事会希望任命一名首席运营官，但是菲奥莉娜态度十分强硬，坚决反对董事会的提议。菲奥莉娜的坚持最终导致了她同惠普董事会的决裂。但是"冰冻三尺，非一日之寒"，这位曾被财富杂志评为世界商业世界中最有权势的女人与公司董事和投资者之间的矛盾由来已久。

1999 年，菲奥莉娜成为惠普 CEO。在惠普担任 CEO 期间，菲奥莉娜一直与惠普创始人比尔·休利特之子沃尔特·休利特在收购康柏一事上存在分歧。2002 年，她一手促成了惠普对康柏的并购，但这个交易金额多达 250 亿美元的并购随后招致了投资者和部分硅谷公司的批评。两年多后，惠普并没有取得菲奥莉娜当初承诺的收益，而且公司的三项主要产品——个人电脑、打印机和商业计算机——都面临竞争对手的强烈挤压，市场地位相当脆弱。在菲奥莉娜任期内，惠普的股价缩水近一半，表现明显逊于其竞争对手戴尔和 IBM。更有分析人士认为菲奥莉娜时代使惠普失去创新力。在菲奥莉娜任职期间，实行了压缩开支的策略，导致大量惠普老员工携带技术转投其他公司。在 2004 财政年期间，惠普投入的研发资金为 35 亿美元。而 2003 年为 37 亿美元，2002 年为 40 亿美元。在英特尔与 IBM 都积极引进研发人员之时，惠普的研发力量却大为削弱，大量惠普员工投入了英特尔和 IBM 门下；同时惠普与英特尔的结盟也乏善可陈。它们力推的安腾（Itanium）高端服务器芯片自从 2001 年上市以来，市场份额少得可怜。对惠普来说，就等于将巨大的人力物力资源投入一个失败的平台之上；在科技服务及技术综合市场上，惠普曾制订了要与 IBM 争抢主导地位的计划，但同样也没有取得令人满意的结果。分析人士称，原因之一是，惠普的市场营销活动没有分清真正创新与公共关系的实际区别。另一个原因是，菲奥莉娜无法明确描述惠普的市场战略，而将它命名为"适应性企业（Adaptive Enterprise）计划"。一位前任惠普高层表示，"菲奥莉娜擅长市场营销。她是公司内的一位优秀演讲者。但是这是一个公司，并不需要一位政治家，它所需要的是一位擅长经营的人"。

菲奥莉娜离职消息公布的当天，惠普股价在盘前交易中应声上扬 12%，飙升了 2.36 美元，达 22.5 美元。至于股价飙升的原因，Cross Research 公司分析师沙龙·克罗斯表示，菲奥莉娜的离职意味着惠普有可能会分拆打印机业务，这使得该公司的股价更具有吸引力。在个人电脑业务领域，惠普并不具有低成本优势，同时该公司向服务领域的转型也并没有收到成效。而惠普利润率最高的打印机及成像业务却一直因为被其他业务拖累导致股价偏低。

根据菲奥莉娜先前与公司的协议，非自愿离职可获得 2 100 万美元的补偿费，这个补偿对费奥莉娜也算十分优厚了。惠普下一步最重要的就是为自己找一个更为合适的 CEO。邓恩和韦曼表示不排除从公司内部产生候选人的可能，如果这样的话，那么最有可能的人选就是目前在惠普担任打印机和个人电脑部门主管的韦摩西·约什了。但是投资者们好像更加愿意惠普能从外部引进新鲜血液让公司焕然一新。越来越清楚的是，相对于一位声名赫赫的明星 CEO，惠普更需要的是一位精于具体业务运营的领导者，而卡莉·菲奥莉娜也许会找到另外一个地方去继续证明自己的价值——"接受挑战做出不同的事情"。

（资料来源：雷明超. 惠普 CEO 卡莉辞职 全球商界最有权势女 CEO 退场［EB/OL］.
［2019 - 10 - 10］. http://arch.pconline.com.cn/news/hy/0502/554793.html.）

【问题】请利用本章所学知识，分析为何卡莉·菲奥莉娜会遭董事会解聘？并深刻体会经理人和企业之间的复杂关系。

第六章 ‹监事会

第一节 监事会的起源与发展

一、监事会的起源

监事会起源于 19 世纪的德国。19 世纪的德国还不是一个中央集权制的国家，而是由神圣罗马帝国被废除后余下的德意志邦国组成德意志联邦，各个邦国保持完全的主权，而普鲁士和奥地利是其中两个最强大的邦国。普鲁士历代统治者推行重商主义，他们把工商业看成是创造财富的重要方式，他们采取开凿运河、修桥筑路、统一币制、发展海外贸易、实施关税保护等措施来促进经济的发展，19 世纪初期，普鲁士成了欧洲大陆上的一个强国。

1825 年，英国修建了斯托克顿（Stockton）至达灵顿（Darlington）的铁路，这是世界上第一条以蒸汽机牵引的铁路，标志着铁路运输业发展的开始。铁路以其便利、经济、快速等特点，迅速受到各国的关注和重视，纷纷掀起了修建铁路的高潮。作为欧洲邦国之一的普鲁士，工商业界对发展铁路运输业具有强烈的兴趣，都想进入这一新兴产业。但是，由于铁路建设需要大量的资金投入，单个企业根本无法筹措到发展所需的全部资金，因此，在 19 世纪初期，普鲁士就出现了股份公司，通过吸收多方的投资满足自己的资本需求。在铁路迅猛发展的趋势下，亟须立法对企业行为进行规范，因此，普鲁士在 1838 年颁布了《普鲁士铁路法》。这部法律规定了国家许可制度，即成立股份公司必须获得国家批准。这部铁路法规定了由国家专员来代表国家利益，国家专员代表广大群众的利益参与到股份公司的经营活动中，有权召集和参加董事会会议。当时，铁路法还没有规定股份公司要成立监事会。这部法律里面涉及了股份公司的资本筹集和资本维持的规定，带有很多公司法的色彩。

1843 年，普鲁士颁布了《普鲁士股份法》。这部法律仍然沿用国家许可制度，公司设置股东大会和董事会，但是也还没有提及监事会的设置。在实践中，董事会主要负责公司的重大决策，日常经营管理工作委托给专门的经理负责。为了监督经理们的经营管理工作，很多公司设立了理事会这一机构。

1861 年，德国各成员国通过了《德国通用商法典》，就股份公司所涉及的法律问题达成共识。这部法律首次提到将监事会作为公司一个单独的机构，监事会从法律上被正式确认。但是，监事会还不是公司的必设机构，是否设置监事会由公司自己选择。

1866 年，以普鲁士为首的 21 个邦和 3 个自由市在美因河线以北共同缔结了一个联邦条约，成立了北德意志联邦。1870 年，北德意志联邦国家对《德国通用商法典》中关于股份法的规定做了修改，其中一个重要修改就是取消了国家许可制度，明确规定了成立股份公司需要符合一系列的前提条件，只有满足了这些前提条件，才能注册股份公司。国家许可制度取消后，股东的责任重新引起关注，股东需要维护自己的利益，特别是如何保证董事会的行为不损害股东的利益。为了实现这一目标，很多公司引入了监事会制度，监事会被视为股东会和董事会之间的连接部门。监事会负责监督公司业务的执行，并且在这方面拥有全面知情权和核查权。监事会还拥有部分公司业务决策权，与董事会一起负责公司重大事情的决策。在这个时期，监事会同时拥有公司重大事情的决策权和监督权。

1871 年，普鲁士在普法战争中击败了法国，使德国南部的巴伐利亚、巴登、符登堡等几个邦脱离了法国控制，建立了德意志帝国。为了促进资本主义经济的发展，德意志帝国颁布了一系列法案，如银行法、专利权法、统一度量衡法、统一货币法、统一关税法等。这些法案的颁布大大扫清了资本主义经济发展的障碍，有利于形成统一大市场，促进工商业的繁荣发展。19 世纪 70 年代，德国的股份公司数量急剧增加。同时，也有很多股份公司破产倒闭，很多股东损失惨重，由此，引发了一场关于股份公司治理改革的讨论。1884 年，德国修改了股份法，其中一点就是引入了信息披露制度，该制度大大增加了投资者对股份公司经营状况的了解。这部法律更加重视保护股东的利益，强调了监事会作为公司监督机构的地位，首次规定监事会成员不得同时兼任董事会成员。此时，监事会仍然具有监督和经营决策的双层职能，该部法律仍然允许公司将业务的执行权交给监事会负责。

1929 年爆发了世界范围内的经济危机，对经济造成了严重的破坏，很多企业倒闭，从而引发了对优化公司治理结构的思考。很多企业发现，监事会若过多地参与董事会的经营决策，会大大削减监事会的监督功能。1937 年，德意志帝国政府进一步修改了股份法，这部法律彻底将监事会经营决策和监督的职能明确分开。这部法律规定董事会承担领导公司经营决策的责任，监事会承担监督责任。董事会不听从于任何指令，在业务执行问题上，只有在董事会提出要求时，股东大会才能做出决定。若非重要事由，不得罢免董事会成员。公司章程不得授予监事会更多的业务执行权，董事会有义务向监事会定期报告，同时，公司章程也可以规定特定业务需经监事会同意之后才可以执行。

德国的监事会制度的产生和发展，大大完善了公司的内部治理结构，在监督企业运营、保障股东合法权益方面发挥了很大的作用。日本、法国、中国先后效仿德国，在公司法中引入了监事会制度。1899 年，日本颁布《新商法典》引入监事会制度；1966 年，法国颁布《商事公司法》引入监事会制度；1993 年，中国颁布《公司法》引入监事会制度。

二、监事会中的职工共决制

发源于德国的监事会制度有一个显著的特征：监事会中的职工共决制。1918 年，德意志帝国在第一次世界大战中战败。霍亨索伦王朝崩溃后，德国在小城魏玛通过了新宪法，采用共和宪政政体，这部宪法被称之为"魏玛宪法"，1918 年至 1933 年这段时期的德国被称为"魏玛共和国"。受 1917 年俄国十月革命的影响，1918 年，德国的工人运动高涨，资本家与工人阶级达成了协议，成立了一个由劳资双方对半参加的"德国工商业劳资中央委员会"，处理劳资双方之间的矛盾。1920 年，政府通过了《企业职工委员会法》，该法规定拥有职工人数 20 名以上的企业必须设置工会和职工委员会。1920 年，"魏玛共和国"颁布了《企业工会法》，规定了工人具有参与工厂决策方面的权利，例如工作时间、人事政策等。1922 年，《企业宪法》规定企业职工委员会有权委派 1~2 名代表参加股份制企业的监事会。

1939 年，德国发动第二次世界大战，1945 年 5 月 8 日德国战败。战后，根据雅尔塔协定和波茨坦协定，德国分别由美、英、法、苏四国占领，并由四国组成盟国管制委员会接管德国最高权力。1947 年，在英国占领区的钢铁企业里，采取了职员参与监事会决定的方式。1951 年，德国颁布了《煤钢行业共同决策法》，该法规定股东代表和职工代表在监事会具有同等权利，股东和职工分别获得监事会中同样的席位，为了协调不同意见，还引入了一个中立方成员。1952 年，德国颁布了《企业组织法》，将共同决定权扩展到所有的经济领域中。这部法律适用于所有的股份公司和雇员超过 500 人的有限责任公司。在这些企业中，要保证监事会中三分之一的成员为职员。这种共同决定的方式延续至今。1976 年，德国又颁布了《共同决策法》，这部法律适用于那些雇员人数超过 2 000 人的股份公司和有限责任公司，在这些大型企业中引入了"准平等"原则，监事会中工人代表和股东代表的数量是一样的。在这部法律中，没有规定需要引入中立方成员。对于某一项提案，支持票和反对票数量相同，就进行第二次表决，监事会主席在第二次表决中拥有两票表决权。如果职工方和股东方之间的意见存在根本分歧，由监事会主席做出最后的决定。《煤钢行业共同决策法》《企业组织法》《共同决策法》这三部法令奠定了德国企业员工参与公司治理与管理的基础。

三、监事会的发展

（一）上下式的二元领导模式

监事会制度起源于 19 世纪的德国，并在发展中不断地完善。实践证明，德国的监事会在监督企业运营，保障股东合法权益方面发挥了很大的作用，大大地完善了公司的内部治理结构。此后，监事会制度相继被英国、美国、日本、中国等国家借鉴和学习，并在此过程中，在不同的国家逐步形成了不同的公司治理结构，包括：上下式二元领导模式、并列式二元领导模式、一元领导模式和折中模式。

监事会是介于股东会和董事会之间的一个独立机构，负责监督公司的业务执行。董事会承担企业的核心领导任务，企业经营的重大决策必须由董事会做出，并为此承担责任。监事会和董事会被称为企业里分别承担监督职能和决策职能的两位领导，而监事会介于股东会和董事会之间，这种治理结构被称为"上下二元领导模式"。德国、奥地利和荷兰采用这种公司治理模式。

1965 年 9 月 6 日，德国颁布了《股份公司法》，并于 1993 年 7 月进行了修改。在该部法律中，股东大会拥有如下权利：任命监事会成员；决定结算盈余的使用；任免监事会成员和董事会成员；任命结算审计员；修改公司章程；决定筹集资本和削减资本的措施；任命审查公司设立和业务经营过程的审计员；解散公司。而对于企业经营业务中的问题，只有在董事会提出要求时，股东大会才能做决策。

监事会是公司的一个独立机构，负责监督公司的业务执行，承担监督职责。监事会可以查看和检查公司的账簿、文件和财产物品，可以委托结算审计员对公司年度账目进行审查。如果公司的利益需要，监事会应召集股东大会。日常管理运营各项业务不能交由监事会承担，以保证监事会监督职能的有效实施。但是章程和监事会却可以规定某种业务只能在取得监事会同意后才能进行。如果监事会拒绝同意进行这类业务，董事会可以要求股东大会做出同意进行这类业务的决议。股东大会做出的同意决议需要得到投票数的至少四分之三的多数。监事会的监督职能不仅仅是单纯的事后监督，监督针对的不仅仅是已经发生的事实，也涉及一些企业经营政策上的基本问题。为了实施有效的监督，董事会成员不得同时兼任监事会成员。董事会向监事会做报告的事项包括：企业计划中的预定营业政策和其他原则问题；自有资本的营利性；公司的业务的进展情况；能对公司的营利性或者偿付能力具有重要意义的业务等。

监事会的一项重要任务是为董事会聘任合适的人员。股东大会并不能决定公司管理机构人员的任用，股东大会仅仅负责监事会成员的任免。在公司设立初期，发起人一经全部认购所有的股票，公司即成立。由发起人任命公司的第一届监事会，由监事会任命第一届董事会。根据德国的《共同决策法》，监事会需要以三分之二多数来决定董事会成员的任命，而且，董事会成员的任命也必须获得职工代表的支持，或者至少获得一部分职工代表的支持。如果没有获得三分之二的选票，需要进行下一轮的选举，最终由监事会以票数多少决定。董事会的成员由监事会任命，任期最长不超过五年，连续任命或者延续任命，最长只能为五年。如果有重要理由，监事会有权撤销董事会成员的任命和更换董事会主席。这种理由是指董事粗暴地违反义务，没有有效的业务执行能力，或者已丧失了股东大会对他的信任等。但由于明显的不切实际的理由而致丧失了信任的除外。

监事会一般由三名成员组成。公司章程也可以规定企业可以设立较多成员数的监事会，但成员数必须是能被三除尽的。基本资本不足 150 欧元的企业最多设立 9 人；基本资本超过 150 万欧元的企业最多设立 15 人；基本资本超过 1 000 万欧元的企业最多设立 21 人。对于适用《共同决策法》的公司，监事会由股东和职工监事会成员组成；对于适用《煤钢业共同决策法》的公司，监事会由股东和职工监事会成员以及其他成员组成；对于适用《共同决策法补充法》第5条至第13条的公司，监事会由股东和职工监事会成员以及一名其他成员组成。例如：在一个基本资本超过1 000万欧元的企业里，监事会成员可以设立21人，其中10名为股东代表，7名为职工代表，3名为工会代表，1名为中立人。

董事会承担企业的核心领导职能，负责企业的日常经营管理工作，董事会可以由一人或若干人组成。基本资本超过300万德国马克的公司，董事会至少要由两人组成，除非章程规定董事会由一人组成。董事会下设经理层，由董事会领导经理层负责企业的日常运营管理工作。

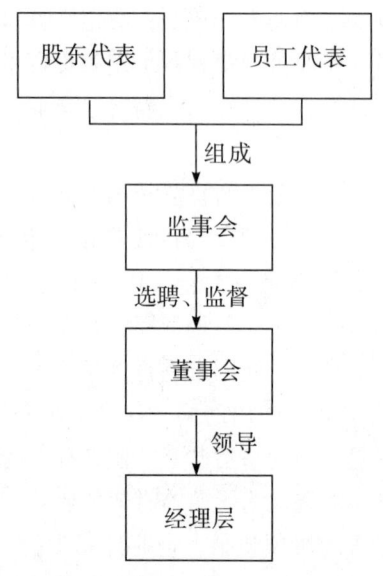

图6-1　上下式二元领导模式的公司治理结构

（二）　一元领导模式

在英国和美国的企业里，只设置董事会，不设置监事会。董事会被称为同时承担监督和决策职能的领导，这种公司治理结构被称为"一元领导模式"。除德国、奥地利和荷兰外，多数欧洲国家采用这种模式。在董事会里面，英美企业会设置独立董事，由独立董事承担企业的监督功能。独立董事组成审计委员会、提名委员会、薪酬委员会等对董事和高级管理人员进行监督。

1940年，美国颁布《投资公司法》，该法案规范的对象是投资公司，要求投资公司设立独立董事。该法案第10条规定投资公司董事会40%的成员必须由与投资基金顾问无关联的人组成，包括辅助董事和独立董事两类人员。《投资公司法》是美国对从事投资、再投资证券交易，以及向投资界发行证券的各类投资公司的管理做出法律约束的文件，也是美国独立董事制度产生的标志。20世纪50年代至70年代，在公司的所有权和控制权分离的情况下，美国很多上市公司出现了内部人控制等一系列问题。很多企业在反思，如何才能对董事会的经营决策权进行有效的监督。在投资公司，设立独立董事的制度能较好地承担监督的职能。于是，其他领域的公司纷纷借鉴投资公司的做法，引入独立董事制度。1977 年，纽约证券交易所规定董事会下设立审计委员会，其成员均为独立董事。1989 年，密歇根州颁布《密歇根州公司法》，首次以法律形式确定了独立董事制度。随后，很多州也根据各州的实际情况，对独立董事制度进行了立法规定。20 世纪 70 年代以后，独立董事制度在美国得到不断地发展和完善，大力推动了美国现代公司制度的发展。

根据美国 1994 年颁布的《示范公司法》规定，所有的公司权力应由董事会行使，或者在其许可下行使，公司的所有业务和事务应在董事会的指导下进行管理，并遵守公司章程或依据。如果公司章程授权将股票分成不同的种类，则公司章程也可以授权认可一个或多个被认可的股票种类的持有者选举所有的或一定数目的董事。董事会可以设立一个或一个以上的委员会，并任命一个或一个以上的董事会成员按照董事会的要求提供服务。

安然、世通等财务欺诈事件被揭露以后，引起了美国企业界、法律界、政界对如何完善公司治理结构的反思。2002 年，美国国会出台了《萨班斯法案》，该法案对《1993 年证券法》、《1934 年证券交易法》进行了进一步的修改，特别是在会计职业监管、公司治理、证券市场监管等方面做出了很多新的规定。《萨班斯法案》强调：董事会对管理层应当起到监督作用。如果董事会成员不是管理层的一部分，不在经济上受制于管理层，并且也不存在其他的利益关系，董事会才能更加有效地履行其监督职责。

在美国企业的董事会里面，担任审计委员会委员、薪酬委员会委员、提名委员会委员的要求是独立董事。独立董事最根本的特征是"专业性"和"独立性"。独立董事的"专业性"是指独立董事必须具备一定的专业素质和能力，例如注册会计师、著名企业家、经验丰富的律师等，能够凭借自己的专业知识和经验对公司经营管理的有关问题独立地做出判断，或者发表对企业发展有价值的意见。独立董事的"独立性"是指董事必须在经济利益、产生

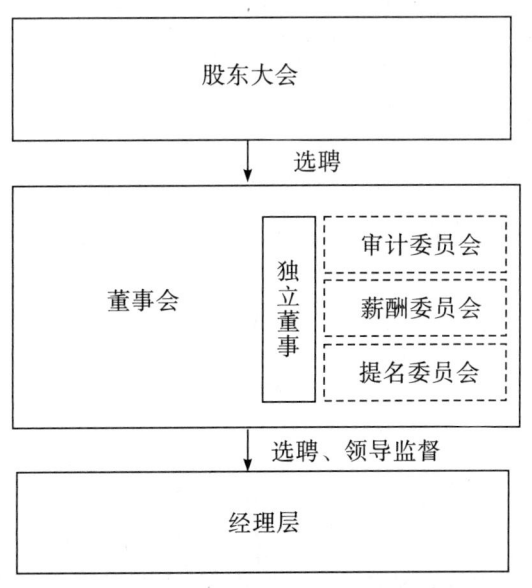

图 6-2　一元领导模式的公司治理结构

程序、人格和行权方面独立，不受控股股东和公司管理层的限制。判断董事是否具有"独立性"，一般可从以下这些因素来判断：报酬关系、雇佣关系、供应商关系、顾客关系、审计关系、亲属关系、慈善关系、社会关系、关联方关系等等。在美国，公司法并没有规定董事会的内部设置结构，因此，美国公司的董事会内部结构没有统一形式，不同公司的董事会设置不同的委员会。但是，证券交易所的上市规则会对上市公司的董事会内部结构有所规定。虽然，在英美企业中并没有设立监事会这一机构，但是，英美企业在董事会中增设了独立董事，由独立董事承担企业监督者的职能。与监事会相比，独立董事更侧重于企业运营过程中的事前监督和事中监督。

（三） 并列式二元领导模式

为了规范公司的组织和行为，保护公司、股东和债券人的合法权益，中国于1993年12月颁布了《公司法》，并先后进行了四次修正。《公司法》的规范对象是中国境内设立的有限责任公司和股份有限公司，要求这些类型公司设立股东会、董事会和监事会。

股东会由全体股东组成，股东会是公司的最高权力机构，是主要对公司重大事项进行决策的机构。国有独资公司不设股东会，由国有资产监督管理机构行使股东会职权。董事会是公司的经营决策机构，董事会执行股东会的决议，对股东会负责。董事会成员中可以有公司职工代表，也可以没有公司职工代表，董事会中的职工代表由公司职工通过职工代表大会、职工大会或者其他形式民主选举产生。国有独资公司设董事会，董事会成员由国有资产监督管理机构委派，董事会成员中应当有公司职工代表，董事会成员中的职工代表由公司职工代表大会选举产生。两个以上的国有企业或者两个以上的其他国有投资主体投资设立的有限责任公司，其董事会成员中也应当有公司职工代表。

监事会是对公司业务活动进行监督和检查的机构。有限责任公司和股份有限公司设立监事会，成员不得少于三人。股东人数较少或者规模较小的有限责任公司，可以设一至二名监事，不设监事会。监事会成员应当包括股东代表和适当比例的公司职工代表，其中职工代表的比例不得低于三分之一，具体比例由公司章程规定。监事会中的职工代表由公司职工通过职工代表大会、职工大会或者其他形式民主选举产生。董事、高级管理人员不得兼任监事。国有独资公司监事会成员不得少于五人，其中职工代表的比例不得低于三分之一，具体比例由公司章程规定。国有独资企业监事会成员由国有资产监督管理机构委派，但是，监事会成员中的职工代表由公司职工代表大会选举产生，监事会主席由国有资产监督管理机构从监事会成员中指定。

在实践过程中，企业界、学术界发现中国的监事会制度存在一些不完善之处，例如监事会运行缺乏保障、监事会职权被弱化、监事会激励机制不健全、任职人员知识结构较弱等，这些不完善之处在一定程度上阻碍了监事会监督职能的发挥，监督效果并不是很理想。2001年，为了进一步完善上市公司的治理结构，中国证监会发布了《关于在上市公司建立独立董事制度的指导意见》，要求上市公司建立独立董事制度。管理当局希望通过借鉴英美国家的一元领导模式，在董事会中设立独立董事，加强对企业日常运营管理的监督，从而进一步增强对企业的监督职能。上市公司独立董事是指不在公司担任除董事外的其他职务，并与其所受聘的上市公司及其主要股东不存在可能妨碍其进行独立客观判断的关系的董事。独立董事应不受上市公司主要股东、实际控制人，或者其他与上市公司存在利害关系的单位或个人的影响。独立董事由股东大会选举产生，上市公司董事会成员中应当至少包括三分之一独立董事。

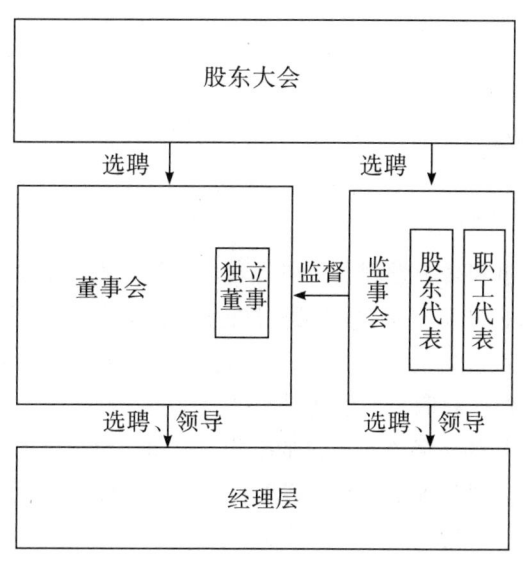

图6-3 并列式二元领导模式的公司治理结构

（四） 折中模式

一些国家的公司法采取了折中模式，公司法规定了两种监事制度，允许企业根据不同的情况对监事制度进行自主选择，如日本。

日本较早的公司治理模式主要是向德国学习，采用二元制公司治理模式，监事会承担公司经营状况的监督职责。20世纪70年代以后，美国的独立董事制度不断发展和完善，极大地促进了美国企业的发展和壮大。独立董事是董事会的成员之一，在董事会的决策过程中发挥监督作用。比起监事会的事后监督，独立董事的监督作用发生在董事会的经营决策过程中，独立董事的监督职能更直接、更有效，在经营决策的过程中可以减少经营决策的失误，从而更有利于企业的发展。2002年，日本在商法的修改过程中引入了独立董事制度，公司可以根据自身的运营需求选择决定建立传统的监事制度或者独立董事制度。

根据商法规定，选择只设置董事会而不设立监事会的企业，必须在董事会下设立由外部董事主导的审计委员会、薪酬委员会和提名委员会。商法所规定的外部董事是指没有具体运营公司业务，现在和过去都不是公司或其分支机构的执行董事、执行经理、经理和雇员。在日本，实行传统的监事会制度的公司称为"监事会制公司"，实行设立董事会而不设立监事会的公司称为"委员会制公司"。审计、薪酬和提名这三个委员会是日本"委员会制公司"必设的公司机构。在日本的委员会制公司里，董事会承担监督董事和执行经理履职情况的职责。董事会主要对重要管理政策和法律要求的重大事项进行决策，而将绝大部分的公司业务决策权，通过一些决议授权给公司的执行经理。

第二节　中国监事会的设置

一、监事会的定义

监事会是对公司董事和高级管理人员的经营管理活动及公司财务进行监督的常设机构。它依法产生并行使监督的职责，是公司的监督机构。监事会具有以下四点特征。

（1）监事会是由依法产生的监事组成的。依据我国现行《公司法》的规定，监事产生的途径主要有股东会选举产生和职工民主选举产生。

（2）监事会是对公司的事务进行监督的机构。监事会对公司的事务进行监督，包括对董事、高级管理人员执行公司职务的行为进行监督，对公司的财务进行监督检查，以及依法对董事、高级管理人员提起诉讼。

（3）监事会行使职权的独立性。监事会要行使监督职权，就要求其具有独立性，否则其监督职能就发挥不出来。我国现行《公司法》规定，董事、高级管理人员不得兼任监事；监事会、不设监事会的公司的监事行使职权所必需的费用，由公司承担，这些都是为了保证监事会的独立性。

（4）监事会是常设机构。依据我国现行《公司法》第五十一条、第一百一十七条的规定，只有股东人数较少或者规模较小的有限责任公司，可以设一至二名监事，不设监事会，但他们行使监事会的权利。除此之外的有限责任公司和股份有限公司都要设立监事会。

二、监事会的组成

监事会由监事组成。对于监事的组成，我国现行《公司法》第五十一条、第一百一十七条规定由股东代表和适当比例的公司职工代表组成，其中职工代表的比例不得低于三分之一，具体的比例由公司章程规定。

监事会的组成人数，依据我国现行《公司法》的规定，股东人数较少或者规模较小的有限责任公司，可以设一至二名监事不设监事会，其余的有限责任公司及股份有限公司的监事会成员不得少于三人。

监事会主席的设定问题，我国现行《公司法》对有限责任公司和股份有限公司做出了不同的规定。依据现行《公司法》第五十一条的规定，有限责任公司监事会设主席一人，由全体监事过半数选举产生；第一百一十七条规定，股份有限公司监事会设主席一人，可以设副主席，主席和副主席由全体监事过半数选举产生。

监事会决议的通过，我国现行《公司法》针对有限责任公司和股份有限公司做出了相同的规定。依据第五十五条、第一百一十九条的规定，监事会的议事方式和表决程序，除《公司法》有规定的外，由公司章程规定。

对于监事会会议的召开，现行《公司法》做出了不同表述，依据第五十五条的规定，有限责任公司的监事会每年度至少召开一次会议，监事可以提议召开临时监事会会议；第一百一十九条规定，监事会每六个月至少召开一次会议，监事可以提议召开临时监事会会议。

关于监事会的会议记录，依据现行《公司法》第五十五条、第一百一十九条的规定，监事会应当对所议事项的决定作成会议记录，出席会议的监事应当在会议记录上签名。

监事的任期，现行《公司法》规定为三年，连选可以连任。对董事、高级管理人员（经理）的任职资格的限制也是对监事任职资格的限制，同时还规定了董事、高级管理人员不得兼任监事。

三、监事会的职权

各国公司法对监事会职权的规定大相径庭。权限大者，规定得粗疏宽泛；权限小者，则规定得详细严格。西方国家的公司实践业已证明：制度健全、权限广泛者，能收到实效；权限较小且规定不严者，则难有监督之实。①

我国现行《公司法》第五十三条规定，监事会、不设监事会的公司的监事行使下列职权：①检查公司财务；②对董事、高级管理人员执行公司职务的行为进行监督，对违反法律、行政法规、公司章程或者股东会决议的董事、高级管理人员提出罢免的建议；③当董事、高级管理人员的行为损害公司的利益时，要求董事、高级管理人员予以纠正；④提议召开临时股东会会议，在董事会不履行本法规定的召集和主持股东会会议职责时召集和主持股东会会议；⑤向股东会会议提出提案；⑥依照本法第一百五十一条的规定，对董事、高级管理人员提起诉讼；⑦公司章程规定的其他职权。

另外，《公司法》第五十四条、五十五条规定：监事可以列席董事会会议，并对董事会决议事项提出质询或者建议；监事会、不设监事会的公司的监事发现公司经营情况异常，可以进行调查；监事可以提议召开临时监事会会议。

现行《公司法》与以前公司法相比，在监事会的职权规定方面已经有了很大的进步，在现行公司法当中，已经规定了监事会的股东会召集权和代表公司诉讼的权利。

在上述案例中，公司监事会向董事会提出召集股东会临时会议的建议，逾期3个月仍然没有结果，直接向公司股东发出通知召开公司临时股东会会议是合法的。

---

① 石少侠. 公司法 [M]. 长春：吉林人民出版社，1996：247.

我国监事会行使职权的方式属于集体决议制，监事会的决议应由半数以上监事通过。不设监事会，只设监事的小型有限责任公司除外。

四、监事的任职资格与选聘

监事又称"监察人"，承担监督公司之责。我国《公司法》第一百四十六条规定，有以下情形之一的人，不得担任监事。这些情况包括：①无民事行为能力或限制民事行为能力；②因贪污、贿赂、侵占财产、挪用财产或破坏社会主义市场经济秩序，被判处刑罚，执行期满未逾五年，或者因犯罪被剥夺政治权利，执行期满未逾五年；③担任破产清算的公司、企业的董事或厂长、经理，对该公司、企业的破产负有个人责任的，自该公司、企业破产清算完结之日起未逾三年的；④担任因违法被吊销营业执照、责令关闭的公司、企业的法定代表人，并负有个人责任的，自该公司、企业被吊销营业执照之日起未逾三年；⑤个人所负数额较大的债务到期未清偿。我国《公司法》第五十一、一百一十七条规定了董事、高级管理人员不得兼任监事。

监事会由股东代表和职工代表组成。股东代表由股东会通过累积投票制度选举出来，职工代表通过职工代表大会选举出来，职工代表数量占比不少于监事会成员的三分之一。

五、监事的责任

监事虽然并不直接参与公司的经营管理，但其处于公司经营的监督地位，是公司合法、正常经营的保障，因而责任重大。监事的责任主要体现在以下两点：一是对公司负责。对公司应尽善良管理人的注意义务和忠实义务，避免公司利益受到损害。二是对第三人负责。第三人主要是指公司股东和社会公众。保护公司股东和社会公众的利益不因公司受到损害。《公司法》第一百四十九条规定，监事在执行公司职务时违反法律、行政法规或者公司章程的规定，给公司造成损失的，应当承担赔偿责任。

六、监事会的会议制度

我国《公司法》第五十五条和一百一十九条对监事会的会议制度进行了规定。有限责任公司的监事会每年度至少召开一次会议，股份有限公司监事会每六个月至少召开一次会议。监事可以提议召开临时监事会会议。监事会的议事方式和表决程序，除本法有规定的外，由公司章程规定。监事会行使职权的方式采取集体决议制，监事会决议应当经半数以上监事通过。监事会应当对所议事项的决定作成会议记录，出席会议的监事应当在会议记录上签名。

本章小结

  监事会是对公司董事和高级管理人员的经营管理活动及公司财务进行监督的常设机构。监事会是对公司的经营管理实行监督的公司内部监督机关，对公司的健康发展起到重要作用。

  本章第一节介绍了监事会的起源与发展。监事会制度起源于 19 世纪的德国，在发展过程中，形成了职工共决制这一显著特征。其后，英国、美国、日本、中国等国家相继借鉴和学习德国的监事会制度，在此过程中，逐步形成了不同的公司治理结构，包括：上下式二元领导模式、并列式二元领导模式、一元领导模式和折中模式。本章第二节详细介绍了中国的监事会制度，包括：监事会的定义、监事会的组成、监事会的职权、监事的任职资格与选聘、监事的责任、监事会的会议制度等六个方面。

本章思考题

  1. 监事会制度起源于 19 世纪的德国，在其后的发展演变过程中，在不同的国家形成了哪些模式的公司治理结构？

  2. 监事会的定义是什么？在中国企业中，监事会行使哪些职权？

第七章 〈外部治理

公司治理系统与所在的环境密不可分,商业环境的许多因素都会对公司治理系统产生影响,其中包括法律监督、资本市场、市场监督及其他类型监督等。

第一节 法律监督

案例 7–1 〉空壳公司收购上市公司

证监会认为,龙薇传媒以空壳公司收购上市公司万家文化,在自身境内资金准备不足,相关金融机构融资尚待审批,存在极大不确定性的情况下,贸然予以公告,对市场和投资者产生严重误导,造成万家文化股价大幅波动,引起市场和媒体高度关注,严重影响了市场秩序,损害了中小投资者的信心,影响了市场的公平、公正、公开。上市公司万家文化作为法定信息披露义务人,对上交所问询函发布回复公告,公告的信息存在虚假记载、误导性陈述、重大遗漏及披露不及时。4 月 16 日晚,中国证监会公布了对万家文化的行政处罚决定书和相关人员市场禁入决定书,驳回了黄有龙、赵薇、龙薇传媒、万家文化及相关当事人的申辩,最终决定:对黄有龙、赵薇、孔德永分别采取 5 年证券市场禁入措施。

公司治理是以法治为基础的,公司治理的法律监督主要是国家的司法部门依照法律的有关规定,对公司在经营过程中的违法行为进行约束和制裁,并对因公司违法行为而遭受损害的有关权利进行救济和保护。它通过对公司的生产经营行为进行公正的裁判来实现对公司治理的监督作用,很好地威慑和约束公司的违法行为,并促使其自觉遵守法律法规。法律监督体现的是国家意志,依靠的是国家公权,动用的是国家的强权力量。法律监督具有滞后性,但它是最有强制力的,也是最有效率的,可以说是一道最初也是最终的监督屏障。

一、法律监督的基础

我国现有约束各市场主体的专门法律法规主要有《公司法》《个人独资企业法》《合伙企业法》《外资企业法》《证券法》《企业破产法》《劳动法》等，以及有关政府部门和各地方政府制定的相关行政规章。这些法律法规以及部门规章比较具体地规定了公司从设立到注销的整个过程中涉及违反法律规范的情形和应负的法律责任，为司法机关监督公司生产经营行为提供了依据，同时也确定了法律监督的权力范围和监督内容，使司法部门在履行监督职能的时候不至于侵害公司的合法权益。

此外，中国证券监督管理委员会和中国银行保险监督管理委员会是我国两个国务院直属事业单位，也都在一定程度上运用法律制度对公司治理起到监督作用。中国证券监督管理委员会依照法律、法规和国务院授权，统一监督管理全国证券期货市场，维护证券期货市场秩序，保障其合法运行。中国银行保险监督管理委员会依照法律法规统一监督管理银行业和保险业，维护银行业和保险业合法、稳健运行，防范和化解金融风险，保护金融消费者合法权益，维护金融稳定。

二、法律监督的作用

1. 基础性的指引作用

法律对公司治理制度的制定具有基础性的指引作用，所有的公司内部治理制度的制定都应以所在国家现行法律为合法性的基础。企业的设立必须依照法律法规的规定，具备基本的条件，履行相关的程序。我国《公司法》分别对有限责任公司和股份有限责任公司的设立作了明确规定。

2. 基础性的保障作用

法律对公司治理活动具有基础性的保障作用，所有的公司治理活动都应以合法性为前提，在法律规定的许可或授权范围内进行。公司治理的核心要素为权利义务，其表征为公司股东、董事、经理等参与各方权利分配与制衡，是公司参与各方围绕权利、义务、责任分配形成的一般均衡。而股东、董事以及经理人之间的权利博弈是必须在现行的法律框架下进行的。我国《公司法》等法律对公司及直接责任人员的违法经营行为应负的责任作了明确具体的规定。

3. 基础性的渗透作用

法律对公司治理活动具有基础性的渗透作用，在公司治理活动的许多环节及具体制度的设计中，法律规则不仅直接调整和规范这些活动，而且已经成为相应的公司治理制度规则的一个组成部分。实际上，从法律规范形成过程的角度分析，许多公司法律规范本来就是对成熟的公司治理活动的总结与升华，如董事会制度、经理人的激励制度等规定，都或多或少地来源于公司治理的实践。①

第二节　资本市场

一、资本市场的构成

（一）　资本市场的定义

资本市场是指进行一年期以上的中长期资金或资产借贷融通活动的市场。根据融通资金方式的不同，资本市场可以分为证券市场和银行中长期信贷市场。证券市场是指所有证券发行和交易的场所。证券是多种经济权益凭证的统称，包括股票、债券、基金、期权、股票期货等。中长期贷款市场是指银行提供一年以上中长期信贷资金的场所。按照贷款期限划分，期限为 1~5 年的贷款称为中期贷款，期限为 5 年以上的贷款称为长期贷款。中长期贷款市场主要是针对需要中长期资金的政府和企业提供资金服务。对于一些数额特别大的借款，为了降低风险，银行通常会采用银团贷款方式。资本市场的构成如图 7-1 所示。

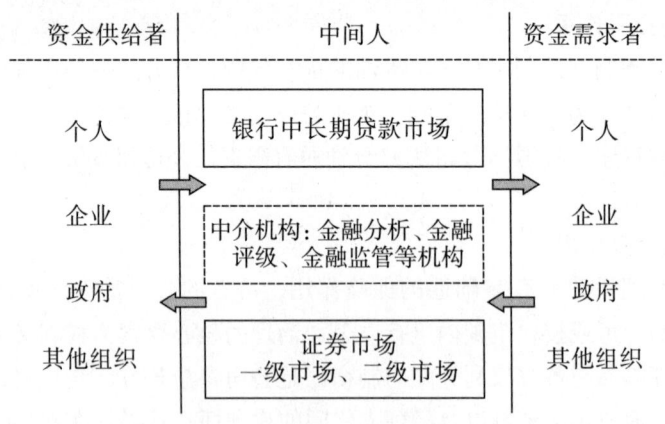

图 7-1　资本市场的构成

证券市场包含一级市场和二级市场。一级市场是指证券的发行市场，是资金需求者获得资金的市场。根据我国《证券法》（2014 年）规定，发行人向不特定对象发行的证券，法

---

① 庞梅. 法律在公司治理中的地位与作用 ［D］. 合肥：中国科学技术大学，2007.

律、行政法规规定应当由证券公司承销的，发行人应当同证券公司签订承销协议。证券承销业务采取代销或者包销方式。证券代销是指证券公司代发行人发售证券，在承销期结束时，将未售出的证券全部退还给发行人的承销方式。证券包销是指证券公司将发行人的证券按照协议全部购入或者在承销期结束时将售后剩余证券全部自行购入的承销方式。在外国一级市场的主要参与者是投资银行、经纪人和证券自营商。在中国大陆，一级市场的主要参与者是证券公司。二级市场是指流通市场，在证券发行后各种证券在不同的投资者之间买卖流通所形成的市场。在二级市场上，参与者是个人、企业、政府和其他组织，参与者根据自己的需求出售或购买不同类型的证券。

（二）证券市场的发展

证券市场是资本市场的主要构成部分，是企业筹措资金的重要场所，是优化资源配置的杠杆，是促进企业发展和社会经济发展的助推器。例如17世纪，荷兰凭借强烈的海洋意识、先进的造船术和冒险精神，发展成为世界航海强国。荷兰在世界各地建殖民地和贸易据点，大力发展殖民地掠夺和进行海上贸易。17世纪中叶，荷兰拥有世界上最庞大的商船队，商船吨数约占欧洲的四分之三，被称为"海上马车夫"。军商结合的荷兰海上贸易需要大量的资本投入，这种需求促进了荷兰对企业组织形式和金融制度的创新。1602年，世界第一个证券交易所阿姆斯特丹证券交易所在荷兰诞生。1602年，世界上第一股份有限公司东印度公司在荷兰成立。在此以后，1724年，法国建立了巴黎证券交易所；1773年，英国建立了伦敦证券交易所；1863年，美国建立了纽约证券交易所。

20世纪末，为了促进企业和经济的发展，我国开始建立证券交易所。1990年12月1日，我国的深圳证券交易所开始正式开业；1990年12月19日，我国的上海证券交易所也正式开业。1991年，中国的证券市场总值仅为20.3亿美元，而世界证券市场总值高达11.19万亿美元，中国的证券市场总值仅占世界的0.018%。经过20多年的发展，中国的证券市场不断完善，已经成了世界资本市场的一支不可忽略的重要力量。如图7-2所示，2018年，中国证券市场总值达到6.32万亿美元，约占世界证券市场总值份额的9.21%。2019年，世界前十大证券交易所包括纽约证券交易所、纳斯达克证券交易所、东京证券交易所、上海证券交易所、香港交易所、泛欧交易所、伦敦证券交易所、深圳证券交易所、多伦多证券交易所、孟买证券交易所。

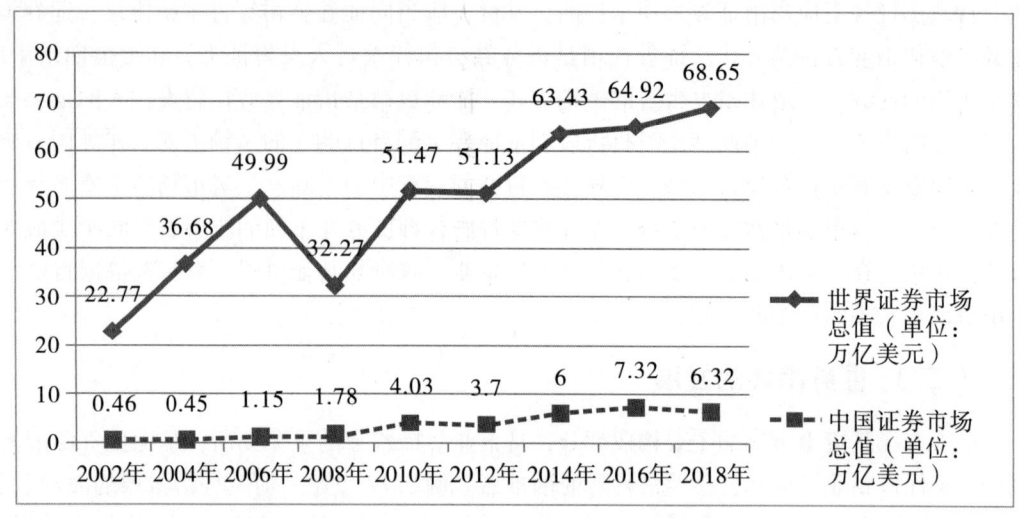

图7-2　中国与世界证券市场价值对比

注：市场价值是指股票价格乘以已发行股票的数量的价值。此数据仅包含各国上市公司数据，不包括投资公司、共同基金或其他集体投资工具。数据来源：标准普尔《全球股票市场手册》。

（三）中国证券市场体系

我国证券市场包含了四个层次：主板市场、二板市场、三板市场和四板市场。

主板市场是指在有组织交易所进行集中竞价交易的市场。它是一个国家或地区证券发行、上市及交易的主要场所，主要是为大型、成熟企业的融资和转让提供服务。上市企业具备资金规模大和盈利能力强等特点。主板市场能反映一个国家的经济发展状况，是"经济的

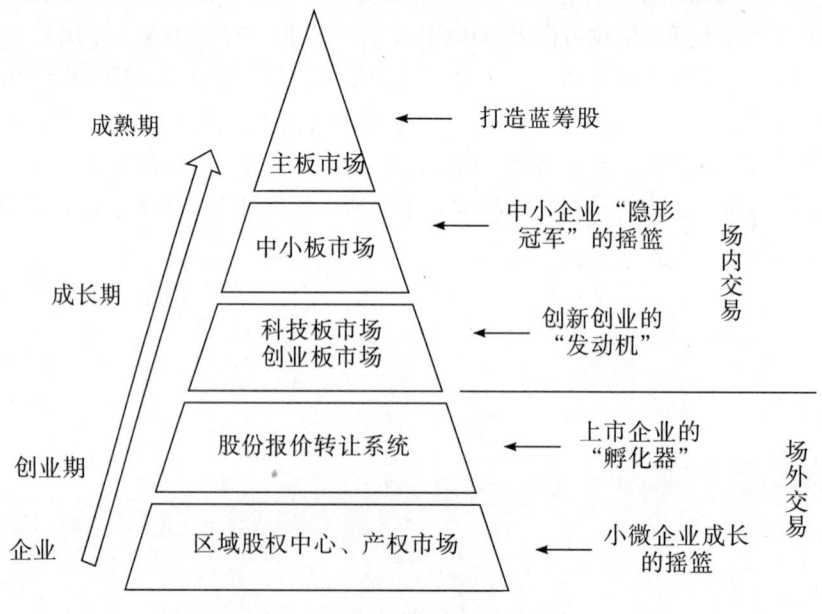

图7-3　中国证券市场的交易体系

晴雨表"。

二板市场是指在主板之外专为处于幼稚阶段中后期和产业化阶段初期的中小企业、高科技企业提供资金融通的股票市场。二板市场又称创业板、中小企业板。二板市场还可解决这些企业的资产价值（包括知识产权）评价，风险分散和创业投资的股权交易问题。二板市场上市的企业上市标准低于主板市场，投资风险高于主板市场，因此，投资者会更加注重上市企业的信息披露。主板市场和二板市场的交易场所在上海证券交易所和深圳证券交易所，故被称为场内交易。上海证券交易所有主板市场和科创板市场，深圳证券交易所有主板市场、创业板市场和中小企业板市场。

三板市场又称"代办股份转让系统"，是指具有代办非上市公司股份转让业务资格的证券公司采用电子交易方式，为非上市公司提供的特别转让服务，即代办股份转让业务。三板市场是上市企业的"孵化器"。

四板市场是指区域性股权市场，主要为小微企业提供挂牌、融资、财务、法务、培训、治理、政策支持等服务，例如深圳前海股权交易中心、上海股权交易所。四板市场是为区域内企业提供股权、债券转让和融资服务的私募市场。在企业的创业期，符合条件的企业可以在区域股权中心（产权中心）、股份报价转让系统进行资金筹措。在企业的成长期，符合上市条件的企业可以在科技板、创业板、中小企业板筹措资金。在企业的成熟期，符合上市条件的企业可以在主板市场筹措资金。根据各个市场对上市企业的资质要求，从高到底分别是主板、中小板、科技板、创业板、股份报价转让系统、区域股权中心（产权市场）。

二、资本市场对公司治理的影响

（一）改变企业的股东结构

股票是股份有限公司发行的所有权凭证。即为了筹集资金，股份有限公司发行给各个股东作为持股凭证，并借以取得股息和红利的一种有价证券。相同类别的每一份股票所代表的公司所有权是相等的。股份公司通过证券市场发行股份，在筹集发展资金和扩大企业规模的同时，必然会扩大股东的数量和来源，使企业的股东结构和占股比例发生变化，从而使企业的控制权有可能发生变化。一个企业的股东结构发生变化，特别是拥有控制权的大股东发生变化，就会对董事会和监事会进行改造，从而改变了公司的内部治理结构，从而对公司的发展方向、经营战略、激励机制等一系列领域都会产生影响。

企业的控制权是指拥有公司一定比例以上的股份，或通过协议方式能够对企业实行实际控制的权利。当外部主体认为公司具有进一步发展的潜在价值，就会通过证券市场以兼并、收购等方式争夺公司的控制权，重组公司的治理结构，从而实现公司潜在价值最大化（控制权的争夺将在下一节详细讲述）。外部企业争夺目标企业的控制权有很多种动因，例如：进入一个新的行业，拓展企业的上下游环节，获取企业的生产技术，获取企业的市场布局，获取企业的利润，获取企业拥有的品牌等等。随着中国经济的高速发展，中国企业实力不断增强，控制权的争夺成了中国企业发展的一种重要方式。近十年来，中国企业掀起了此起彼伏的并购浪潮，并购目标也从中国境内企业向海外企业拓展，成了世界并购市场一支重要的力量。2018 年，中国企业并购总金额达到 6 780 亿美元，其中，中国大陆企业出境并购约为 941 亿美元。①

（二） 投资机构者介入公司治理

机构投资者是指用自有资金直接或从分散的公众手中筹集资金间接从事有价证券投资活动的专门化法人机构。在国际上，机构投资者主要包括退休养老基金、保险公司、共同基金、捐赠基金、银行信托部以及各类投资公司等。目前，我国资本市场中的机构投资者主要有基金公司、证券公司、信托投资公司、财务公司、社保基金、保险公司、合格的外国机构投资者等。机构投资者不同于工商法人股东，工商法人股东持股，主要是以形成战略伙伴关系为目的，采用"用手投票"方式介入目标公司的治理活动，是保障其专用性关系投资的行为。因此，工商法人股东是"经营型投资者"。当然，现实中也有不少借经营型投资为名行投机之实的情况，但这不是工商法人股东的本质。

证券投资基金是我国机构投资者的主力军，常常被简化称为"基金"。证券投资基金是一种利益共存、风险共担的集合证券投资方式，即通过发行基金份额，集中投资者的资金，由基金托管人托管，由基金管理人管理和运用资金。证券投资基金采用积少成多的整体组合投资方式，具有集合投资和分散风险的特点。证券投资基金是一种信托投资方式，受托人具有专业理财的能力。按基金运作方式可分为封闭式基金和开放式基金，两者的差别在于基金总额是限定的还是可以开放增加的。按投资标的可分为股票基金、指数基金、债券基金、货币市场基金等等。2018 年，中国大陆规模最大的十个基金分别是天弘基金、易方达、工银瑞信、建信基金、博时基金、南方基金、华夏基金、招商基金、嘉实基金、中银基金。

私募股权投资基金和风险投资基金也是机构投资者的重要力量。私募股权投资是指通过私募形式对非上市企业进行权益性投资，通过上市、并购或者管理层回购等方式，出售持股获取利益。私募股权投资基金的投资对象包括那些处于种子期、初创期、发展期、扩展期的具有高成长性的非上市企业。风险投资基金又叫创业基金，它以一定的方式吸收机构和个人的资金，投向于那些不具备上市资格的中小企业和新兴企业，尤其是高新技术企业。风险投资基金以股份的形式参与投资，其目的就是为了帮助所投资的企业尽快成熟，取得上市资格，从而使资本增值。风险投资基金投资对象主要是针对处于创业期或成长期、有发展潜力的企业，通过转让股份或企业上市赚取前后股票差价而获利。因此，私募股权投资基金和风险投资基金投资的目标企业都会在公司治理、发展战略、人力资源、市场开拓、融资方式等方面存在这样或那样的缺陷。很多基金投资者会加入董事会，加入管理团队，参与重大经营决策，注入先进的管理经验和各种增值服务，帮助企业快速成长，从企业的市值变化中获取

---

① 数据来源：普华永道. 2018 年中国企业并购市场回顾与 2019 年展望 ［EB/OL］. （2019 - 02 - 19）［2019 - 10 - 10］. https://www.pwccn.com/zh/services/deals-m-and-a/publications/ma-2018-review-and-2019-outlook.html.

收益。根据中国证监会的统计，截至 2019 年 12 月底，按基金总规模划分，中国大陆境内的私募基金管理人管理规模在 1 亿~10 亿元的有 5 753 家，10 亿~20 亿元的有 871 家，20 亿~50 亿的有 726 家，50 亿~100 亿元的有 290 家，100 亿元以上的有 262 家。

机构投资者可以分为战略投资者和财务投资者。战略投资者参与公司经营管理，通过为企业发展提供财务、融资、管理等多种服务，促进企业市值的提升，从企业的前后市值差价中赚取收益。财务投资者不参与公司经营管理，只关注企业市值的变化，从企业的前后市值差价中获取收益。随着机构投资者的蓬勃发展，很多机构投资者已摒弃了"用脚投票"的方式，不单靠买卖股票获取差价来获得受益，而是通过采取"积极股东主义"的做法，采用"用手投票"的方式，积极参与公司的股东会、董事会，通过改善公司治理、增强公司核心竞争力、提升公司业绩等方式来获取收益。

（三） 银行介入公司治理

银行是企业外部融资的主要提供方，银行通过短、中、长期贷款，与企业建立了债权债务关系。当企业经营状况良好的时候，企业获得较高的收益，银行也获得稳定的贷款收益；当企业经营状况较差的时候，企业很可能亏损，无法如约偿还贷款，银行就会面临不良贷款的风险。近年来，我国商业银行的不良贷款率居高不下。2019 年第三季度末，中国银行保险监督管理委员会统计，我国商业银行不良贷款余额为 2.36 万亿元，不良贷款率为 1.86%。为了降低不良贷款风险，银行业与优质公司保持长期的债权债务关系，具有参加公司治理的内在动力。

债权监管是指银行对获得贷款的公司进行经营活动和管理者行为的监管，例如：银行对公司日常经营业务进行监管，银行信贷部门派员对公司进行走访调查等。银行对企业的债权监管的目的是避免银行和企业之间的信息不对称，降低企业的高风险投资行为，避免给银行带来损失。银行参与企业公司治理，追求的目标是贷款的如约回收，它不参与企业利润的分享，因此，银行没有从事高风险项目的投资动机，可以在一定程度上降低企业投资的风险。银行是金融机构，它具有丰富的理财经验，能够合理设计企业的债权结构，确保企业中、长、短期资金的合理运用。目前，我国的银行债权监督还没能有效地发挥监管作用，银行在公司治理中的作用仍然比较弱。

三、证券监督管理机构对公司治理的影响

证券监督管理机构是指依照一国或地区的法律、法规和国家授权，统一监督管理全国证券期货市场，维护证券期货市场秩序，保障其合法运行的机构。在中国大陆，证券监管管理机构是中国证券监督管理委员会（以下简称"证监会"）。在证券监督管理机构制定的各项制度当中，信息披露制度、独立董事制度和保荐人制度对公司治理的影响最为显著。

（一） 信息披露制度

信息披露制度是指上市公司将发展战略、财务状况、经营状况、人力资本等信息和资料向证券管理部门和证券交易所报告，并向社会公开或公告的制度。信息披露制度使股东对企业发展的重要信息有了较为全面的了解，减少了企业所有者和企业管理者之间的信息不对称现象，有利于保护投资者合法权益，也有助于投资者做出合理的投资决策。信息披露制度也对公司的管理层形成约束力，激励他们为股东的利益服务，从而有效地节约了委托代理成本。

为了规范发行人、上市公司及其他信息披露义务人的信息披露行为，加强信息披露事务管理，保护投资者合法权益，中国证监会于 2006 年 12 月 13 日审议通过了《上市公司信息披露管理办法》。该法第二条至第六条规定，信息披露义务人应当真实、准确、完整、及时地披露信息，不得有虚假记载、误导性陈述或者重大遗漏。信息披露义务人应当同时向所有投资者公开披露信息。在境内、外市场发行证券及其衍生品种并上市的公司在境外市场披露的信息，应当同时在境内市场披露。发行人、上市公司的董事、监事、高级管理人员应当忠实、勤勉地履行职责，保证披露信息的真实、准确、完整、及时、公平。在内幕信息依法披露前，任何知情人不得公开或者泄露该信息，不得利用该信息进行内幕交易。

信息披露方式包括发行前的披露和公司上市后的持续信息公开，信息披露文件主要包括招股说明书、募集说明书、上市公告书、定期报告和临时报告等。定期报告是上市公司进行持续信息披露的主要文件，包括年度报告、中期报告和季度报告。凡是对投资者做出投资决策有重大影响的信息，均应当在定期报告中披露。投资者可以从定期报告中判断上市公司的经营状况和盈利状况。例如年度报告包含的内容有：公司基本情况；主要会计数据和财务指标；公司股票、债券发行及变动情况；报告期末股票、债券总额、股东总数，公司前十大股东持股情况；持股5%以上股东、控股股东及实际控制人情况；董事、监事、高级管理人员的任职情况、持股变动情况、年度报酬情况；董事会报告；管理层讨论与分析；报告期内重大事件及对公司的影响；财务会计报告和审计报告全文；中国证监会规定的其他事项。

为了确保上市公司所披露信息的准确性，定期报告中有关财务会计报告应当经具有证券、期货相关业务资格的会计师事务所审计。公司董事、高级管理人员应当对定期报告签署书面确认意见，监事会应当提出书面审核意见，说明董事会的编制和审核程序是否符合法律、行政法规和中国证监会的规定，报告的内容是否能够真实、准确、完整地反映上市公司的实际情况。董事、监事、高级管理人员对定期报告内容的真实性、准确性、完整性无法保证或者存在异议的，应当陈述理由和发表意见，并予以披露。

（二） 独立董事制度

独立董事是指不在公司担任除董事外的其他职务，并与其所受聘的公司及其主要股东不存在可能妨碍其进行独立客观判断的关系的董事。独立董事制度创立于美国，大大促进了美国企业公司治理的完善，逐渐成为英美公司治理模式的标志性特征。随后，独立董事制度强烈影响着全球各国公司治理模式的发展，各国都在模仿或借鉴美国的独立董事制度。独立性是独立董事制度的灵魂。首先，独立董事具有利益关联的独立性。独立董事独立于企业的股东、高管。独立董事不能从经理、控制股东等处获得财务利益上的好处，是对独立董事最基本的要求。其次，独立董事具有能力结构的独立性。独立董事需要在决策上保持独立的判断，这要求独立董事具有完整的知识结构，有能力独自做出判断，而无须依附于他人的帮助。当监管是独立董事的核心功能时，具备财务审计知识和实际经验是对独立董事群体的基本要求。再次，独立董事要有运作空间的独立性。一方面，独立董事虽然需要从公司内部人那里获得信息，但是不能被动地依附于内部人；另一方面，独立董事与非独立董事、执行董事之间构成一定的制衡关系，因而独立董事在董事会内部应该有独立的运作空间，比如全部由独立董事组成的审计委员会、薪酬委员会等。

中国引入独立董事制度是从赴境外证券交易所上市的公司开始的。1993 年青岛啤酒发行 H 股，按照香港联合交易所的规定设立了 2 名独立董事，成为第一家引进独立董事的内地公司。1997 年中国证监会发布《上市公司章程指引》，建议性地规定"公司根据需要，可以设立独立董事"。2001 年，中国证监会发布《关于在上市公司建立独立董事制度的指导意见》（以下简称《指导意见》），明确规定：各境内上市公司应当按照本指导意见的要求修改公司章程，聘任适当人员担任独立董事，其中至少包括 1 名会计专业人士。在 2002 年 6 月 30 日前，董事会成员中应当至少包括 2 名独立董事；在 2003 年 6 月 30 日前，上市公司董事会成员中应当至少包括三分之一独立董事。2005 年颁布的《公司法》将聘任独立董事作为上市公司的法定义务。

根据证监会发布的《关于在上市公司建立独立董事制度的指导意见》，独立董事具有一些特殊的权力，这些权力包括：重大关联交易认可权；向董事会提议聘用或解聘会计师事务所；向董事会提请召开临时股东大会；提议召开董事会；独立聘请外部审计机构和咨询机构；可以在股东大会召开前公开向股东征集投票权。独立董事行使上述六项特殊权利时，应当取得全体独立董事的二分之一以上同意，如独立董事的提议未被采纳或上述权利不能正常行使时，上市公司应将有关情况予以披露。另外，如果上市公司董事会下设薪酬、审计、提名等委员会的，独立董事应当在委员会成员中占有二分之一以上的比例。《指导意见》还规定，独立董事应当对上市公司重大事项发表独立意见。

独立董事在公司治理中加强了董事会的监管经理功能和法人独立功能。在现代企业中，所有权和经营权分离，董事会是介于股东会和高级经理层之间的机构，受股东会的委托监督高级经理层的履职情况，减少委托代理关系下各种问题的发生。在董事会中聘任完全独立于企业的利益关系和人际网络之外的独立董事，能够保证董事会监督的公正性。在董事会里面，独立董事与其他董事具有同等的权力。对于企业的某些经营决策，解除掉个别股东的特权，特别是控制股东的特权，确保企业经营决策不受控制股东意志的影响，是董事会保持法人独立功能的责任。这时，独立董事制度就是实现董事会的法人独立功能的最佳方案。在利益上、人情上与任何大股东没有关联的独立董事，是隔离在公司与股东之间的屏蔽装置，确保董事会受托的是全体股东的愿望，而不是某些控制型股东的"傀儡"。此外，独立董事都是具有丰富专业知识的人士，如注册会计师、资深律师、经验丰富的企业家等，他们可将其个人的信息资源、关系资源、品牌资源等间接地投入公司法人财产中，具有社会资源渠道功能。

（三）保荐人制度

保荐人制度是指通过连带责任机制把发行人、上市公司的质量和保荐人的利益直接挂钩，以防范市场风险，规范上市公司行为，保护投资者利益的一种制度。具有保荐资格的证券公司（保荐人）对发行人发行证券进行上市推荐和辅导，核实发行文件的真实性、准确性和完整性，在公司上市后的规定时间内承担持续督导发行人履行规范运作、信守承诺、信息披露等义务，同时，对上市公司的信息披露负有连带责任。保荐人制度起源于英国伦敦证券交易所的另类投资市场。根据另类投资市场交易规则，上市申请人除应披露董事、承销商、业务及财务状况等信息外，还需聘请在交易所注册的保荐人进行担保。该制度的实施收到了良好的效果，许多国家相继借鉴和推广，美国纳斯达克、加拿大多伦多证券交易所、香港联合交易所、马来西亚自动报价市场都建立了比较成熟和完善的保荐人制度。

21 世纪初，通过借鉴和学习香港联合交易所的经验，中国大陆证券市场也开始引入保荐人制度。2004 年 2 月，中国证券监督管理委员会发布了《证券发行上市保荐制度暂行办法》。2009 年 5 月，中国证监会进一步修订该法，发布了《证券发行上市保荐业务管理办法》。该法规定当发行人首次公开发行股票并上市，上市公司发行新股、可转换公司债券，应当聘请具有保荐机构资格的证券公司履行保荐职责的情形。在保荐人所承担的各项责任中，保荐人所承担的持续督导责任对公司治理的影响最为显著。根据《证券发行上市保荐业务管理办法》规定，保荐机构应当针对发行人的具体情况，确定证券发行上市后持续督导的内容，督导发行人履行有关上市公司规范运作、信守承诺和信息披露等义务，审阅信息披露文件及向中国证监会、证券交易所提交的其他文件，并承担下列工作：

（1）督导发行人有效执行并完善防止控股股东、实际控制人、其他关联方违规占用发行人资源的制度；

（2）督导发行人有效执行并完善防止其董事、监事、高级管理人员利用职务之便损害发行人利益的内控制度；

（3）督导发行人有效执行并完善保障关联交易公允性和合规性的制度，并对关联交易发表意见；

（4）持续关注发行人募集资金的专户存储、投资项目的实施等承诺事项；

（5）持续关注发行人为他人提供担保等事项，并发表意见；

（6）中国证监会、证券交易所规定及保荐协议约定的其他工作。

首次公开发行股票并在主板上市的，持续督导的期间为证券上市当年剩余时间及其后 2 个完整会计年度；主板上市公司发行新股、可转换公司债券的，持续督导的期间为证券上市当年剩余时间及其后 1 个完整会计年度。首次公开发行股票并在创业板上市的，持续督导的期间为证券上市当年剩余时间及其后 3 个完整会计年度；创业板上市公司发行新股、可转换公司债券的，持续督导的期间为证券上市当年剩余时间及其后 2 个完整会计年度。首次公开发行股票并在创业板上市的，持续督导期内保荐机构应当自发行人披露年度报告、中期报告之日起 15 个工作日内在中国证监会指定网站披露跟踪报告，对第三十一条所涉及的事项，进行分析并发表独立意见。发行人临时报告披露的信息涉及募集资金、关联交易、委托理财、为他人提供担保等重大事项的，保荐机构应当自临时报告披露之日起 10 个工作日内进行分析并在中国证监会指定网站发表独立意见。持续督导的期间自证券上市之日起计算。

保荐人制度通过连带责任机制把保荐人的利益和上市公司利益捆绑在一起，通过保荐人对公司的上市辅导和推荐，上市后的持续督导，可以提高上市公司运作的透明度，提高公司治理的规范性，从而保护了投资者的合法利益，促进企业的长远发展，维护了证券市场的稳定。

第三节　市场监督

市场监督是公司外部治理机制的重要组成部分。市场监督主要是通过市场对公司经营管理者行为的制约，减少所有权与经营权分离导致的代理成本，促使经营管理者服务于股东利益。但市场监督效果却取决于市场发育程度和市场机制运作效率。①

一、公司控制权市场监督

案例 7-2 万科控制权之争

2015 年 7 月 10 日，宝能集团旗下前海人寿购入万科集团 5.52 亿股股份，耗费资金超过 80 亿元。在和其一致行动人连续举牌后，宝能系所持有的万科股份份额猛增至 15.04%，超越华润集团成为万科第一大股东。2015 年 12 月 4 日开始，宝能系开路先锋钜盛华和前海人寿互为一致行动人，开始持续增持万科。2015 年 12 月 11 日，港交所披露消息，以前海人寿和钜盛华所代表的宝能系共计持有万科约 24.8 亿股，宝能系以持股比例 22.45% 的巨大优势再次成为万科第一大股东。2015 年 12 月 17 日，万科集团召开内部会议，万科集团董事长王石表示"不欢迎宝能系成为万科第一大股东，而重要的原因在于，万科认为宝能系的信用不够，如果宝能系成为第一大股东会毁掉万科"。此次内部会议，万科还对宝能系提出了很多质疑，由此，万科管理层和宝能系的矛盾公开，万科控制权之争正式浮出水面。2015 年 12 月 18 日，保持沉默的宝能集团发声，全文称宝能集团一向恪守法律，并表示相信市场力量。该文直接针锋相对反驳王石质疑。

---

① 许杰锋. 公司外部治理机制及其作用分析 [D]. 武汉：武汉理工大学，2005.

【问题】

1. 剖析万科集团控制权危机的原因。
2. 查找资料，找出万科事件中争取控制权的最后结果，思考控制权争夺的模式。

公司外部主体对公司控制权的争夺是公司外部治理机制的重要方面之一，当外部主体认为公司的潜在价值并未得到充分挖掘时，就会通过证券市场以接管、兼并、并购等方式争夺公司的控制权，并进一步重整公司的治理安排，由此实现公司潜在价值的最大化。

二、控制权

（一）控制权的基本含义

控制权是指拥有公司一定比例以上的股份，或通过协议方式能够对其实行实际控制的权力，即对公司的一切重大事项拥有实际上的决定权，一般是相对于所有权而言的。在古典企业中，企业的所有权与经营权是统一在一起的，这类企业中一般并不存在伯利和米恩斯所说的所有权与控制权相分离的问题。而在以所有权与经营权相分离为特征的现代公司中，昔日古典企业中较为单纯的权力概念已演变为控制权形态，且随着现代公司中所有权分散化的加剧、董事会作用的增大和职业经理人制度的建立，控制权概念本身的含义趋于复杂，以致形成了多种说法和用语，如名义控制权与实际控制权、经营控制权与最终控制权、一般控制权与核心控制权、特定控制权与剩余控制权等。

（二）控制权的主要特征

1. 非对称性

非对称性意味着公司控制权的保有者与一般生产要素之间是一种指挥—服从关系。这里实际上把公司中的生产要素分为两类：一类是资本及其经营者，根据与企业间的投资合同和管理合同而掌握着控制权，是一种特殊的生产要素；另一类是受控制权支配的生产要素，根据与企业间的劳动合同和雇佣合同而服从指挥，是一种一般的生产要素。

2. 可分解性

所谓可分解性是指控制权可分解为决策、经营及监督等几个方面，从而相应地出现决策控制权、经营控制权和监督控制权的划分，它们在协调公司资源配置上各自发挥着独特的作用。决策控制权是指通过选择和决定生产什么、怎样生产和为谁生产，从而为公司资源的合理配置提供前提。经营控制权是指通过对决策的执行，具体解决生产什么、怎样生产和为谁生产的问题，从而使公司资源得到有效配置。监督控制权是指通过对决策和经营活动的监察和督导，为公司资源的合理有效配置提供保障。在公司资源配置中，三者相互依存、相互制衡，形成一个有机的整体，共同服务于协调公司运行、满足社会需求的目标。

3. 可转移性

可转移性是指控制权可在不同的行为主体间发生移动，从而公司中资源配置者的构成状况或力量对比发生变动。控制权的转移主要表现在三个方面：其一是最终控制权的转移。最终控制权是由股东大会掌握的最终决定公司资源配置方式的权力。最终控制权由股东大会行使，其大小可通过由控股权带来的投票权（表决权）等来衡量。最终控制权的转移，可通过股权协议收购与转让、竞价并购、要约收购、定向增发、吸收合并等方式来进行。其二是实际控制权的转移。实际控制权是由管理者掌握的公司日常性资源配置权，其转移主要是通过管理者的离任和继任表现出来的。其三是最终控制权与实际控制权间的转移。具体有两种情况：一种是最终控制权向实际控制权的转移，如大股东在某些情况下直接参与经营管理，从而掌握一部分直接进行资源分配的权力；另一种是实际控制权向最终控制权的转移，如管理者通过自有资金或外部融资收购其所在公司股份，从而由直接的资源配置者变为兼有一部分最终控制权的情况。

4. 收益性

控制权的取得和行使是一项有成本和收益的活动。控制权的成本是为获得和行使控制权而支付的代价。有人将控制权成本分为两个部分：一是控制权形成或获取过程中控制者的成本；二是控制权形成后控制者的责任和风险。前者为事前成本，主要指为了获得控制权所需的控股权，在为股份集中过程支付的各类成本；后者为事后成本，即控制权的维护或维持成本。控制权的收益是因获取和行使控制权而得到的好处，是对控制权成本的补偿。控制权的收益由两个部分构成：一是控制权的公共收益即股东得到的股息；二是控制权的私人收益即公司的核心控制者从事资源配置活动所得到的收益。控制权的私人收益，主要由大股东及高层管理者如董事长、总裁、CEO、总经理、副总经理等获得。①

三、控制权市场

（一）控制权市场的基本含义

公司控制权市场就是公司产权交易市场，即公司所有者以通过拍卖或并购等方式进行公司产权交易。当公司经营管理者的败德行为不能及时得到纠正和公司业绩长期不良时，公司所有者就会在资本市场上出售股票走人。当股东大量抛售股票，公司股价下跌时，就可能引起资本市场上战略投资者的注意，这时公司就可能成为潜在竞争对手或竞争对手的收购对象，从而引发并购和接管活动，最终导致公司董事会改组和经营班子变动。因此，企业产权市场上并购与接管的威胁，最终会促使公司经营管理者为股东利益而努力工作。

① 周军，卢山. 论公司控制权的基本涵义和特征 [J]. 企业经济，2011 (4)：56 – 58.

（二） 控制权市场的影响因素

1. 宏观经济因素

控制权市场活动与经济周期存在一定的相关性，同时受到资本市场流动性以及信息传导扩散机制的制约，每次并购浪潮的发生时间与经济周期比较一致，一般都在经济走向繁荣、证券市场价格上升时开始，到经济萧条、证券市场价格大幅下挫时终止。此外汇率变动也会对一国的控制权活动的方向产生影响。

2. 法律因素

法律对一个国家的控制权市场活动起着重要的调控作用。法律在经济上的作用主要是保护竞争，最大限度地提高经济效益；在政治上禁止经济权力的过度集中，从而保障社会稳定；在社会和道德方面的主要作用是培养人们自立向上相互竞争的精神，促进社会前进。不同阶段的与并购相关的证券立法和反监管立法反映了不同时期一个国家的产业政策以及经济发展程度，也相应地对控制权市场的活动起到促进或者抑制的作用。

3. 产业因素

产业冲击改变产业组织结构，产业组织结构的调整主要通过并购重组活动来实现。产业冲击因素包括技术的、经济的、管制的环境的变化，如技术变革、政府政策调整、组织革新、金融创新、全球化倾向等产业结构则为技术、政府政策需求供给等因素的函数，可以通过企业数量和规模来表现。冲击因素和产业结构调整构成了一种稳定的关系，当某种因素冲击某个产业，引起该产业结构的构成要素发生变化时，产业结构就随之改变，具体表现为产业内企业的规模和数量要进行相应的调整，而并购活动正是企业进行调整的主要方式。[①]

4. 股权因素

持有上市公司的股权达到优势比例是股东实现公司控制权的一种重要方式和保证，从这个意义上讲，股权结构有三种类型：一是股权高度集中，绝对控股股东一般拥有公司股份的50%以上，对公司拥有绝对控制权；二是股权高度分散，公司没有大股东，所有权与经营权基本完全分离，单个股东所持股份的比例在10%以下；三是公司拥有较大的相对控股股东，同时还拥有其他大股东，所持股份比例在10%～50%之间。只有当股权高度分散时，股票才可以在证券市场上自由流动，并购方才有可能购买到公司的股份，控制权市场才能有效运作。可见，公司控制权的归属与公司股权结构具有密切的关系，股权结构是公司治理结构的基础，也是控制权结构的基础。[②]

5. 融资结构

企业的融资结构又称资本结构，指的是企业资金融通获取的不同方式构成及其数量之间的比例关系，它反映了企业各项资金来源的组合状况，是一个关于企业外部的产权主体索取利益控制和分享的内生化装置。融资结构具有明显的企业治理功能，它不仅规定着企业收入流的分配，而且规定着企业控制权的分配，直接影响一个企业的控制权争夺，因此公司控制

---

① 张聪霞. 公司控制权市场及其发展的影响因素研究 [D]. 北京：北京交通大学，2007.
② 高洁. 公司控制权市场研究 [D]. 成都：四川大学，2005.

权市场就与公司融资结构具有直接关系。①

6. 公司治理结构

公司治理是一套制度系统，其内核是权力机关的布局问题，包括了内外两个方面的机制，包含由隐性制度、显性制度共同组成的系统，而且是一个动态调整机制。公司治理结构是有关所有者、董事会和高级执行人员即高级经理人员三者之间权力分配和制衡关系的一种制度安排，表现为明确界定股东大会、董事会、监事会和经理人员职责和功能的一种企业组织结构，只具有相对稳定性，而绝对意义上来讲，则其始终处于运动状态。公司控制权市场只是公司治理系统中的一个组成部分，而且是实现公司治理的一个不可或缺的要素和组成部分。

四、控制权转移的方式

（一）企业并购

企业并购泛指在市场机制作用下，并购公司为获得其他公司的经营决策控制权，对目标公司进行购买的经济行为。并购实质上是各权利主体依据企业产权做出的制度安排而进行的一种权利让渡行为，通常在一定的财产权利制度和企业制度条件下实施，表现为某一或某一部分权利主体通过出让其拥有的对企业的控制权而获得相应的受益，而另一部分权利主体则通过付出一定代价而获取这部分控制权。因此，企业并购的过程实质上是企业权利主体不断变换的过程。

1. 并购的含义

并购的内涵非常广泛，一般包括兼并和收购，是企业投资的重要方式。

（1）兼并。兼并又称吸收合并，通常是指两家或两家以上独立企业合并组成一家企业，一般表现为一家占优势的公司吸收其他公司的活动。兼并是企业存量资产重新进行组合的重要方式。对企业兼并的动机，存在多种假说，比如控制权增效假说、自由现金流量假说、效率理论、信息理论、代理成本理论、税收理论等等。但不管哪种动机，兼并所导致的后果都是一样的，即企业控制权发生了转移，并且这种转移需要通过兼并与被兼并企业管理者的共同行为来完成。

（2）收购。收购是指"收购人通过在证券交易所的股份转让活动持有一个上市公司的股份达到一定比例、通过证券交易所股份转让活动以外的其他合法途径控制一个上市公司的股份达到一定程度，导致其获得或者可能获得对该公司的实际控制权的行为"。收购有两种主要的形式：要约收购和协议收购。要约收购是一种场内活动，要约是指收购方向目标公司的所有股东发出的收购通知，表明收购方将以一定价格在某一有效期之前买入全部或一定比例

---

① 张春锋. 企业并购中的控制权增效分析［D］. 南京：河海大学，2003.

的公司股票。协议收购实际上是一种场外的股份转让活动，是收购双方通过协商达成股份转让协议而使收购方获得公司控制权。

2. 并购的类型

企业并购的类型是多种多样的，按是否取得目标公司的合作划分，并购分为善意并购与恶意并购。

（1）善意并购，是指并购企业事先与目标企业进行协商，征得其同意并谈判达成并购条件的一致意见而完成并购活动的并购方式。大多数成功的并购都是善意并购，善意并购以维护股东全体利益和公司长远利益为目标，具有经济效益和社会效益。

（2）恶意并购，通常是指并购方不顾目标公司的意愿而采取非协商购买的手段，强行并购目标公司，或者并购公司事先并不与目标公司进行协商，而突然直接向目标公司股东开出价格或收购要约的并购行为。如万科股权之争是典型的恶意收购，宝能通过利用万科股权的分散性这一特征，强行收购万科股权，从而造成万科股价的动荡，也使万科的经营长期不稳定，带来巨大的负面效应。

此外，最为常见的分类标准是根据企业扩张领域或成长方式或所在行业划分，并购分为横向并购、纵向并购和混合并购。

（1）横向并购，指生产同类产品的企业之间的并购，即竞争对手之间的相互并购。横向并购旨在生成规模经济，产生技术和管理上的协同效应，即"1+1>2"的效应，从而将并购后企业的运行效率大幅度提高，实现规模效益递增。同时横向并购能够改变行业竞争状况，提高行业集中度，扩大并购企业的市场份额和竞争优势，有可能形成行业垄断，获取垄断利润。其缺点在于容易因为限制竞争遭到反托拉斯调查。

（2）纵向并购，指处于同类产品不同生产阶段上的企业之间的并购，即供应商和客户之间的并购。纵向并购的目的在于控制某行业、某部门生产和销售的全过程，减少交易费用，缩短生产周期，保证企业生产供应和销售网络，加强相互间的协作，获得一体化的综合效益。纵向并购有利于避开横向并购中经常遇到的反托拉斯法的限制，但缺点是企业的生产经营受市场因素影响较大。

（3）混合并购，是指处于不同行业部门的企业之间的并购，即并购双方既非竞争对手，又非投入产出关系，一般可分为产品扩张型、市场扩张型和纯混合型三种。产品扩张型是指企业以原有产品和市场为基础，通过并购进入相关产业的经营领域，目的在于拓宽经营范围，增强企业势力。市场扩张型是以提高市场占有率为目的，生产产品相同但在不同地区市场销售的完全没有关联的企业之间的并购，其目的在于开拓市场，扩大市场占有率。纯混合型并购是指生产和经营上没有任何联系的两家或两家以上的企业之间的并购，又称集团扩张，其目的在于进入更具增长潜力和利润较高的领域，实现投资多元化和经营多样化，同时借助于管理优势实现规模效益，降低生产经营风险。

（二）代理权争夺

案例7-3 宝洁代理权之争

2017年7月17日，投资者纳尔逊·佩尔茨（Nelson Peltz）旗下的特里安基金管理公司（Trian Fund Management）表示，预计在今年10月召开的宝洁年度股东会议上为佩尔茨争取一个董事会席位，以撼动这家销售和利润增长停滞的消费品巨头。在2月，特里安基金管理公司收购了宝洁价值35亿美元的股份。此前，宝洁已经拒绝过特里安基金管理公司提名佩尔茨担任董事的要求，但这也引发了长达数月的关于宝洁如何加强业绩增长的讨论。如果特里安基金管理公司此次推荐成功，将使得市值2 220亿美元的宝洁成为有史以来面临代理权之争的最大公司。考虑到需要获得其他股东的大力支持，特里安基金管理公司的代理权争夺不一定最终落成。不过，特里安基金管理公司的表现也反映出，宝洁的业绩已经开始让投资者感到忧虑。对此，宝洁表示，公司的董事会相信宝洁近期所做出的一系列改革措施正在奏效，董事会将完全支持公司的战略、规划和管理。

【问题】

1. 宝洁代理权争夺的方式是什么？
2. 宝洁代理权之争产生了什么影响？

1. 代理权争夺的含义

代理权争夺是由某个公司的不同股东组成的不同利益集团，通过争夺委托表决权即投票权以获得对董事会的控制权，从而达到更改公司管理者或公司战略目的的行为，是持有异议的股东（其往往是有影响力的大股东）与公司管理层或现公司实际控制者之间争夺公司控制权的一种方式。发起代理权之争的持有异议的股东往往曾经是公司的董事会成员或管理者，因不满现任管理者的公司政策而转为公司代理权的挑战者。

2. 代理权争夺的方式

一是委托书收购，即代理投票权征集，这是争夺代理权的主要标志。在代理权竞争中，中小股东被要求在两组互相"敌对"的董事候选人当中做出抉择，而无论是发起挑战者还是管理者，都会想方设法四处求征这些中小股东的支持，积极征求那些不出席股东大会的股东的代理投票权的授权。二是表决制度。在美国公司里存在两类主要的表决制度，即简单多数投票制和累积投票制。简单多数投票制是将所有待表决的董事席位分开来逐个进行表决，候选人根据得票多少人选。该方法有利于过半数股权的股东完全控制着公司董事会。累积投票制则是将所有待表决的董事席位进行一次性表决，候选人按照总得票数多少决定是否当选。可见，该投票制可以保护中小股东的利益。

3. 代理权争夺的特点

代理权争夺和并购一样，是股东对管理者进行监督和约束的两种极其重要的外部控制机制。但从公司治理的角度分析，代理权争夺与并购又有着明显的区别。

第一，并购的重点是争夺公司股权，而代理权争夺本身的目的不是股权，而是股票代理权。在争夺代理权过程中，大多数股东并不转移他们的股权，他们的动机更多的是选出管理层以提高他们的股票价值。

第二，并购是为了确保拥有控制权的行动，首要目标是取得优势的董事会席位。但董事有任期限制，公司法和公司章程对董事地位的保障都给予了特别的规定，董事在任期内股东大会不得无故解职，从而使收购者面临着虽拥有大多数股权却又不能在短期内掌握控制权的尴尬局面。而在代理权争夺中，挑战者可能在股东大会的"全民公决"中获得多数董事席位而享有公司的实际控制权。

第三，并购过程中往往采取股权秘密协议转让方式，信息披露程度是比较低的。而在代理权争夺中，挑战者为了保证争夺的成功，就得动用更多的资源，掌握公司更多的信息，并向广大股东公开。在此过程中公司信息的公开性将不断增强。

4. 代理权争夺对公司治理的影响

第一，代理权争夺可以提高公司信息透明度。持有异议的股东为了保证代理权争夺的成功，就要动用更多的资源，使公司信息尽可能地向股东公开。相反，管理者则努力控制对其不利的信息，使大部分股东反对持有异议的股东提出的代理权争夺。这样，在双方反复较量和争夺的过程中，公司信息的透明度必然随之提高，公司信息的披露程度必然随之增强。

第二，代理权争夺是促进中小股东参与公司治理的一条重要途径。管理者与持有异议股东为了获得足够的支持，不得不提出一系列有利于中小股东利益的政策。特别是公开征集股东授权委托书，使中小股东的意志能够得到比较充分的体现，中小股东参与公司治理的热情高涨。由此可知，代理权争夺实际上建立了一条促进中小股东参与公司治理的新途径，有益于公司责任机制的建立，对形成成熟的股东文化和公司治理文化有着不可替代的推动作用。

第三，代理权争夺是公司管理者头上的一把"达摩克利斯之剑"，能有效地促成管理者提高经营效率，更好地为股东利益和公司利益最大化服务。代理权争夺作为一种治理机制，被认为是股东鞭策和罢免未能实现公司价值最大化的不称职的管理者的基本工具和标准做法。持有异议的股东提出的代理权争夺直接危及管理者的去留问题，表明持有异议的股东的董事会席位之争已成为一种威胁，这会迫使管理者正视持有异议的股东的要求，做出让步来调整公司的经营战略，在一定程度上采取股东利益最大化的政策。

（三）资产剥离

1. 资产剥离的含义

从狭义的角度来讲，资产剥离是指"一家公司将它所拥有的有形资产、产品线、业务部门或者子公司出售给另一家公司以换得现金、有价证券或者两者的混合形式作为回报的商业行为"；广义上的资产剥离，具体包括资产出售、资产置换、企业分立、股权切离等方式。资产剥离是控制权市场的运行机制，剥离过程中伴随着控制权的转移。

2. 资产剥离的方式

第一，资产出售，指企业将其所拥有的子公司、经营部门或者其他固定资产的所有权有偿让渡给第三方，并以此获得现金或者其他有价证券的行为。资产出售是企业进行业务调整、提高经营集中度的重要方式，同时还是企业在特殊情况下的一种有效融资途径。资产出售意味着母公司与出售的资产完全脱离关系。因此，只有待处理资产与企业长期战略不相符或待处理资产确实出现了很大的亏损、前景并不明朗时，企业才考虑出售该部分资产。

第二，资产置换，指上市公司的交易双方将经过评定的资产进行等值置换，将不符合公司发展的资产剥离出去，同时注入优质资产。一般情况为上市公司控股股东以优质资产或现金置换上市公司的闲置资产，或以主营业务资产置换非主营业务资产等。

第三，企业分立，指一个企业依照有关法律、法规的规定，分立为两个或两个以上的企业的行为。分立可以采取存续分立和新设分立两种形式。存续分立是指原企业存续，而其一部分分出设立为一个或数个新的企业；新设分立是指原企业解散，分立出的各方分别设立新的企业。企业在进行分立时是不需要进行清算的，而分立前企业的债权和债务，按法律规定的程序和分立协议的约定，由分立后的企业共同承担。

第四，股权切离，也叫分拆上市，就是子公司股票的首次公开发行。它是指母公司将其下属的业务部门或者子公司分离出来重新设立为一个公司，再将其部分股票向社会公众出售。在股权切离中，子公司通过售出股票筹集资金建立一个新的实体，在其日后的经营中，要把公司的部分或全部收益上交给母公司。在股权切离过程中，母公司能够在不丧失控制权的情况下带来现金收入。认购这些股权的人可以是母公司的股东，也可以不是母公司的股东。

（四） 托管运营

托管运营，即委托经营管理。托管一般分资产托管和股权托管两种形式。

（1）资产托管，是指企业所有者将企业的经营管理权委托给具有较强经营管理能力，并能承担相应风险的法人或自然人有偿经营，以明确相关各方产权关系的一种经营方式，分为内部托管和外部托管。

内部托管是我国证券市场独有的一种模式，指业绩不良且丧失了再融资资格的上市公司托管集团内部另一个资产和业绩均良好的经营实体的方式。由此，上市公司可获得托管资产带来的收益，进而达到再融资的要求；进一步的，上市公司可利用再融资的资金收购被托管的资产，获得其优质资产的所有权，此时，集团亦完成资产向上市公司的注入，达到了"借壳上市"的目的。

外部托管的操作办法是：首先，上市公司和被托管企业及其母公司签订托管协议，合理配置托管企业和上市公司的资源，加强相互交流；其次，对被托管企业进行资产重组，清理其债权债务等，然后由上市公司出资收购被托管企业；最后，上市公司进行配股集资，以补充收购所耗费的资金，同时筹集被托管企业生产改造和业务拓展所需资金。

（2）股权托管，指股权持有者将其持有的股权委托给他人管理的一种经济行为，使公司的股东通过与托管公司签订合同，委托托管公司代表股权所有者，根据委托合同的授权范围对该股份行使管理监督的权利，进行高效资本运作。股权托管和股权转让在法律关系的性质上有着本质区别。区分二者的关键在于股份的所有权是否发生了转移。发生了转移，则为股权转让；反之，则为股权托管。一为买卖关系，一为委托代理关系。

（五） 其他形式

1. 一致行动

一致行动，根据证监会《上市公司收购管理办法（2014 年修订）》第 83 条的规定："一致行动，是指投资者通过协议、其他安排，与其他投资者共同扩大其所能够支配的一个上市公司股份表决权数量的行为或者事实"。在实践中，为项目操作需要或为取得公司控制权、决策权的需要，股东通过签署一致行动协议，形成一致行动人，从而保证公司经营决策的科学、高效、治理机构的稳定。

2. 无偿划拨

无偿划拨，指地方政府或主管部门作为国有股的持股单位，直接将国有股在国有投资主体之间进行划拨的行为。这种股权转让方式简便、快捷，并购方往往会享受到当地政府给予的各种优惠政策。但是行政性、政府色彩过于浓厚，容易出现违背企业意愿的行政性配对，从而使并购方背上沉重的包袱。

3. 司法裁定

司法裁定，也称诉讼裁定。法院裁定转让已成为近年来上市公司控制权转让的重要形式。通常，当上市公司原大股东无法清偿债权人债务时，债权人会向法院申请将其持有的国有股资产冻结拍卖抵债，战略投资者可通过竞拍取得这部分股权，或由法院直接裁定将这部分股权转给债权人作为抵偿。

五、反并购策略

作为一种经济手段，并购确实有其促使企业扩张、加速资源配置的不可替代的作用，反并购措施仅针对那些恶意并购与不当的敌意并购。

1. 反并购的动机

成为并购目标的企业管理层必须决定对并购是友好接受还是抗拒，不同的反应，动机不同。持敌意的经理人可能认为保持独立是最佳选择，可能为取得最大的收购溢价而假意对抗，对抗并购的原因也可能是担心失去工作、地位、权力、威望和其他心理优势。而经理人接受并购可能是并购后给予的待遇更好，可能获许保持自己的权力和员工，甚至被提升到主并方的管理层，经理人也可能认为由满意的主并方接管目标企业是最佳选择。从目标企业股东角度来看，虽然对抗能提高收购溢价和回报，但也降低敌意收购成功的机会。最理想的过程是给经理人足够的动力加以反击，直至取得最大并购溢价同时又不损失并购成功机会。

2. 并购前的反并购措施

反并购的最佳形式是做好准备，可能成为并购目标的企业要时刻保持警惕，已成为收购对象的公司需有作战计划。并购前反并购措施包括内部防御和外部防御两大类：内部防御是改变企业内部结构或经营性质；外部防御是采取行动影响外界对企业的看法，提供可能有并购者的预警信号。

（1）保持控股地位：即保持在企业中有足够比例的股份，牢牢掌握控制权。若为融资目的不得不进行增发，则只发行限制表决权的股票。

（2）"毒丸"计划：企业在公司章程中预先制定一系列使之对并购方失去吸引力的规定，即"毒丸"，它们在企业自己手中时，其"毒性"不会发作；一旦遇到并购袭击，"毒丸"计划就会启动，从而使主并方深受其害。"毒丸"可以稀释袭击者手中的股份，增加袭击者的并购成本。其类型主要有优先股计划、"降落伞"计划、"毒丸"债券计划、购买权证计划、出售核心资产或大量购进垃圾资产的"焦土政策"等。

（3）员工持股计划：员工购买的股票可以是公司新发行的股票，也可以是公司的库存股。由于员工为自己的工作及前途考虑，不会轻易出让自己手中握有的本公司股票，因此该计划一方面促使员工关心公司发展，另一方面此类股票相对稳定、流动性差，可在一定程度上抵御并购。

（4）甩掉包袱：通过甩掉一些严重亏损或效益不好、前景暗淡的部门或业务将可能使公司股价上扬，增加并购方可能的并购成本，赢得公司股东的支持，为公司以后的良性发展打下基础，使并购方借以提出并购的理由不再成立。

（5）修改公司章程，增加"驱鲨剂"条款：出于反收购的目的，公司可以在章程中设置一些条款，并以此作为并购的障碍，这样可以增加收购者接管、改组目标公司的难度和成本。

3. 并购中的反并购措施

（1）回购：指大规模买回本公司发行在外的股份以改变资本结构，从而使股价升高。根据《公司法》第一百四十二条规定，公司只有在减少公司注册资本、与持有本公司股份的其他公司合并、将股份奖励给本公司职工、股东因对股东大会做出的公司合并或分立决议持异议而要求公司收购其股份这四种情形下才能回购。

（2）管理层收购：指公司的经理层利用借贷所融资本或股权交易收购本公司的一种行为，从而引起公司所有权、控制权、剩余索取权、资产等变化，以改变公司所有制结构。通过收购使企业的经营者变成了企业的所有者。管理层收购在激励内部人员积极性、降低代理成本、改善企业经营状况等方面起到了积极的作用。

（3）寻求"白衣骑士"或股东支持：当企业遭到"黑衣骑士"袭击时，可选择一家关系密切且实力雄厚的公司"白衣骑士"，以更优惠条件如财产锁定达成善意并购，以共同抵御"黑衣骑士"的入侵。企业也可以许诺将来红利更高，来寻求本公司股东的支持。寻求公司股东的支持是指公司管理层号召股东不接受收购要约，其实是协议书反并购方法。

（4）"绿色橄榄"：当企业被竞争对手标购时，企业可以通过谈判，以高于市场价格买回主并方拥有的公司股票。作为交换条件，主并方同意在未来的一段时期内不再做出收购性的买方报价，这实际上是一种回购。

（5）"死亡换股"：指企业发行公司债、特别股及其组合，以交换发行在外的本公司普通股，通过减少流通在外的股数以抬高股价，用以提高主并方收购成本。但该措施有一定的危险性：可能因企业财务风险加大而导致股价不一定升高，这时主并方收购所需股票数却相对减少，它实际上也是一种回购。

（6）"帕克曼防御"：最好的防御就是进攻，目标公司自己或策动友好公司抢先收购主并方股票，迫使其转入防御。它要求目标公司具有较强的资金实力或相当的外部融资能力，是所有策略中风险最高、争夺最为激烈的一种。

（7）资产重估：通货膨胀的存在，使资产的历史成本往往低于其实际价值。当目标企业收到并购出价后，可对其资产进行重新评估，把结果编入资产负债表，提高净资产的账面价值，以显示并购企业的出价对目标企业定价过低，增加并购方的并购成本。

六、经理人市场监督

经理人是直接对企业的经营效果负责的高级经营管理人员，经理人市场是从外部监督公司管理层的重要机制。经理人市场主要通过三类机制对公司经营者形成约束：一是经营者选聘机制，即通过选聘将合适的管理者配置到公司管理层；二是经营者更换机制，即通过替换不合格的经营者以纠正管理者才能错配问题；三是激励机制，即通过报酬激励与声誉激励促使公司经营者为股东的利益服务。而在经理人市场研究中，最为重要，也被关注最多的就是经理人的激励问题。从表现形式上，对经理人的激励可以分为显性和隐性激励两个方面，这两类激励都是能够有效抑制经理人道德风险问题的治理机制。

1. 显性激励

显性激励是指来自委托代理契约的对经营者的报酬激励，根据委托代理契约模型，随着企业剩余的增加，给予代理人的激励也应以一定的比例同步增加，否则合作将不会进行下去。目前我国理论界对于显性激励手段已有较为充分的探讨，如企业经营者的年薪、奖金、期权、期股等即属于典型的显性激励手段，有时可能还会包括相应的政治晋升奖励。这种报酬和奖励办法能有效提高经营者的工作积极性。

2. 隐性激励

隐性激励理论产生于企业理论发展过程中的博弈论和委托代理理论的相关研究，之后被广泛应用于对经理人市场的探讨中。隐性激励是指通过经理人市场竞争与声誉机制而形成的一种内生于企业经营者的自我驱动性激励，这种激励是通过经理人市场这只"看不见的手"实现的，故被称之为隐性激励。隐性激励的效果主要从四个方面得以实现：被替代的威胁、声誉的影响、事业的成长性、管理者权力。

（1）被替代的威胁。经营者时刻都有着被替代的威胁，这是对其表现不佳的惩罚手段，威胁发生在事前而替代发生在事后，对于经营者其对于威胁的判断主要依据历史的信息，因此威胁可以看作是替代的概率函数。在这里受教育程度是一个必须考虑的重要因素，因为经营者在考虑自身的决策时会根据收益与成本来计算自己的利益。被他人所替代的成本主要是对未来的事业成长的影响，因此经营者受教育程度越高，这种被替代的威胁所付出的成本就越高，保住自己的管理位置对于未来职业的发展空间就越大，收益就越高。相对而言受教育程度低的经营者对于未来的期望收益很低，所以他们更加不惧怕被替代。所以被替代的威胁所形成的隐性激励效果就差。经营者多重身份和任期时间也是需要被考虑的因素，因为身兼职务越多，任期越长的经营者其被替代的可能性就越小，所以他们受到的被替代的威胁所形成的隐性激励效果就越差。同样的道理，独立董事比例低的公司经营者受监管的程度低，因此被替代的可能性就低，被替代的威胁所形成的隐性激励效果就差。

（2）声誉的影响。市场声誉激励就是一种典型的隐性激励，在完善的经理人市场中，在位的经营者不仅要面临在竞争中被其他候选者替代的威胁，而且要考虑到自己在任期满后是否能继续担任。出于对自身职业生涯发展的考虑，经营者们会重视自己的市场声誉，努力工作取得好的业绩以给市场留下好印象，从而提升自己未来的人力资本价值，以获得持续被雇佣机会和未来更高的报酬。在竞争的经理人市场中，职业经理人的价值决定于其过去的经营业绩，从长期来看，经营者必须对自己的行为负责，否则他们的逆向选择行为将因为市场对经营者行为累积结果的记忆功能而受到惩罚。经理人市场所存在的这一隐性激励约束机制相当于经理人市场对经理人的报酬评估采取了完全的事后结算方式，因而能有效地约束经营者可能的道德风险行为，这可以有效减少环境不确定性的影响，从而降低委托人对代理人的监督成本。

（3）事业的成长性。事业的成长性也就是前途的发展预期，是隐性激励另一个重要因素，对于经营者的各种激励会影响其行为，经营者的行为和历史记录又会影响其未来事业的发展前景和声誉的积累。所以事业的发展前景越好，经营者就越倾向于为公司效力，提高企业的绩效。相反，经营者的事业成长可能性越差，他就越倾向于为自己谋利。年龄是衡量事业成长性的关键变量，年龄越小事业的发展空间就越大，因此经营者的利己行为所导致的影响企业的发展的状况，也会严重影响经营者自身的前途。所以经营者年龄越小越倾向于努力工作提高企业的绩效。经营者的受教育程度也是衡量事业成长性的关键变量，受教育程度越高，事业成长性越好，经营者也就会越重视长期的发展。性别也是一个需要考虑的因素，通常来说男性对于事业成长的渴望比女性要强烈，因此男性更倾向于长期的发展。

（4）管理层权力。经营者的权力的大小会对隐性激励的效果产生影响，因为经营者的权力越大，他就越容易利用权力来改变公司的决策、管理制度等，以达到利己的目的。经营者的权力越小，这种运用权力谋取私利的行为就越不可能发生。所以经营者的权力对隐性激励起反作用效果。评价经营者权力大小主要的指标有经营者的任职年限、总经理是否是多重身份和独立董事占董事会的比例。经营者任职年限越长，其权力就越大；总经理多重身份兼任其他要职会加大经营者的权力；独立董事占董事会的比例越大，经营者的权力就会越小。

3. 隐性激励与显性激励的结合

因信息的不对称性以及委托代理契约的不完全性，实践者很难设计出一个在任何情况下都有效的完美的激励制度，来使各博弈方的利益同时达到最大。隐性激励和显性激励在实践中都有其内在的局限性。

要建构有效的激励体系，隐性激励和显性激励两种方式要统一运用互补缺点。在显性激励过高时，边际效用递减，激励效果降低。这时运用隐性激励，降低显性激励，不但可以提高激励效果，还可以降低成本。当隐性激励高，显性激励低时，提高显性激励降低隐性激励，可以得到同样的效果。如此，将显性激励和隐性激励动态组合起来可以使得激励效果得到大大的提升。

第四节　其他类型监督

一、产品市场监督

产品市场竞争力是公司经营业绩最具体和最直接的表现，也是公司经营管理是否成功最显性的衡量指标。产品市场竞争的约束对各种类型的商业行为都有持续、全面的影响，如果公司不能以有竞争力的价格提供高质量的产品和服务，消费者就会"用脚投票"，转而购买竞争对手或潜在竞争对手的产品和服务，迫使公司经营者不得不把主要精力放在以合适的价格提供优质的产品和服务上，从而为自己积累商业声誉。

在竞争的产品市场上，只有好的产品才能被消费者接受从而占有市场。股东和董事会可以通过竞争的产品市场了解有关企业经营状况和绩效的有效信息，从而在一定程度上获取有关代理人的能力和努力程度的信息，并据此对代理人做出评价。因此，产品市场的竞争有利于降低委托人与代理人之间信息不对称的程度，有利于对代理人进行有效的监督和控制。一般说来，如果产品市场是充分竞争的，那么产品生产企业的经营者就会承受来自市场的压力，而这种压力又会使其产生努力工作的动力，可见，产品市场竞争能提高对经理的激励和监督程度，进而提高经理人的努力水平，并且产品市场竞争与公司治理之间存在显著互补关系：竞争越激烈，公司治理的改善对于提高企业绩效的边际效率越高。

二、媒体监督

案例 7-4 ▶ 紫鑫药业的停牌

2011 年 7 月 8 日，网友在"中国会计视野论坛"发帖，题为"紫鑫药业空买空卖人参"，举报紫鑫药业隐藏大量关联交易，涉嫌空买空卖，操纵利润，引起了许多关注。举报信的细节详尽，在东方财富网的股吧里引起了大讨论，看多看空的双方争得不可开交。7 月 22 日，人民网转载《理财一周》关于紫鑫药业遭到调查与质疑的文章《紫鑫药业遭举报：空壳公司虚构人参收入》，此事不可避免受到了广大媒体和公众的关注，当日股价下跌1.85%。7 月 28 日，《21 世纪经济报道》率先公布了它的调查结果，正式提出了疑问："紫鑫药业七公司空买空卖？"面对媒体确实的调查结果，后续的报道也陆续跟进。8月6日，《证券市场周刊》的《紫鑫药业玩转空手道》，开启紫鑫药业第一个停牌。8月16日，《上海证券报》的《自导自演上游下游客户——紫鑫药业炮制惊天骗局》，文章的内容，直击事件要害，标志着紫鑫药业"人参门"的拐点，媒体自此揭开了紫鑫药业持续2月7天停牌的序幕，并且中注协很快进驻中准会计师事务所，证监会也做出立案等积极反应。

【问题】

1. 思考媒体在紫鑫药业财务造假事件中的角色与作用。
2. 分析媒体在紫鑫药业财务造假事件中发挥作用的基本路径。

（一）媒体监督公司治理的途径

媒体关注属于外部的监督力量，在新兴的市场中，可以有效地对相关法律制度中的不足进行弥补。随着社会的发展，促进了媒体行业的发展和进步，进而加强了媒体行业对企业信息的传递作用。媒体得到了更多的有效利用，因此企业在日常运行时，其社会责任履行的质量，以及有损社会公共利益的行为等都会受到媒体的评价，或褒奖或批评。媒体成了企业和利益相关者的一个有效的传递信息的中介，并成为一个重要的影响企业履行社会责任的因素。媒体的关注成了公司治理的一种外部补充，并在一定程度上替代了公司治理，对企业的社会责任产生影响。

1. 影响声誉

声誉是社会公众对个人或物品的整体综合品质的评价，顾名思义，是一个人或物的声望、名誉，显现了一个人或物的社会地位、受尊重的程度。首先，媒体关注将促使政治家（议员、政府官员等）修改并有效实施《公司法》，因为政治家担心无动于衷将使他在公众心目中的形象受损，并最终危及其未来的政治生涯。同时，媒体关注将迫使公司董事或经理人维持"好"的声誉。经理人和董事会成员为了追求其在雇主和社会公众心目中的声誉和印象，获取更高的收益，会约束自己行为，避免被媒体报道从而导致声誉和利益受损。

2. 信息传播

媒体通过信息传播可以有效缓解信息不对称，主要体现在以下两个方面：

（1）投资者与企业的信息不对称。媒体对上市公司的相关报道能够帮助投资者进一步了解公司的经营状况，降低中小投资者与企业之间因信息不对称而面临的风险，有助于改善投资者的信息弱势地位。媒体真实客观的报道信息有助于缓解信息不对称，帮助投资者获取和判断公司的经营信息，从而做出更为正确的投资决策。而媒体对公司侵害中小投资者利益行为的报道，能够引起投资者的情绪反应，从而引发投资者"用脚投票"，导致股价下跌，使得公司董事会受到压力，采取积极措施提高公司治理水平。

（2）监管部门与企业的信息不对称。媒体对上市公司的信息传播可以有效缓解监管部门与企业之间的信息不对称，帮助监管部门及时掌握公司的内部信息。通过媒体的有效监督并报道，能够有效提升公司违规行为的曝光，引起政府监管部门的关注和重视，企业受到政府监管部门的压力，促使其做出改正，提高监管效率。

（二） 媒体监督公司治理的现状

1. 媒体监督公司治理的积极作用

媒体市场化的进程加剧了媒体之间竞争，具有社会意义和新闻价值的内容是媒体的核心竞争力，媒体只有通过报道调查，积极披露事情真相，才能更好地开辟市场，获取受众。由于面临同业之间激烈的竞争，为了获取商业利益，追求更好的声誉，媒体积极发挥监督公司治理的作用。

（1）媒体对公司治理的事前监督。当前我国媒体对公司治理的事前监督主要体现在揭露公司舞弊行为。舞弊，是公司有计划性、有目的性的实施欺骗行为，以获取不正当利益为目的。2011年紫鑫药业财务造假、2011年双汇"瘦肉精"事件等，众多公司舞弊事件几乎都由专业财经媒体率先揭露，从而引起人民群众和监管机构的注意和介入。如果缺乏媒体的监督，很多公司的违规舞弊行为很可能会推迟被大众知晓甚至被永久隐藏而得不到应有的惩戒。这些事件都体现出媒体在资本市场中起到了积极的事前监督作用。

如今在新媒体环境下，群众发声的平台更加多样化，包括微博、微信等自媒体平台也逐渐起到事前监督的作用。传统媒体获取信息成本高昂，在公司治理出现问题，损害了中小股东利益等时，网络媒体、互联网平台则成为中小股东以及利益相关者的讨论发生地，通过平等的交流信息、讨论，由此更容易达成一致意见，从而引发负面舆论。网络舆论力量作为一种新兴力量开始对上市公司施加压力。上市公司迫于网络舆论压力，不得不采取改善公司治理的措施。

（2）媒体对公司治理的监督效应。媒体对公司治理的监督效应表现在监督和促进企业改正违规行为。从更为广义的角度看，媒体的公司治理作用还表现在降低投资者的信息风险。信息风险是指当投资者之间关于公司经营状况、内幕信息的掌握程度不一致时，处于信息劣势的投资者有可能会因此蒙受损失，而通过媒体的监督能有效改善投资者的信息环境。

2. 我国媒体监督公司治理存在的不足

媒体在发挥监督作用的同时，也掌握了强大的引导公众话题和舆论导向的权力。媒体的寻租行为、虚假报道、遭到诉讼等，都会制约媒体监督的作用。

（1）媒体的寻租行为。利用媒体与消费者的信息非对称，一个有影响力的媒体不仅有能力，而且有动力与相关各方达成私下交易，以期由不揭露破坏性信息而获得好处。媒体的寻租行为无疑将给社会经济生活带来效率损失，损害社会福利。

（2）媒体的虚假报道。媒体在商业化的市场体制下，在报道时往往会衡量成本和收益。不同的报道内容，所花费的成本和带来的收益都存在差异，社会热点话题更容易引起社会大众的关注，一方面能提高媒体的收益水平，另一方面降低了媒体的固定成本，进而使媒体收益增加。媒体为了追求商业利益，获得社会大众的关注，往往会倾向于提供更具轰动效应的报道内容。媒体对利益的趋向往往影响了媒体报道的动机，导致了媒体报道偏差现象，甚至出现媒体虚假报道，使得投资者做出错误的投资决策，导致不合理的社会资源配置，给资本市场带来不利影响。

（3）媒体遭到诉讼。媒体在报道社会公众关注的热点话题和敏感性事件时，能够迅速引发社会讨论，进而影响社会舆论。尤其是企业受到媒体的负面报道时，将给企业带来致命的打击，因而企业对于媒体的负面报道避之不及。媒体在进行相关负面报道后，企业往往通过司法诉讼维护自己的权利。近年媒体遭遇企业诉讼案例屡见不鲜，且经常败诉。

三、专家监督

案例 7−5 ▷ 蓝田事件

蓝田股份是一家主要从事水产品开发的农业企业，1996 年股本为 9 696 万股，2000 年底扩张到 4.46 亿股，扩张了 360%；主营业务收入从 4.68 亿元大幅增长到 18.4 亿元，净利润从 0.593 亿元快速增长到令人难以置信的 4.32 亿元。然而就在 2001 年 12 月，一位叫刘姝威的学者以一篇 600 字的短文《应立即停止对蓝田股份发放贷款》对蓝田神话直接提出了质疑。文章在对蓝田的资产结构、现金流向情况和偿债能力做了详尽分析后，得出结论是蓝田业绩有虚假成分，而业绩神话完全依靠银行贷款，20 亿贷款蓝田根本无力偿还。这篇短文好似一根银针扎在了蓝田股份这个巨大的肥皂泡上。一幕股市丑剧由此开始被揭开，蓝田的贷款黑洞公布于众。此后不久，国家有关银行相继停止对蓝田股份发放新的贷款。由此，蓝田赖以生存的资金链条断裂。

中国资本市场的建立和发展，有力地推动了中国企业改革与企业经营机制的转换，促进了现代公司治理机制在中国的建立和完善。但近年来，上市公司涉嫌虚假信息披露、粉饰财务报表的行为屡禁不止，损害了投资者的合法权益。虽然不可否认法律制度对中国资本市场的健康运行提供了强有力的法律支撑，证监会的监管也在维持资本市场秩序方面起着举足轻重的作用，但是面对日益庞大的资本市场，仅靠法律和证监会难免不够，会让一些心怀不轨的公司有空可钻。这就需要引进一些新的外部力量，而逐渐崛起的证券分析师（以下简称"分析师"）队伍便是可以担当此任的社会监管力量。

1. 分析师的含义

分析师是指依法取得证券投资咨询执业资格，并在证券经营机构就业，主要就与证券市场相关的各种因素进行研究和分析，包括对证券市场、证券价值及变动趋势进行分析预测，并向投资者发布投资价值报告等，以书面或者口头的方式向投资者提供上述报告及分析、预测或建议等服务的专业人员。

2. 分析师监督的正向影响机制

（1）分析师能够对上市公司进行跟踪调研，随时掌握其经营动态，并对其发展前景进行预测，向投资者提供一份全面、客观的分析报告。此外，分析师与上市公司董事会秘书保持沟通，以了解公司的重大事项和最新业绩信息，并在公司的业绩发布会上与管理层直接沟通。管理层迫于分析师的外部监管，财务报表的财务数据真实性更高。

（2）分析师的投资建议和研究报告通过媒体等公共平台向客户和投资者传播，以供投资者做出正确的投资决策。同时可以减少投资者与公司管理层之间的信息不对称，从而使得投资者及市场监管者能清楚地看出公司真实的财务状况以及真实的损益情况，在一定程度上约束管理者的行为。

（3）目前我国的行业监管以及法律都很严格，对于有欺诈行为的公司严惩不贷，分析师出具的分析报告会引起政府监管部门的注意，从而会提高公司虚构行为被发现的可能性。

从以上分析可以看出，分析师群体是曝光上市公司丑闻最有效的外部监督力量之一，能够对公司治理形成有效的正向外部监督，促使公司约束自身行为。

3. 分析师监督的负向影响机制

（1）分析师希望与上市公司保持亲密的关系。为了与同行竞争，分析师需要与管理层保持良好的关系以获得非公开信息，他们不敢得罪上市公司，对负面问题避重就轻。

（2）部分分析师利用虚假消息、内幕消息、市场传言或主观臆断等作为分析依据，对基本分析和实地调研的注重力度不够，致使上市公司的虚假财务状况不能及时揭露，对投资者形成误导。

（3）部分分析师与主力机构或庄家相互勾结，共同制造假象以获取经济利益。

总之，受制度不完善的制约，分析师可能难以起到监督的作用。

本章小结

外部治理机制是指来自企业外部市场和主体的监督和约束机制，可以弥补内部治理机制的不足。本章分析和探讨了公司治理的外部治理机制，重点阐述了市场监督中控制权转移的方式与影响，介绍了经理人市场的激励机制与产品市场的约束作用。此外，从法律监督、媒体监督、专家监督等方面进行了分析，以期对外部治理有一个系统的了解。

本章思考题

1. 试分析外部治理与内部治理的关系。
2. 控制权转移主要有哪些方式？
3. 企业应如何防止恶意并购？
4. 谈谈媒体监督的途径与作用。
5. 思考在完善公司治理的过程中，如何根据不同治理机制的特性来设计治理架构，使整体的公司治理制度安排达到最优。

案例讨论题

美年大健康产业（集团）有限公司创始于 2004 年，是集健康体检、健康管理、健康咨询于一体的经营连锁机构，开创了 PDCA 健康管理理念，植入中医治未病、女性保健、特色诊疗、康复理疗和就医保障等增值服务，是中国最大的体检及健康服务集团。爱康国宾是中国领先的提供体检和就医服务的健康管理机构，依托旗下健康医疗服务中心、覆盖全国主要城市的合作医院网络和强大的客户服务体系，为个人及团体提供从健检、医疗、家庭医生、慢病管理、健康保险等全方位个性化服务。同时，爱康国宾为保险公司和医疗机构提供第三方的健康管理服务以及客户关系管理的解决方案。

2015 年 8 月，爱康国宾刚以 17.8 美元/ADS 的报价对美年大健康发起私有化要约，但在该价格尚未获得私有化特别委员会通过之时，美年大健康就于 11 月 30 日宣布以 22 美元/ADS 发起私有化要约，溢价 23.6%，如果收购成功，体检行业将一家独大，美年大健康将掌握定价的主动权。随后，爱康国宾启动了"毒丸计划"进行阻击，具体内容是，如果爱康国宾宣布某人或集团获得 10% 以上的 A 类普通股，或是任何收购方获得 50% 以上的 A 类普通股，收购方所有的每份认购权将以 80 美元的价格购买 160 美元市值的股票。

但美年大健康在 12 月 14 日宣布提价收购，全现金购买爱康国宾已发行的股份。爱康国宾继续采取的对策是，在 2016 年 1 月 5 日晚，宣布此前由张黎刚牵头组成的私有化财团加入了新成员，包括阿里巴巴、中国人寿等 6 家机构，不过新财团各方随时有权退出，私有化报价也没有提高。1 月 6 日，美年大健康迅速反应，第二次提高报价，买方团新增三名新成员，全现金购买爱康国宾已发行的全部普通股，此时价格比 2015 年 8 月 28 日不受影响的收盘价格溢价约 55.6%，比张黎刚买方团提议价格溢价约 40.4%。

2016 年 2 月 24 日，爱康国宾宣称以侵犯商业秘密为由将美年大健康告上法庭，指控美年大健康及其工作人员在 2014 年盗取爱康国宾广州地区的业务数据。3 月 1 日，美年大健康宣布以发行股份的方式购买慈铭体检 72.22% 的股份，交易完成后取得慈铭体检 100% 的股份。3 月 10 日，爱康国宾发布声明，称已实名举报美年大健康及其实际控制人俞熔涉嫌违反反垄断法，矛头直指慈铭体检收购案。

5 月 23 日，在美年大健康停牌 9 个月后公告复牌的首日。爱康国宾第二次起诉美年大健康侵害了爱康国宾集团的健康体检软件系统著作权。6 月 7 日，美年大健康召开第六届董事会第十五次会议，决定退出对爱康国宾的私有化收购。

【问题】

（1）简要叙述收购的含义、方式，并说明美年大健康收购的方式是什么？

（2）思考美年大健康并购的动机。

（3）企业防止恶意并购的措施还有哪些？请至少说出三点。

参考文献

[1] 徐向艺. 现代公司治理 [M]. 北京：经济科学出版社，2013.

[2] 叶敏. 公司董事法定任职资格问题研究 [J]. 法学，2006 (3)：110 - 116.

[3] 仲继银. 董事会的类型与结构 [J]. 董事会，2007 (12)：90 - 93.

[4] 程旸. 董事职责综论 [J]. 江汉论坛，2013 (4)：18 - 22.

[5] 李维安. 美国的公司治理：马其诺防线 [M]. 北京：中国财政经济出版社，2003.

[6] 廖传惠. 日本的董事激励机制及对我们的启示 [J]. 绵阳经济技术高等专科学校学报，2002 (2)：58 - 60.

[7] 泰赫曼，王彦明，孙昊. 德国股份公司的监事会：历史发展与现代挑战 [J]. 社会科学战线，2015 (5)：213 - 226.

[8] 孙祖珩. 美国独立董事制度对我国上市公司独董制度的启示 [D]. 长春：吉林大学，2016 (4).

[9] 虞文燕. 美国独立董事的独立性要求 [J]. 中国律师，2013 (6)：84 - 86.